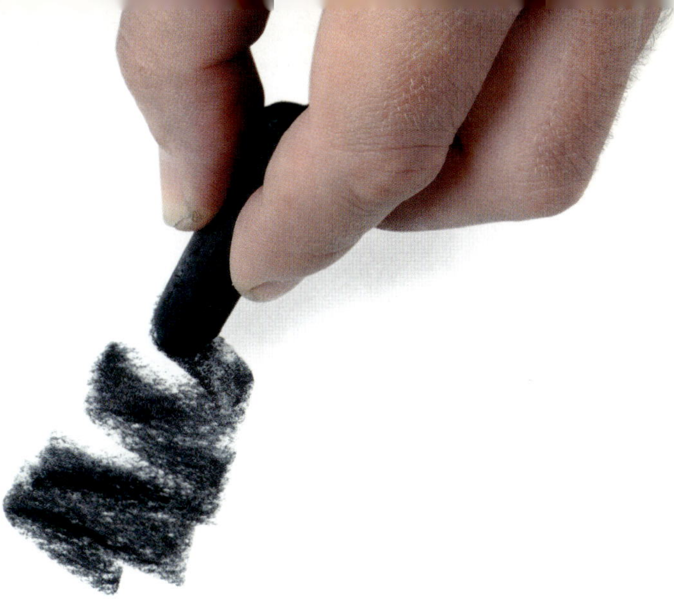

Técnicas Básicas de Dibujo

Iniciación a la Composición

parramon
CREATIVE CONTENTS

Los medios, 4

Sum

La técnica, 16

ario

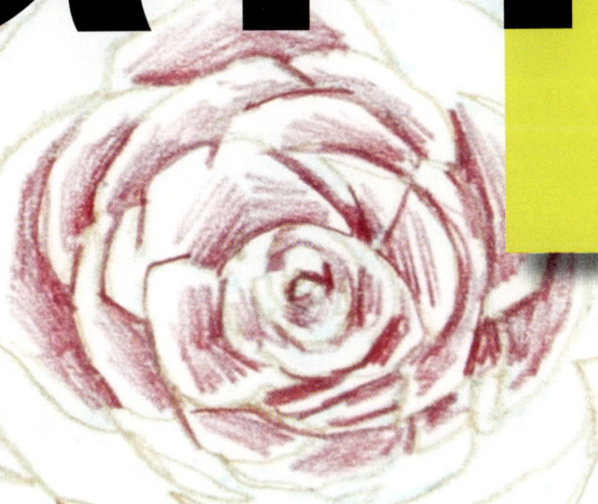

Los estilos, 62

Los medios

Para trabajar la composición es preferible recurrir a procedimientos secos de dibujo que permiten esbozar con facilidad, plantear el punto de vista y el encuadre de manera ágil y rápida. El secreto de componer reside en aprender a ver, a analizar el modelo, a seleccionar lo relevante para potenciarlo y hacerlo atractivo a los ojos del espectador. Si se tiene una buena idea, una forma compositiva original, los medios artísticos se convierten en los principales recursos y la elección de un procedimiento de dibujo u otro ofrecerá resultados y acabados distintos. En las siguientes páginas, mostramos los utensilios de dibujo más adecuados para sacar el máximo rendimiento a cualquier composición.

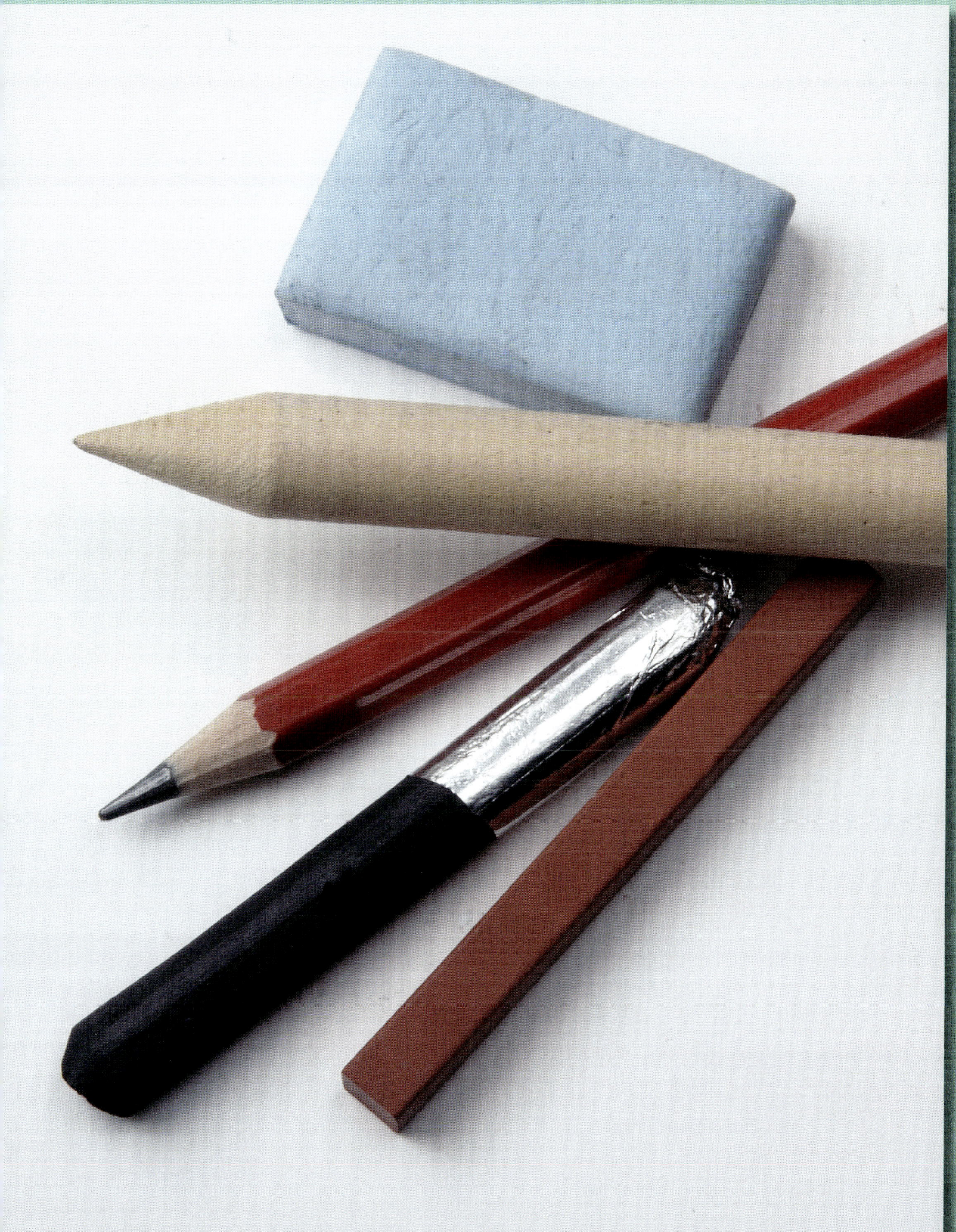

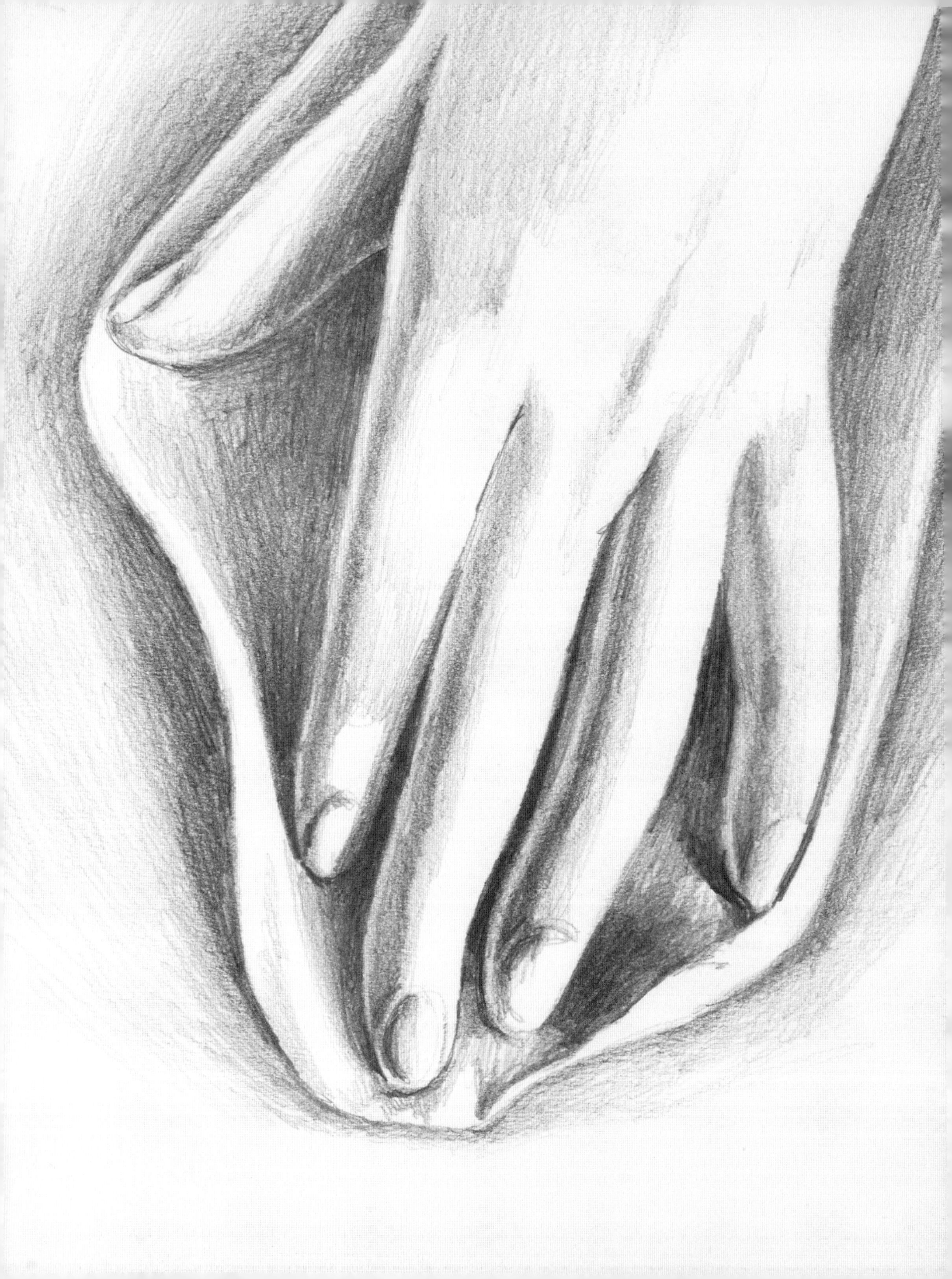

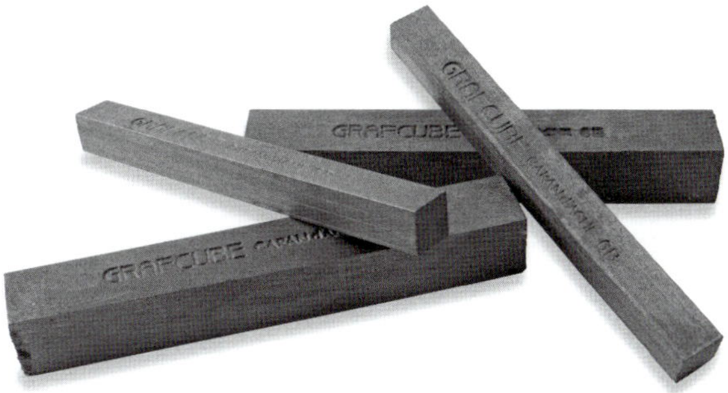

Las barras de grafito son ideales para trabajar los sombreados y dibujar en formatos de mediano y gran tamaño.

Lápiz de grafito

También llamado lápiz plomo, está confeccionado con una mina de grafito, que proporciona un trazo gris y suave. En su estado natural, el grafito es muy quebradizo y se desmenuza con facilidad, por eso se pulveriza y se mezcla con arcilla y aglutinante hasta conseguir una masa compacta con la que se elaboran las minas.

EL VALOR DE LA LÍNEA A LÁPIZ

La dureza o blandura del lápiz determina la calidad de la línea. En la composición, es preferible utilizar lápices de dureza media, de mina HB, B y 2B. Las gamas duras, que se indican con la letra H, no se utilizan en el dibujo artístico, mientras que las minas muy blandas, como 3B, 4B, 6B o 8B, producen una línea demasiado profunda, densa, y suelen reservarse para efectos de sombreado.

DIBUJO CON BARRA Y MINAS

La forma compacta de las barras, de sección cuadrada, permite afrontar dibujos de gran tamaño, con trazos gruesos. Las minas suelen ser cilíndricas, y pueden afilarse con un sacapuntas; con ellas es posible abocetar a la vez líneas gruesas con la punta inclinada o trazos muy finos e intensos con el extremo afilado de la mina.

UN MEDIO IDEAL PARA LA COMPOSICIÓN

El trazo del lápiz es muy suave y manejable. Resulta un instrumento imprescindible para abordar las primeras fases de un dibujo, para encajar y planificar una composición.

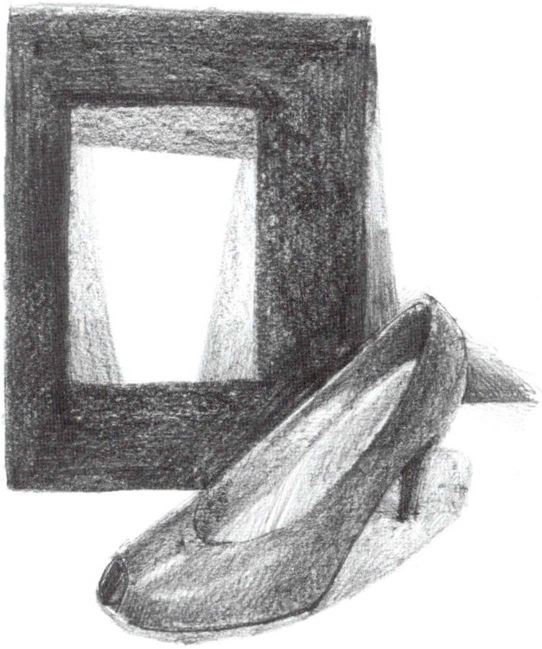

Las barras y minas de grafito proporcionan dibujos sólidos y bien estructurados con una rica gama de grises.

El artista tiene un control muy preciso de los trazos, los cuales puede borrar con facilidad con una goma. En definitiva, el lápiz de grafito es el procedimiento ideal para realizar bocetos en pequeños formatos.

Conviene disponer de una amplia selección de lápices de grafito para poder trabajar todos los valores del sombreado.

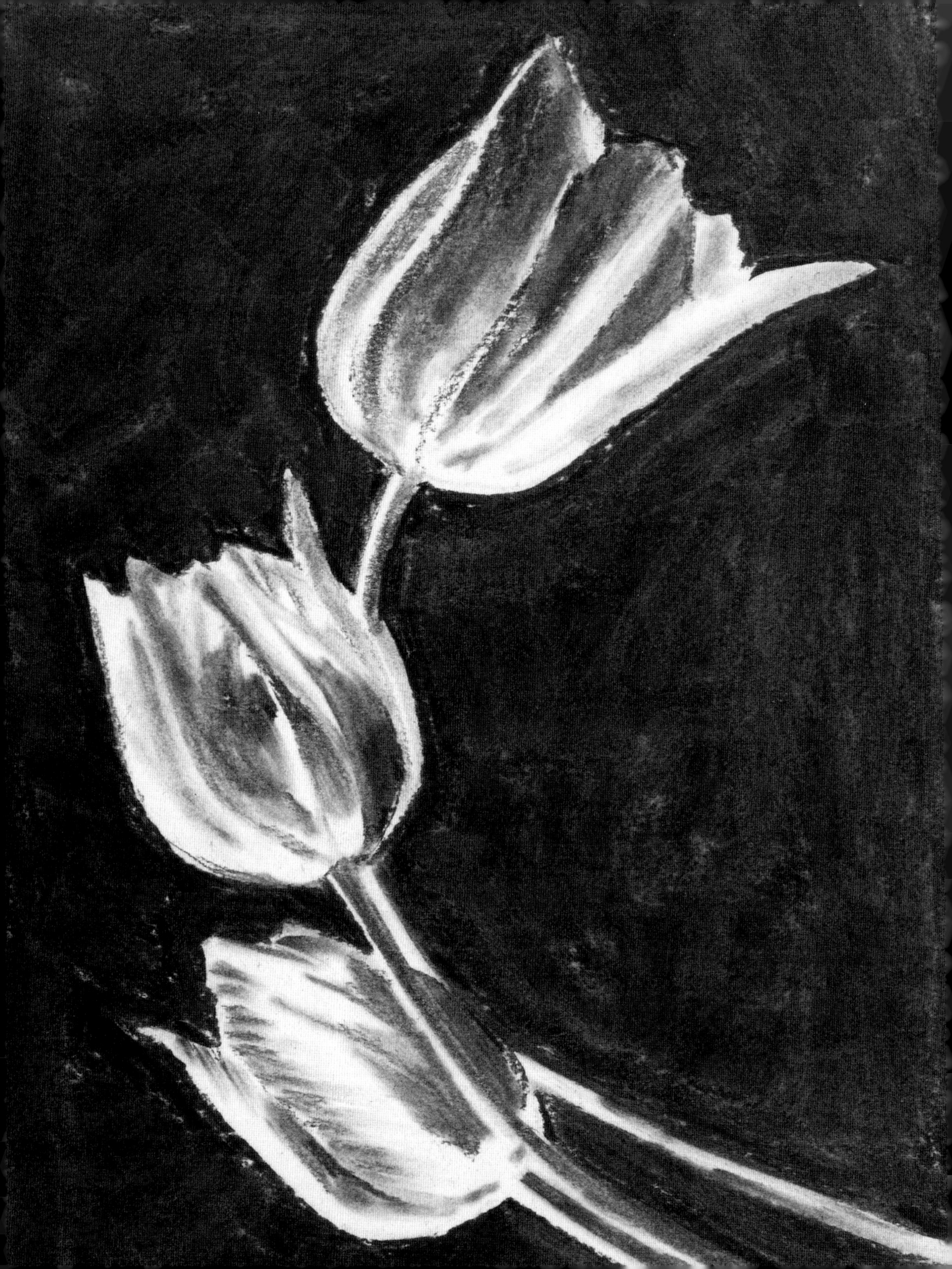

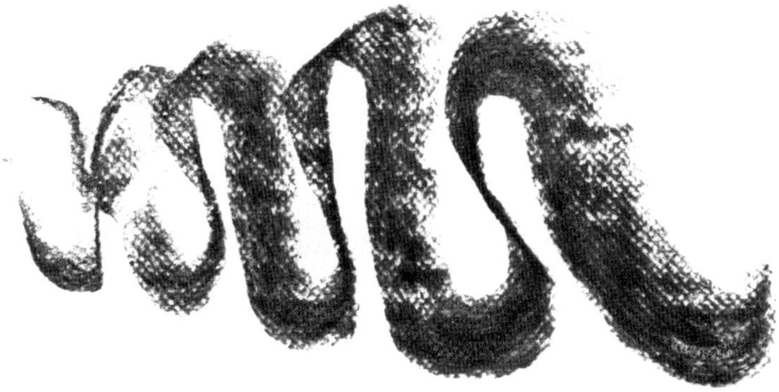

La barra de carbón ofrece un trazo grueso e intenso si se presiona con fuerza sobre el papel.

El carbón

Las barras de carboncillo pueden adquirirse en cajas que evitan su rotura y facilitan su transporte.

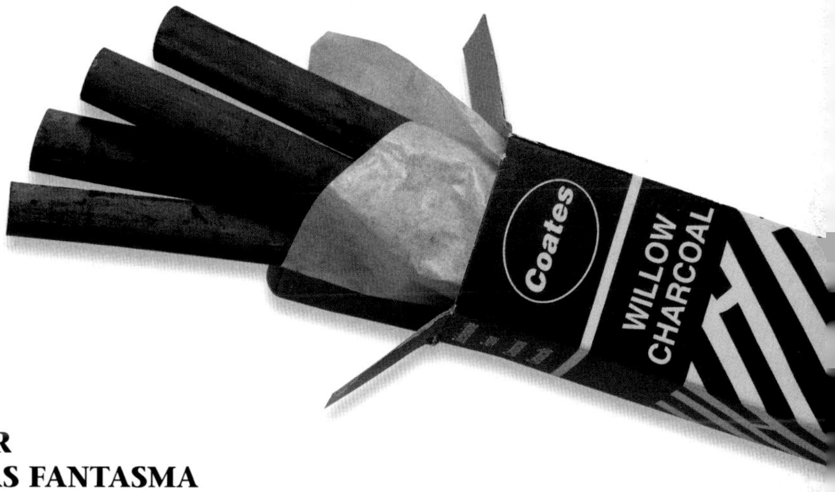

Es uno de los materiales de dibujo más antiguos que se conocen. Se consigue quemando lentamente ramas de madera a alta temperatura en un espacio hermético. El carbón resulta idóneo para esbozar, es muy práctico porque su trazo puede modificarse con facilidad frotando con un trapo las partes que no agradan al artista.

LA BARRA DE CARBÓN

Los carboncillos se comercializan en diferentes calibres, según el tamaño de las ramas empleadas en su elaboración. Desde las ramitas de 3 o 4 mm hasta las de 7 cm de diámetro. Se gastan con gran rapidez, por lo que es aconsejable disponer siempre de unos cuantos.

TRAZOS INTENSOS

La barra de carbón permite realizar trazos amplios, intensos y poco meticulosos. Refleja la seguridad y la fluidez del trazo, del que ofrece distintas posibilidades: desde realizar líneas finas con el extremo de la barra, trazos gruesos con la punta roma o amplios sombreados arrastrando la barra de lado. La barra se puede fragmentar en trocitos para controlar mejor la anchura de la línea.

COMPONER CON LÍNEAS FANTASMA

Cuando se raya con un carboncillo sobre un papel, el trazo es muy poco estable, y al tocarlo con los dedos se deshace el polvo del carbón. El carbón es un buen medio para aprender a componer, ya que se puede corregir. El resultado son unas cuantas líneas trazadas con seguridad que surgen de otras líneas fantasma, fruto de un intenso proceso de dibujo. Así, los trazos preliminares se convierten en fondo y dan mayor autoridad a la línea definitiva.

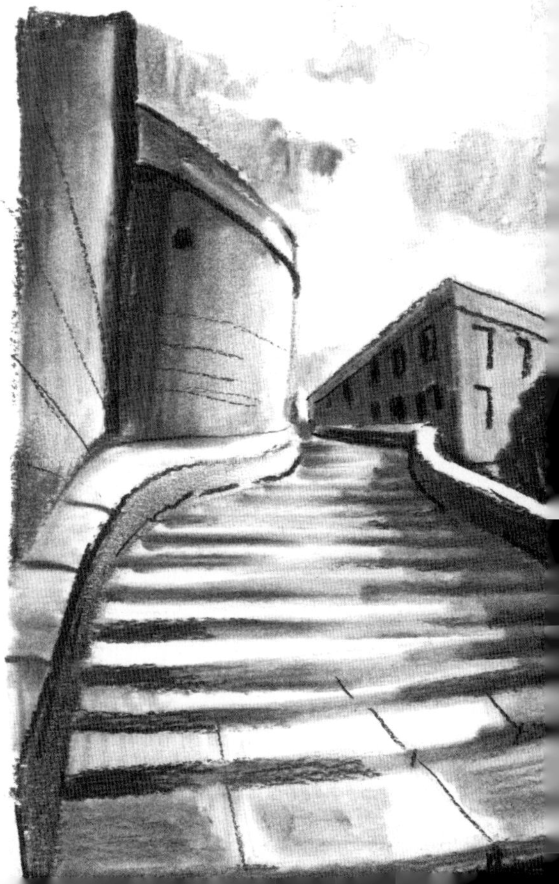

El carbón es muy sensible a la representación de los sombreados, y usado con delicadeza proporciona una amplia gama de matices.

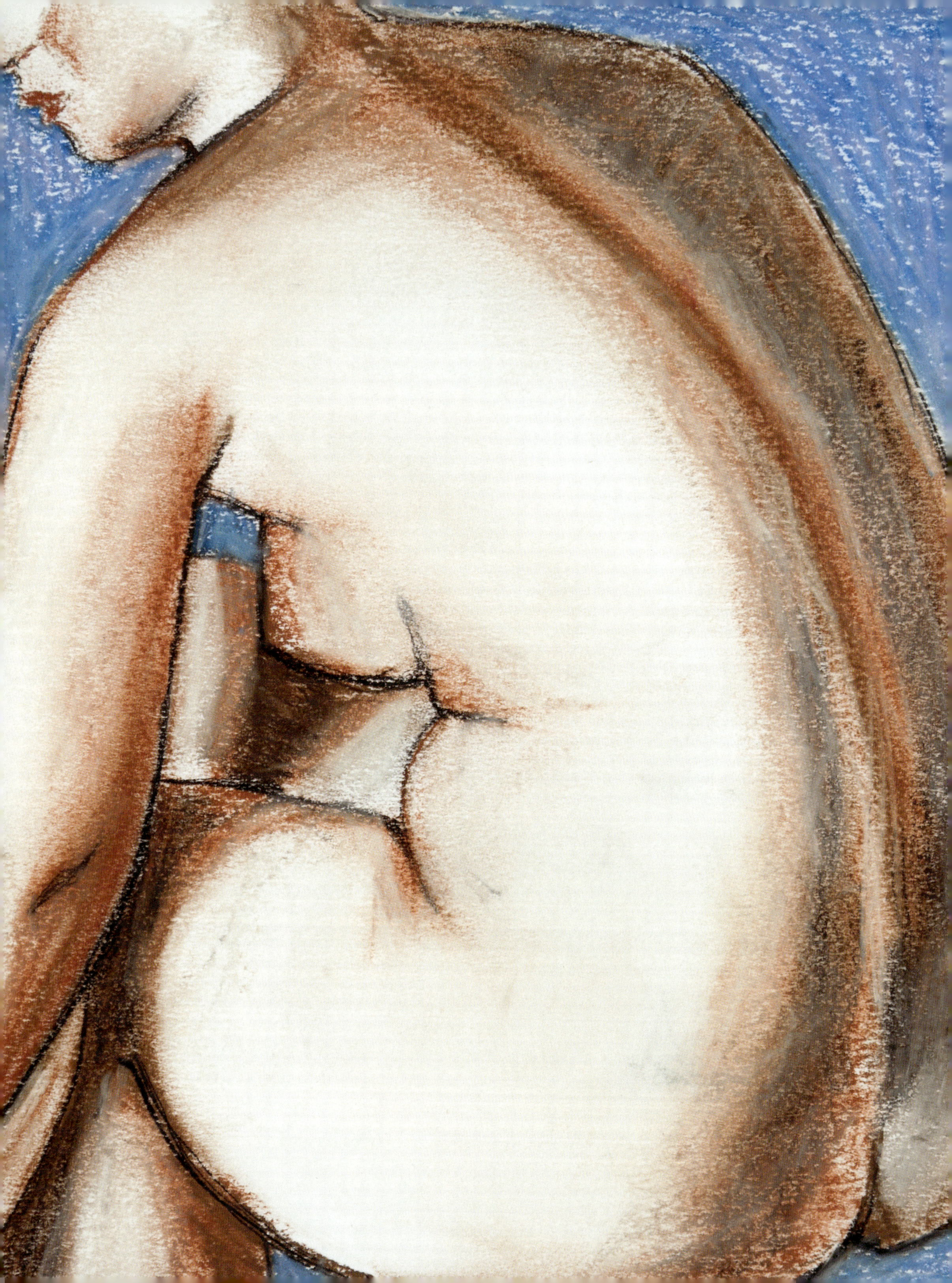

Las cretas

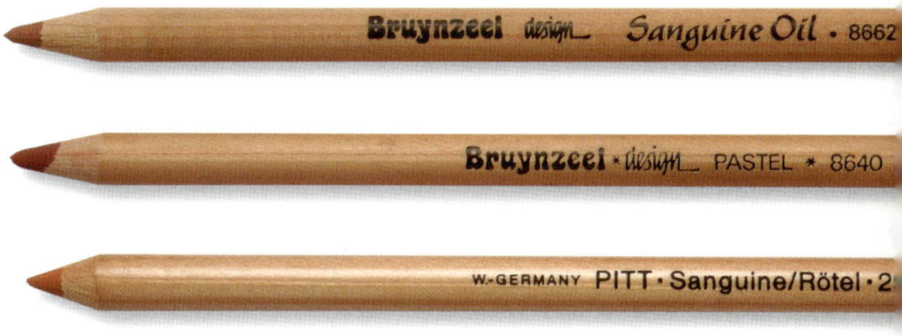

Los lápices tienen la punta más afilada que las barras, muy adecuada para formatos pequeños o para resolver detalles.

No siempre es preciso dibujar con tonos de gris o negro. Las cretas y las sanguinas son también procedimientos muy valiosos para plantear el dibujo y aportan una primera intención cromática a la obra.

LA BARRA DE CRETA

Está elaborada con carbonato cálcico mezclado con cola y pigmentos hasta formar una barra compacta de sección cuadrada. Su trazo es menos volátil que el del carboncillo y permite una mayor gama de tonos, efectos y variaciones cromáticas si se combinan distintos colores en un mismo dibujo.

FONDOS DE COLORES

Existe una larga tradición del uso de cretas sobre soportes de color, generalmente de tonos medios de gris o marrón. Acepta la incorporación de tonos claros realizados con una creta blanca, tonos medios de color sanguina u oscuros de color bistre o negro. En los dibujos resultantes dominan los volúmenes, que se potencian con los realces de luz realizados con la creta blanca.

LAS CRETAS Y LA COMPOSICIÓN

Las cretas rinden más en los trabajos compositivos, pero es necesaria la luz para explicar la forma y el volumen de lo representado. Se suelen utilizar varios colores de creta combinados a fin de conseguir una imagen que parezca a todo color. Hace posible elaborar desde dibujos esbozados y muy difuminados hasta representaciones detalladas y de un gran realismo.

Las barras se fabrican en varios colores, siendo los más habituales el negro, los tostados, la sanguina, el blanco y sus derivados.

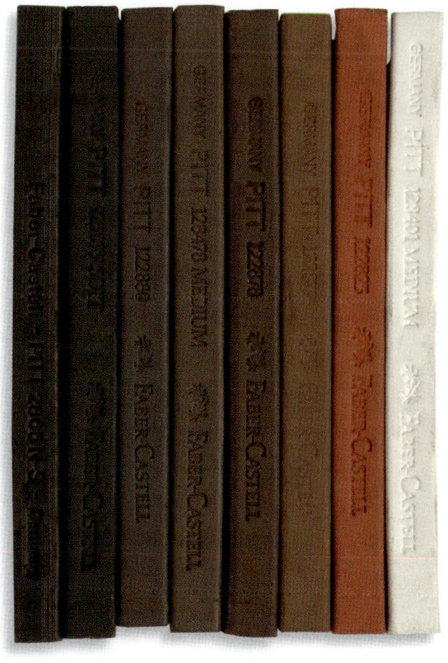

Dibujo realizado con la combinación de cretas negra, blanca y sanguina. Las cretas combinan bien incluso con el carbón natural.

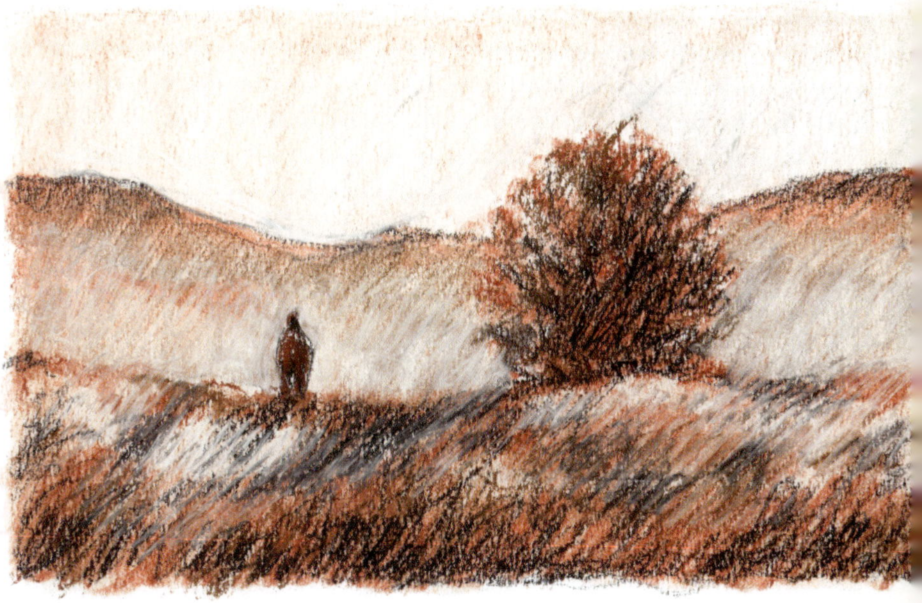

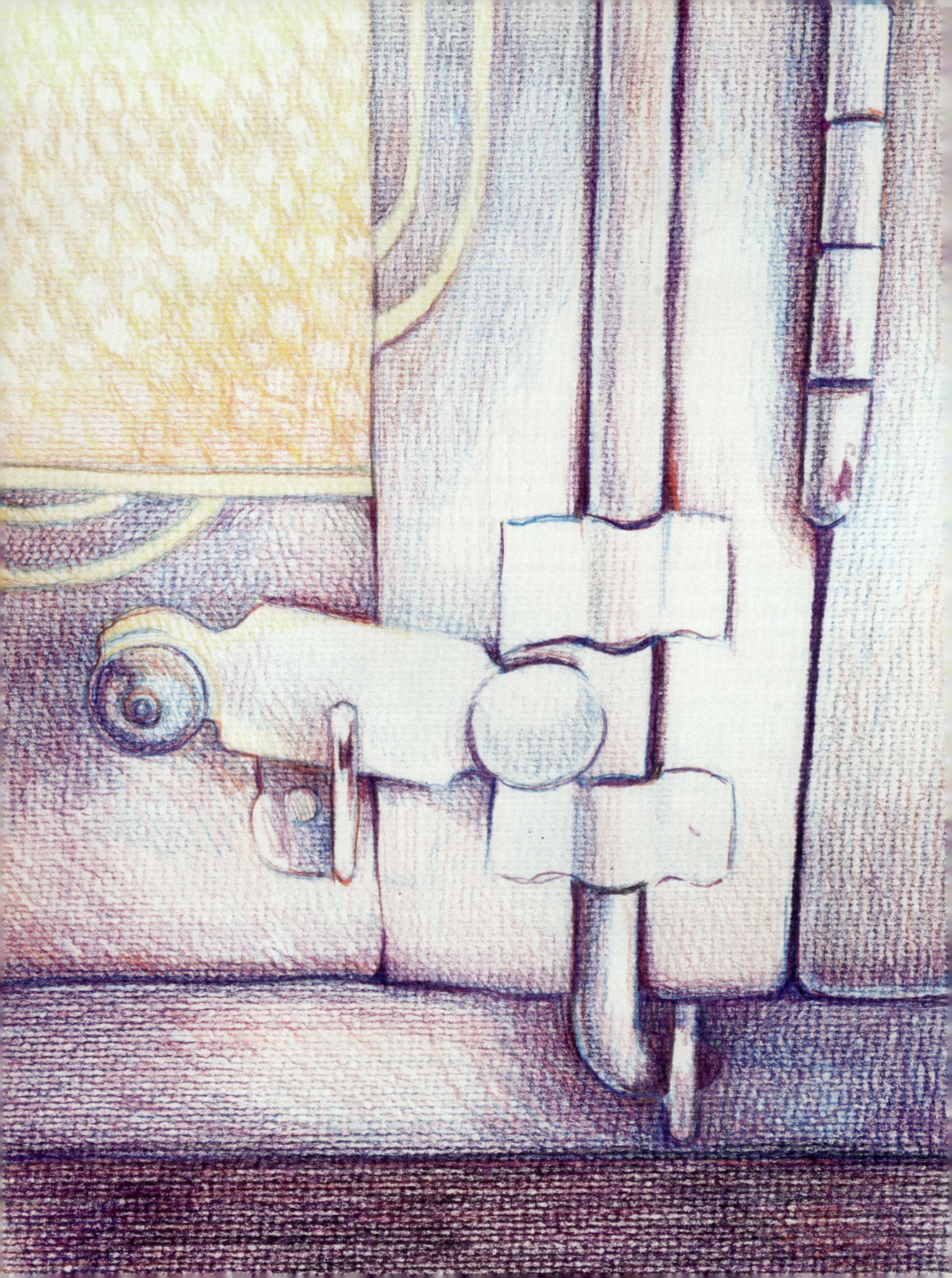

Lápices de colores

Su proceso de fabricación es el mismo que el del grafito, pero las minas no se calientan en un horno. La mezcla se realiza en frío, y se compone de un pigmento, un relleno y un material aglutinante. Permiten desarrollar un planteamiento dibujístico con la incorporación de una amplia gama de colores, sin obviar las capacidades expresivas de la línea y el trazo inherentes al dibujo.

SURTIDOS DE LÁPICES

Se recomienda adquirir un estuche de calidad, pues eso asegura disponer de una gran variedad de colores con una alta pigmentación, capaces de realizar líneas visibles incluso sobre fondos oscuros. Los lápices proporcionan además un trazo graso muy versátil. Muchos de los surtidos de lápices de colores son solubles en agua, y proporcionan al artista suaves degradados con solo pasar un pincel mojado por encima.

SUPERPONER COLORES

Los colores se mezclan sobre el soporte superponiendo capas que van de los tonos más claros a los más oscuros. Se aplican como si se realizara un sombreado, colocando la punta del lápiz inclinada para evitar trazos muy marcados.

Se trabajan de manera parecida a la de un lápiz de grafito, con la salvedad de que ofrecen una amplia gama cromática.

También se pueden fusionar superponiendo líneas cruzadas que forman tramas. Cuanto más apretadas estén las líneas más intenso y saturado aparecerá el color. Las zonas claras se expresan dejando espacios por donde se ve el blanco del soporte.

SOPORTE PARA LÁPICES DE COLORES

Los lápices de colores son sensibles a las características del soporte. Ofrecen sus mejores prestaciones sobre el papel prensado en frío, de superficie lisa y algo satinada. El trazo es regular, continuo, y se desplaza ahí con más suavidad, permitiendo por igual coloreados muy delicados y trazos opacos y cubrientes.

El trazo de los lápices de colores acuarelables se diluye y se transforma en acuarela al pasar un pincel mojado por encima.

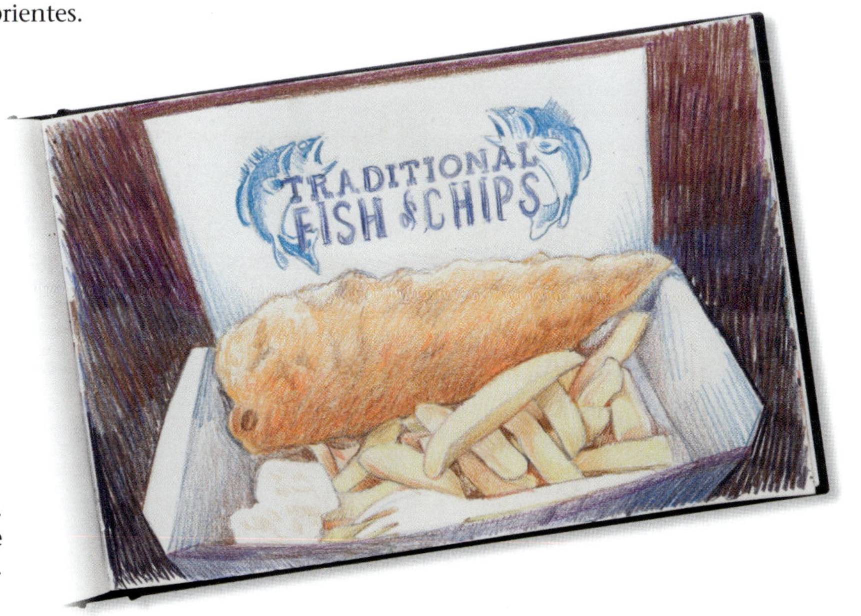

Presentan una gran oferta cromática. Se mezclan superponiendo tramas de trazos una encima de otra.

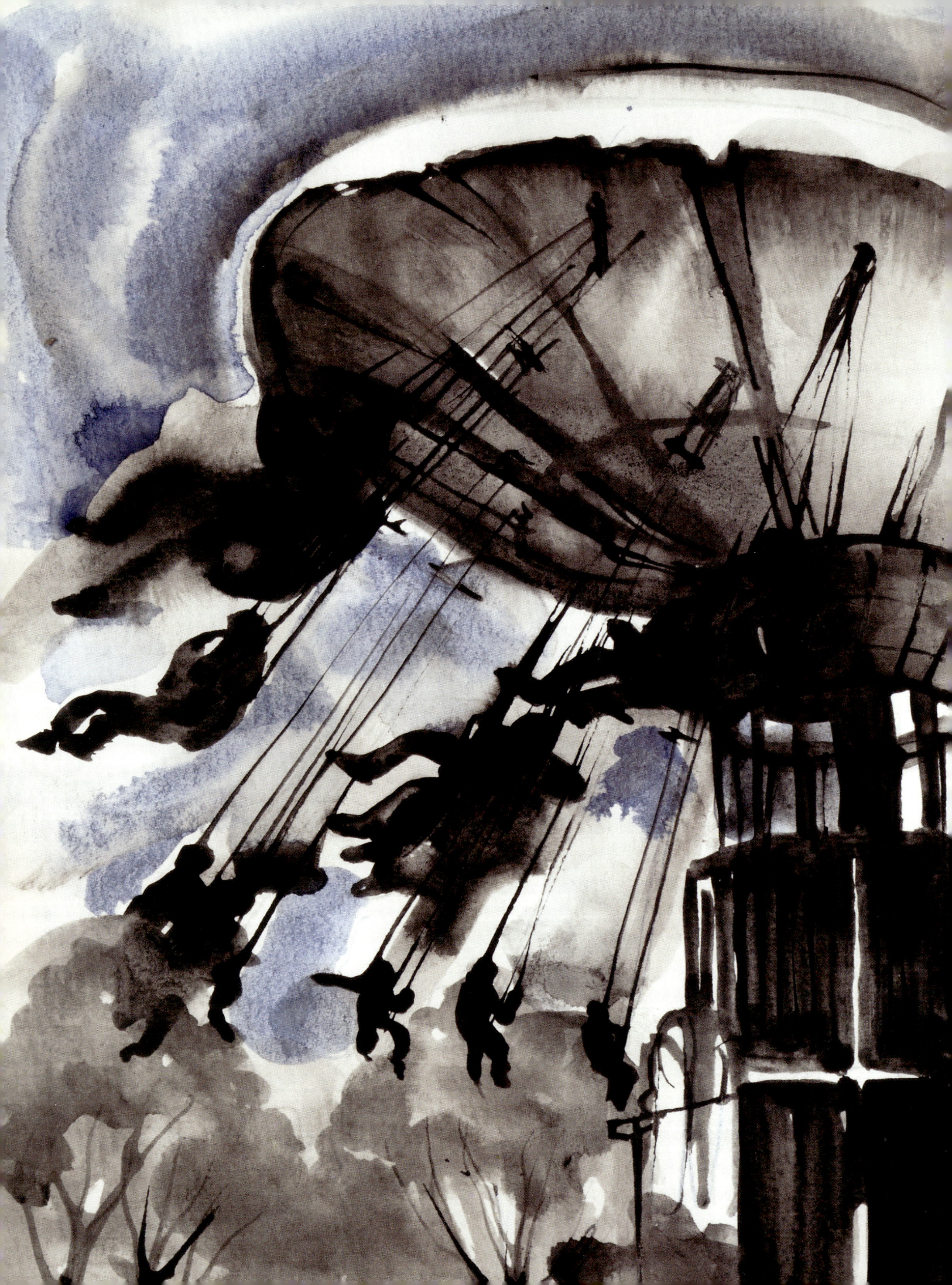

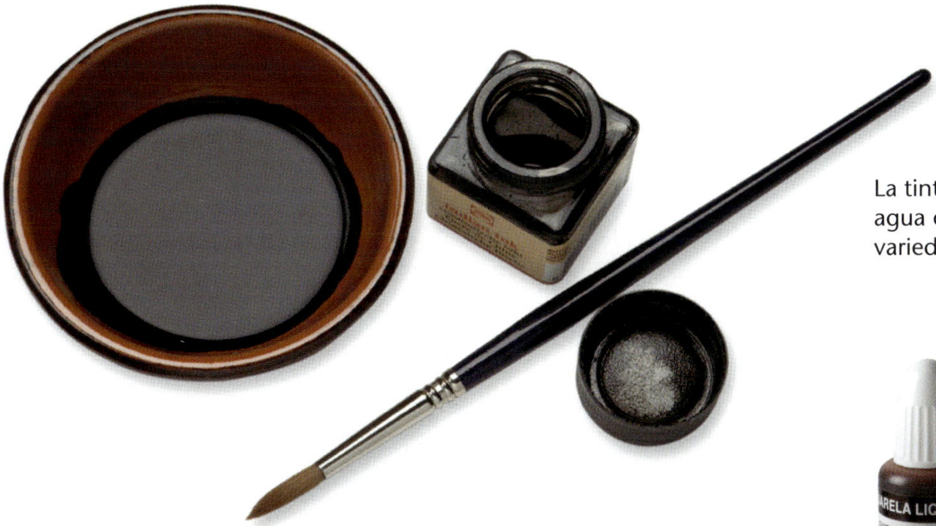

La tinta china diluida con agua ofrece una amplia variedad de grises.

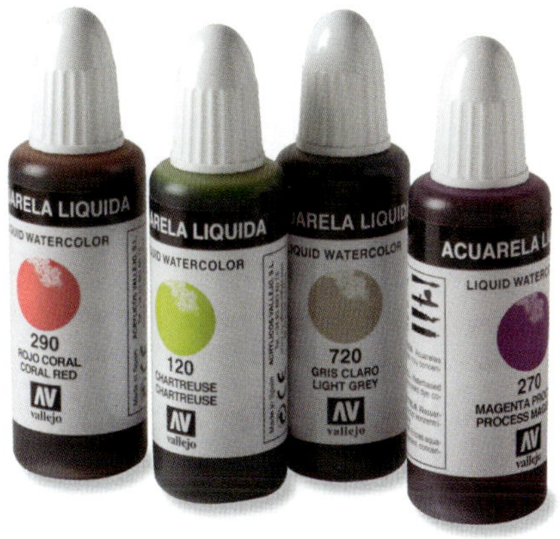

Existe una amplia variedad de tintas de color, de distinta naturaleza, calidad y permanencia.

Tintas y aguadas

Por regla general, se dibuja con procedimientos secos como el grafito, el carboncillo o la sanguina; sin embargo, las tintas también constituyen un buen procedimiento cuando la composición pretende resaltar los contrastes entre las zonas de sombra y la luz que proporciona la blancura del papel.

VARIEDAD DE TINTAS

La tinta más conocida es la tinta china. Su color es negro intenso y su acabado muy brillante. Mezclada con agua, proporciona diferentes tonos y grises, sin emborronar el dibujo. También existen otras tintas solubles muy populares que no se limitan al negro, sino que aportan variedad de tonos: son la tinta sepia, la sanguina o las tintas acrílicas, que ofrecen una amplia gama de colores. Su ventaja es que, una vez secas, se pueden reactivar con humedad.

EL PINCEL Y LA CAÑA

Estas herramientas tradicionales del dibujo con tinta permiten desarrollar todo tipo de trazos y sombreados. Lo más importante en el dibujo con tinta es controlar la cantidad de tinta que se carga y su dilución en agua, pues de ello depende la relevancia del trazo. La caña ofrece un trazo supeditado a la línea mientras que el pincel se puede mover con mayor rapidez y fluidez.

SOMBREADO CON AGUADAS

En el trabajo con tintas, una cuestión importante es la iluminación. Esta técnica permite dibujar solo con aguadas, prescindiendo de las líneas. Los contrastes y la forma de las sombras son interesantes elementos compositivos que contribuyen a describir los planos, el efecto de profundidad y el espacio que envuelve el modelo.

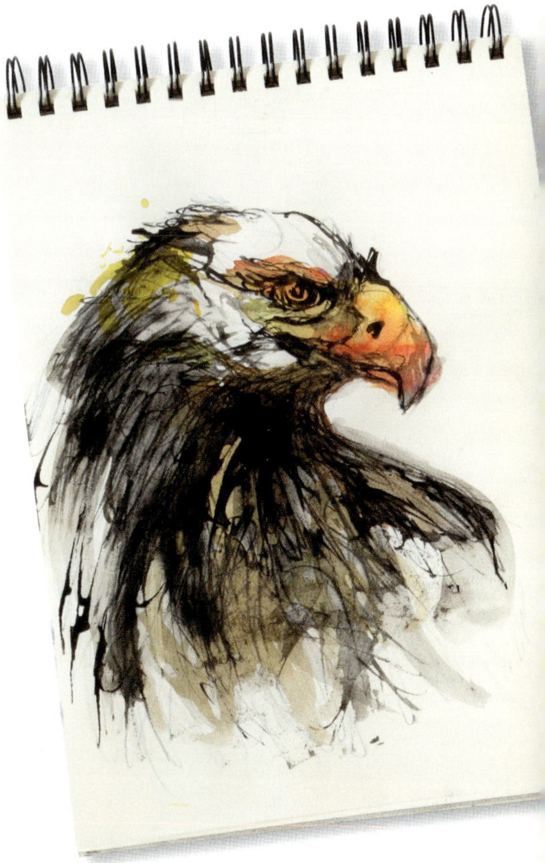

La tinta es una excelente alternativa a las técnicas secas. Las aguadas describen el sombreado, y los trazos se consiguen con la caña.

La técnica

En un dibujo valoramos no solo cómo está dibujado y cómo se resuelve sino también cómo se presenta en el espacio, eso es la composición.
La composición se aprende. Se puede tratar de adivinar cómo colocar los elementos de la imagen, pero también se pueden aprender algunos recursos que hacen que una obra de arte se vea bien y utilizar este conocimiento para conseguir puntos de vista o encuadres mucho más interesantes.
Antes de embarcarse en composiciones muy complejas y atrevidas, es preciso aprender a agrupar los elementos del dibujo de manera intencionada y equilibrada.

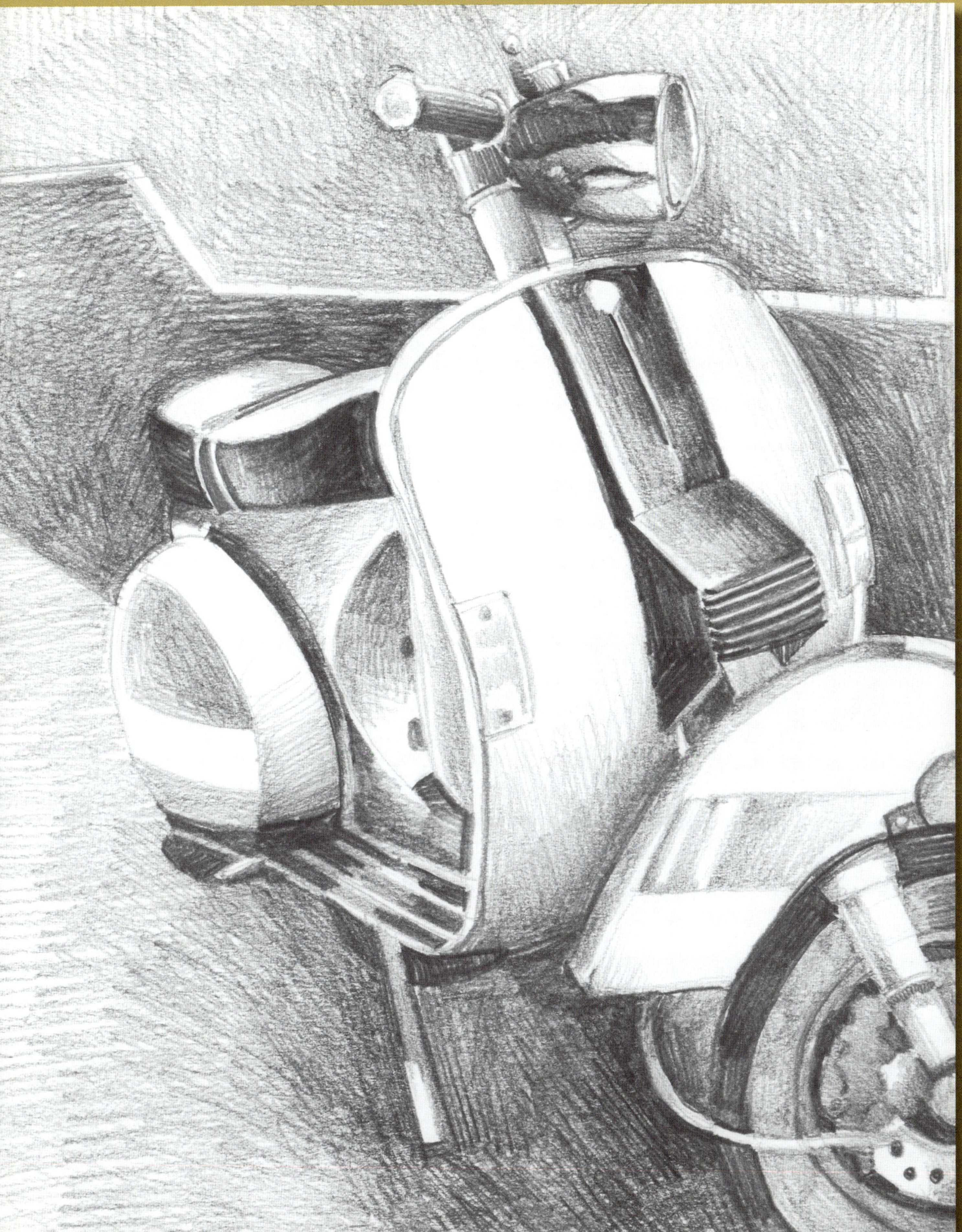

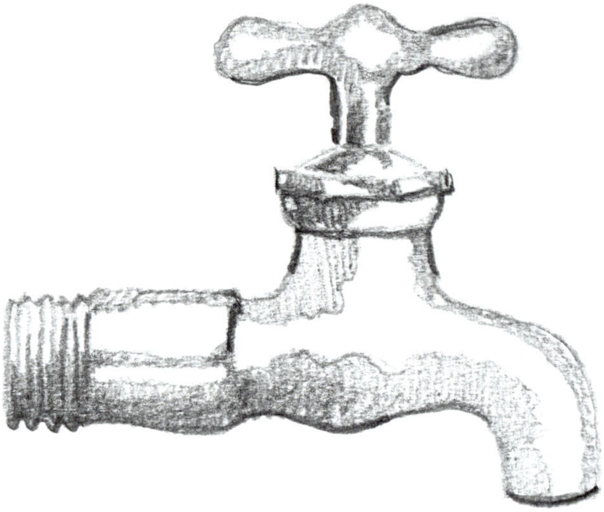

Antes de componer es importante aprender a analizar el modelo. Cuando un aficionado al dibujo "siente" que un objeto no es interesante, pierde la motivación de dibujarlo. Por lo tanto, primero hay que interrogarse sobre la forma, la construcción, la composición del material y no conformarse con un único punto de vista. Sin esta comprensión, la composición puede no encontrar la solución más adecuada. Estas páginas muestran un breve estudio basado en un grifo, un elemento sencillo capaz de ofrecer múltiples visiones.

Analizar un objeto

La primera representación es la más explícita: una visión lateral del grifo que identifica su forma y sus componentes. La acompañamos de un ligero sombreado y de variaciones en la intensidad de la línea.

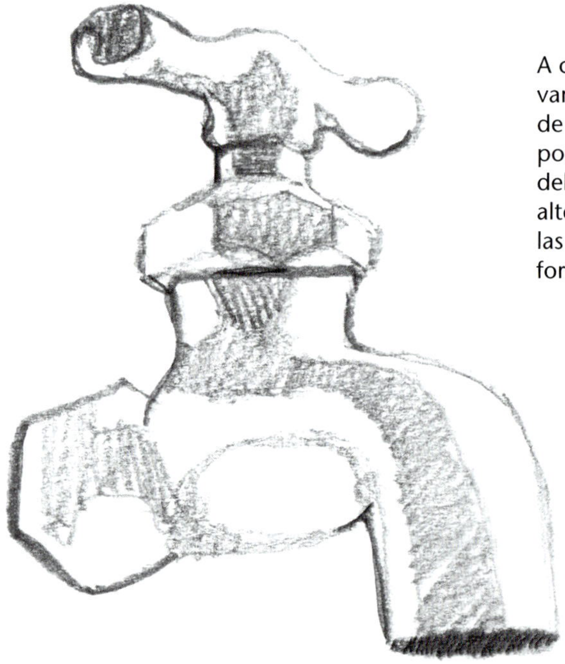

A continuación, variamos el punto de vista. Con cada posición, la forma del grifo aparece alterada. Dibujamos las sombras de una forma simplificada.

Te aconsejo realizar los dibujos a lápiz y en papeles de tamaño reducido, ya que son apuntes.

Proseguimos con estudios rápidos y bosquejos de varias posiciones, esta vez desde una posición elevada. Incluimos algunas líneas de medición para controlar la escala y las proporciones de sus partes.

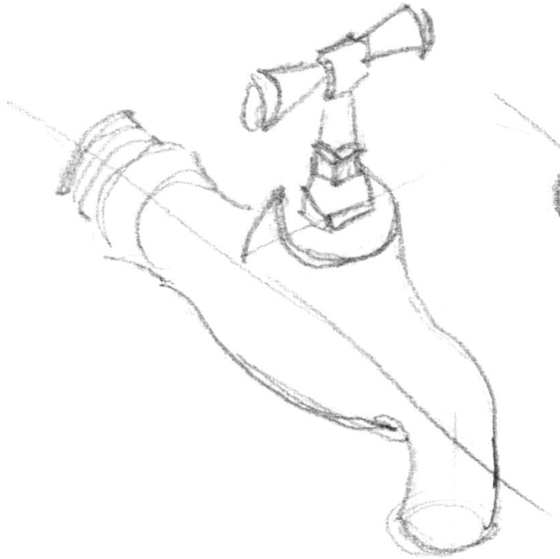

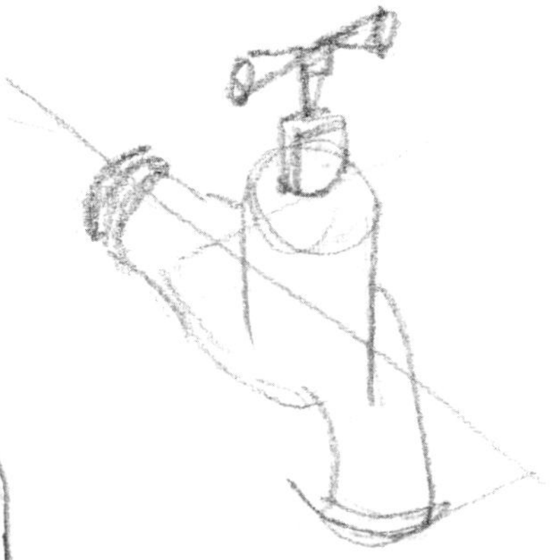

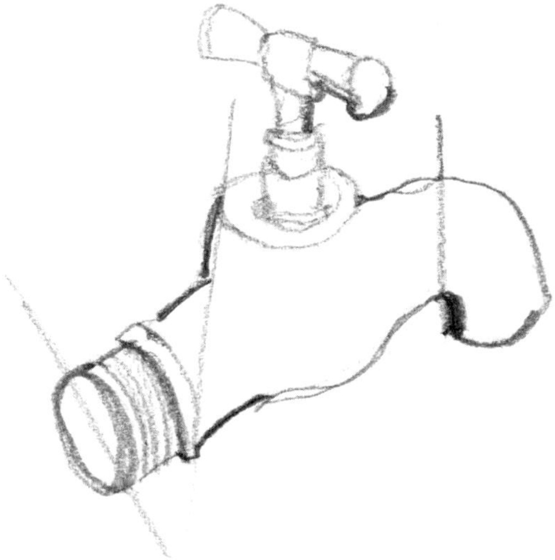

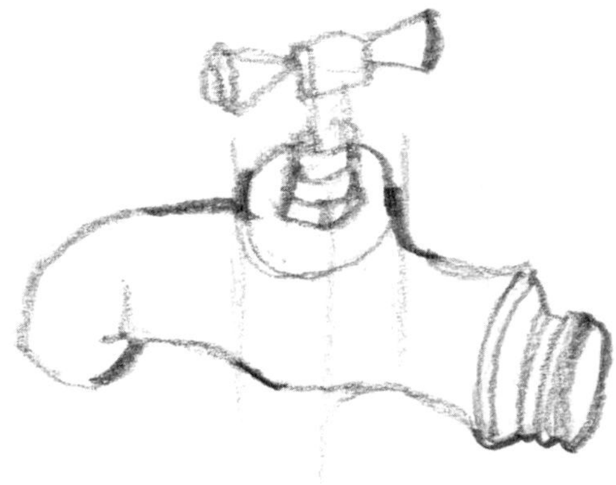

Nos esforzamos por corregir y mejorar los dibujos. Aplicando los conocimientos adquiridos con cada nuevo dibujo, nos aventuramos con puntos de vista más complejos.

Al final del ejercicio, la interpretación se basa en sombras. El peso de la línea decae en favor de suaves sombreados. Esta práctica, tomada en su conjunto, nos prepara para plasmar la esencia de los objetos.

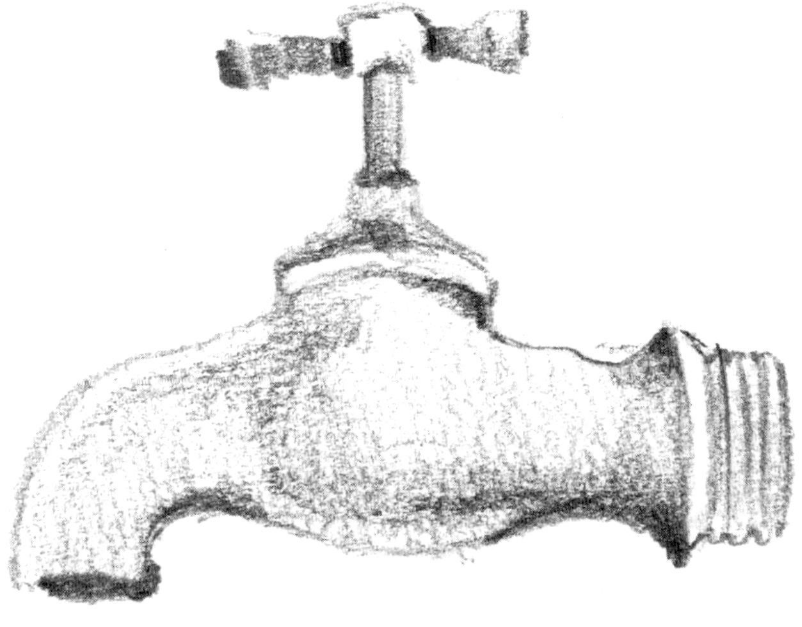

Aprender a agrupar los objetos de un modelo

La agrupación con criterio de los componentes de un modelo da carisma a la composición, a la vez que ordena el espacio y lo hace más comprensible y coherente. El bodegón es el género que más se presta a experimentar con composiciones simples, ya que se puede preparar encima de cualquier superficie plana. Resulta un buen ejercicio tomar unas pocas frutas y experimentar con composiciones muy sencillas, agrupando las piezas de distinta forma para comprobar cómo afectan al dibujo definitivo.

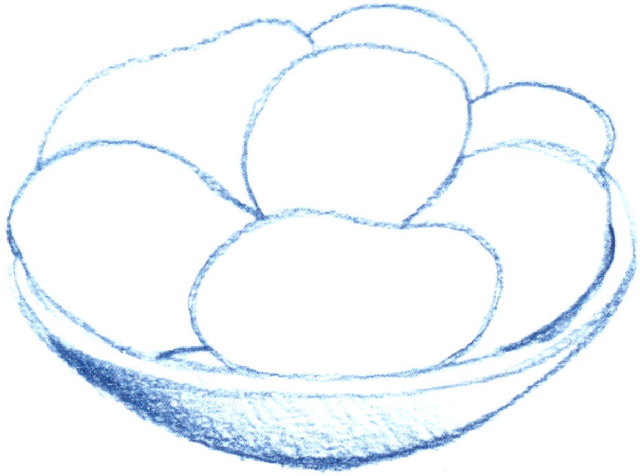

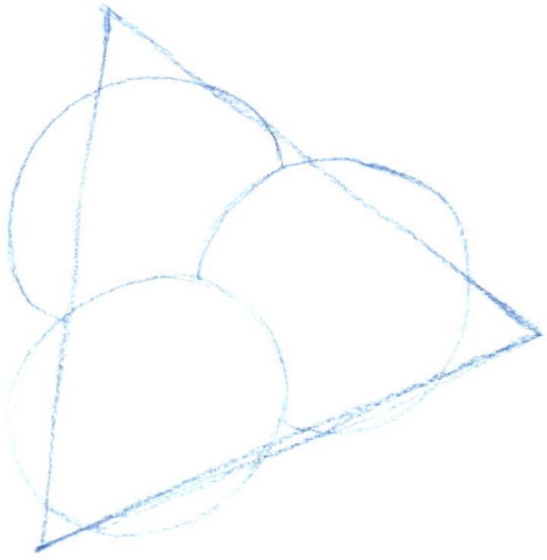

La distribución de los elementos en el encuadre puede ser muy compleja, pero es mejor empezar por decisiones simples, por ejemplo, agrupando las frutas de un bodegón en un frutero de forma circular.

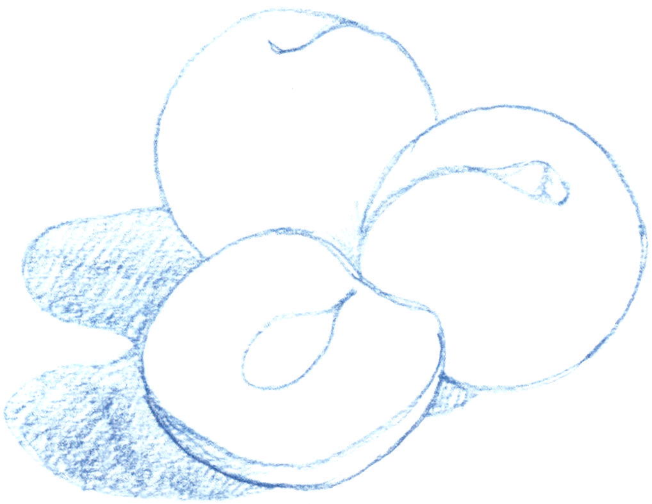

La figura de un triángulo sirve de inspiración para distribuir tres piezas de fruta de manera armónica y equilibrada. La composición se muestra muy compacta y sin espacios intermedios.

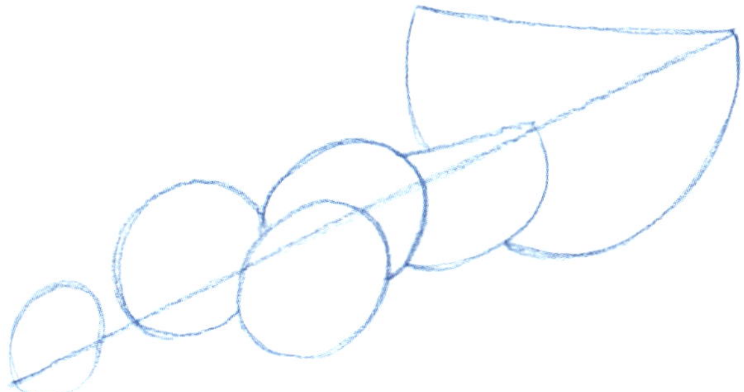

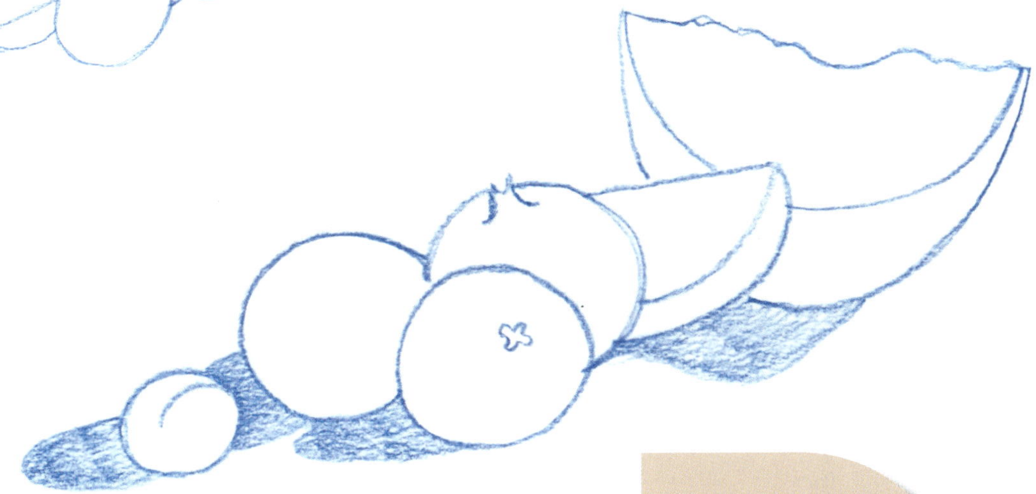

En esta disposición de los elementos en diagonal, la recta inclinada es el eje que organiza toda la composición. Las frutas de mayor tamaño se colocan detrás para que no resten protagonismo a los elementos más pequeños.

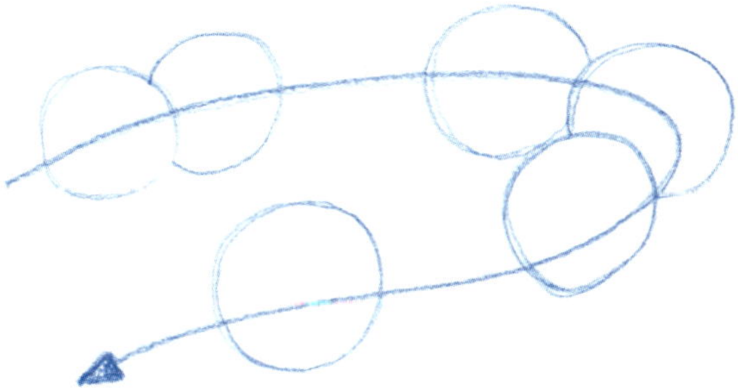

Aquí, las frutas forman una curva elíptica muy pronunciada. Es una composición abierta y dinámica, que permite una mayor dispersión de los elementos.

Te aconsejo

que te limites a un tratamiento lineal del modelo. El objetivo es comprender el esquema, no realizar un dibujo muy acabado.

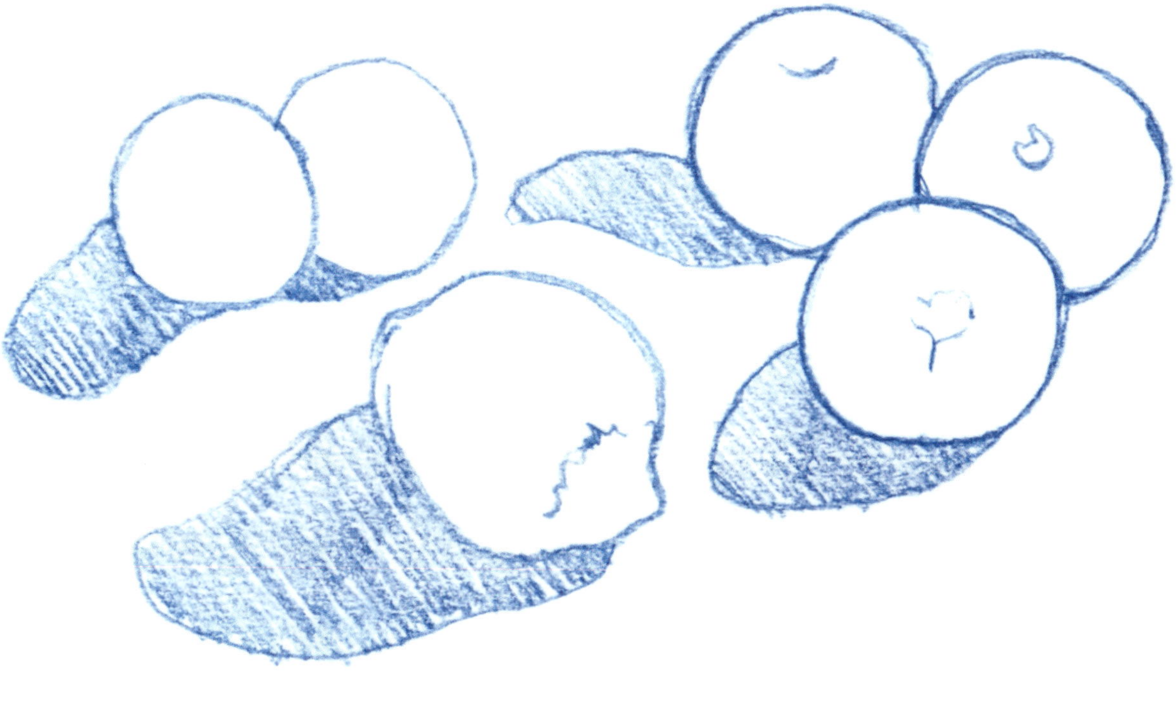

Los esquemas compositivos

Son un conjunto de líneas maestras principales e invisibles al espectador que organizan los espacios donde se van a situar los elementos visuales del dibujo. Un esquema compositivo puede ser simple o compuesto, según la cantidad de líneas que lo forman. El simple parte de formas muy sencillas, generalmente geométricas: polígonos, círculos, óvalos, líneas rectas, curvas en forma de elipse o de espiral. El compuesto combina dos o más esquemas simples. Veamos cómo se integran los esquemas compositivos en el dibujo definitivo.

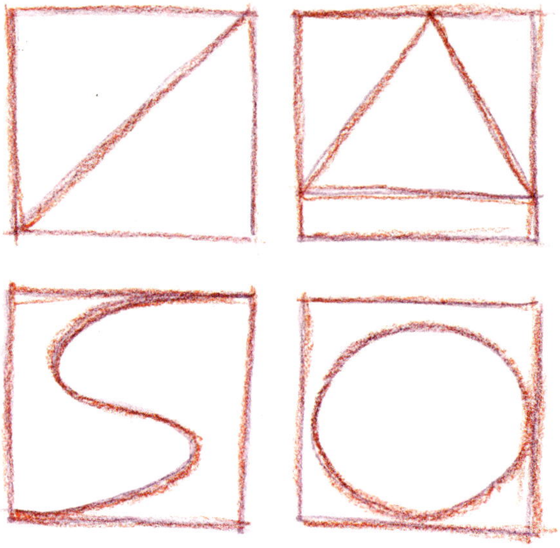

Las formas compositivas simples parten de elementos geométricos muy sencillos: rectas, diagonales, triángulos, círculos y curvas.

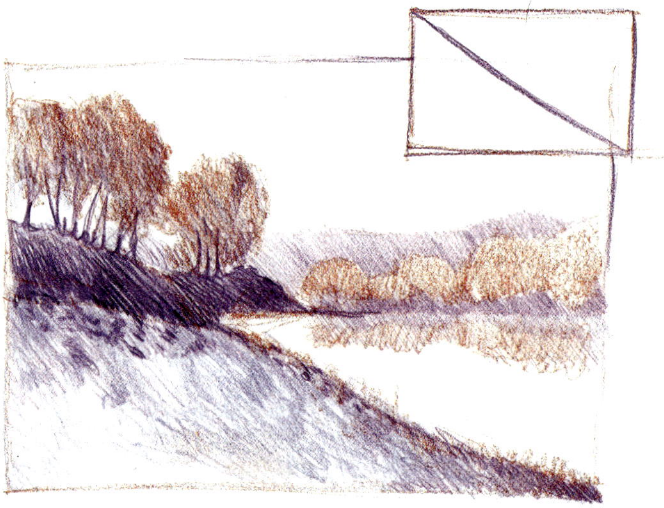

Paisaje inspirado en una forma compositiva simple. Una diagonal recorre el encuadre de izquierda a derecha determinando el primer término del espacio.

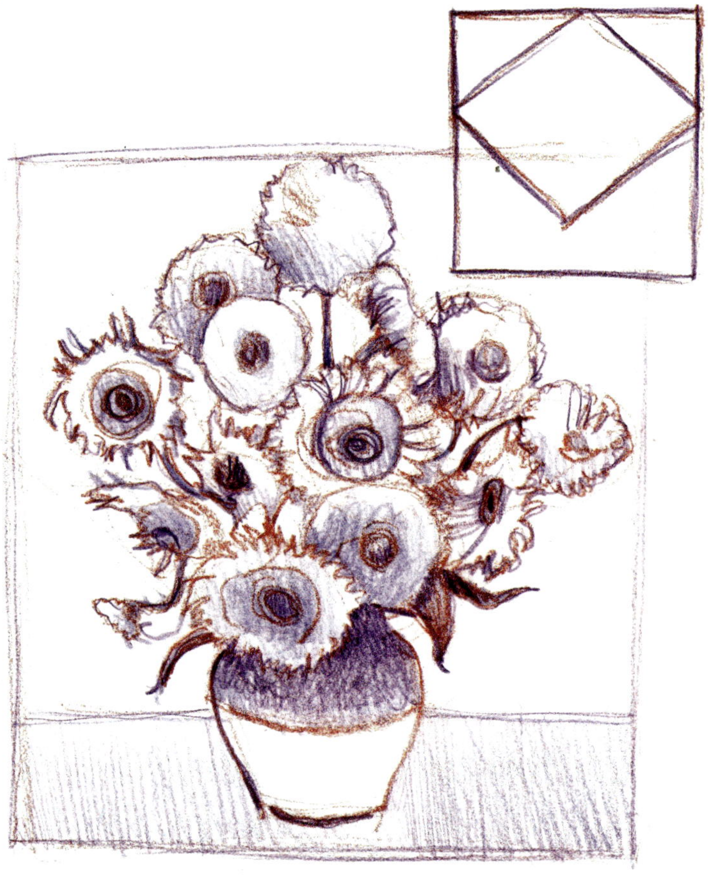

Bodegón floral agrupado a partir de un rombo. Las flores se disponen respetando el esquema compositivo.

Los esquemas compositivos complejos se construyen combinando o superponiendo varios esquemas simples.

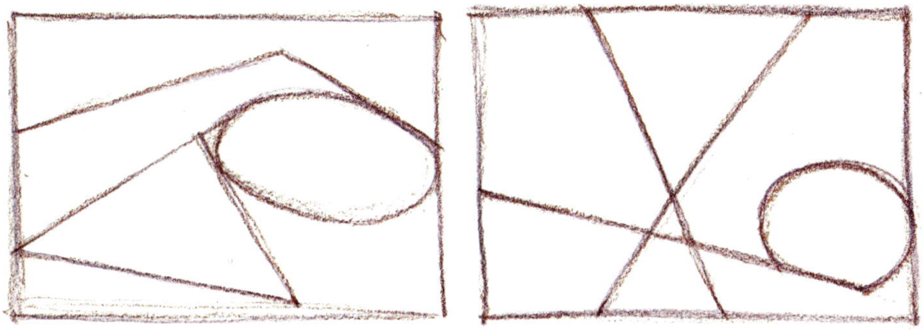

Conviene

Adaptar el bodegón a un esquema predeterminado. Si es necesario, se desplaza algún elemento de la imagen.

Evita

Los esquemas compuestos muy dinámicos, con un exceso de curvas y pliegues, pues confunden al espectador.

Escena resuelta a partir de un esquema compuesto en el que intervienen varias rectas o líneas compositivas y una forma curvada que define la forma y la situación de la embarcación.

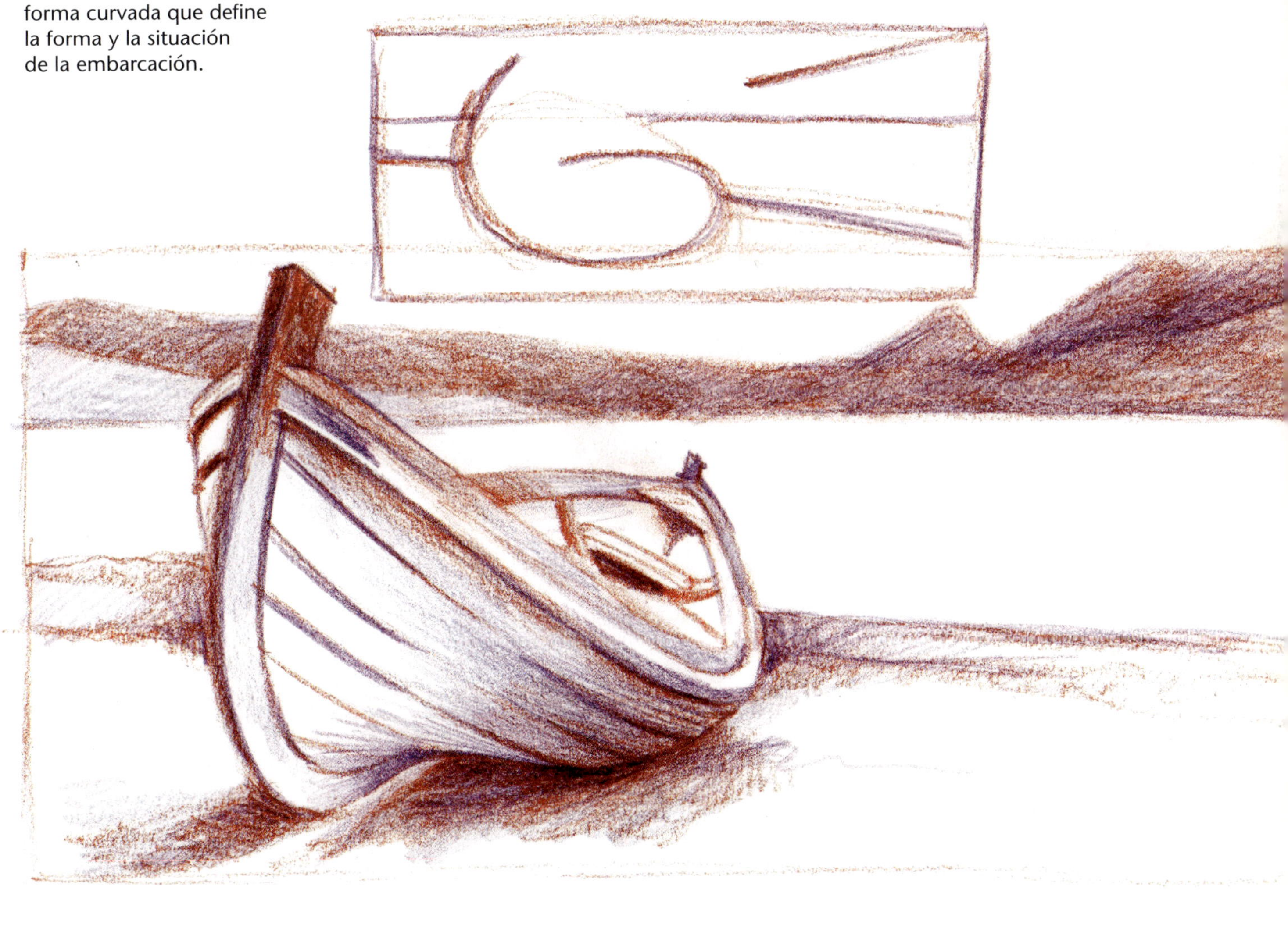

Bodegón con esquema compositivo en espiral

El esquema compositivo es un conjunto de líneas maestras sobre las que se construye el cuerpo del tema elegido. El trazado del esquema suele estar formado por figuras geométricas simples o complejas, en función del modelo. Son habituales las composiciones en diagonal o en triángulo, pero las formas curvadas dan una apariencia mucho más dinámica. Proponemos un esquema compositivo en espiral que se articula en torno a un ritmo radial o concéntrico. Esta forma compositiva aporta movimiento y dinamismo a un bodegón, un tema que es, por naturaleza, estático. Trabajamos con varias cretas de colores.

A

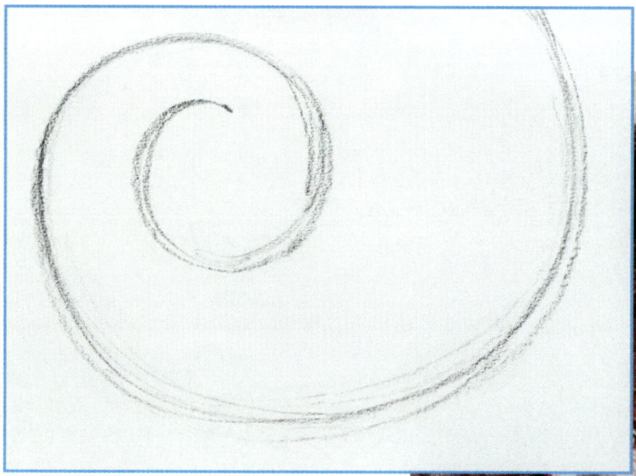

B

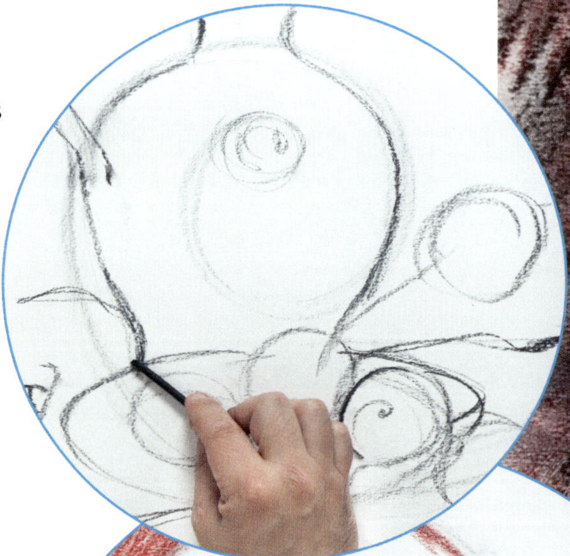

C

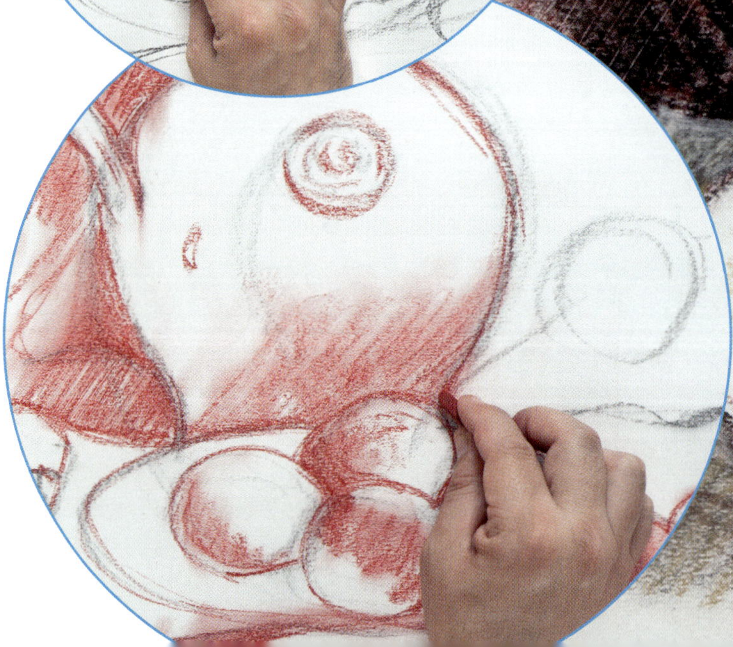

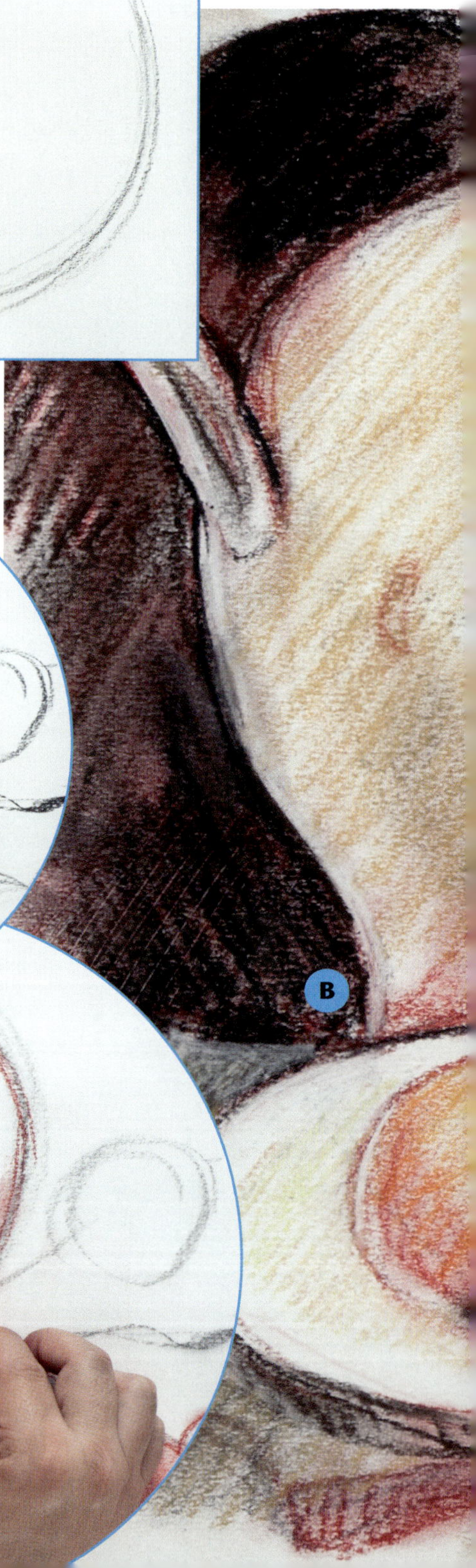

A- Dibujamos primero el esquema compositivo en espiral, que creamos de modo circular y expansivo alrededor de un punto central. Trazamos con carboncillo por si es necesario borrar o corregir.

B- Continuamos el encaje con carboncillo, situando los distintos elementos de modo que coincidan con el esquema espiral realizado.

C- Borramos el carbón con un trapo y aseguramos el dibujo con una barra de sanguina, primero reforzando la forma de cada elemento, luego aplicando un sombreado básico.

En el dibujo con sanguina incorporamos nuevos trazos de creta negra para remarcar contornos y creta naranja para potenciar luces. En la obra terminada apreciamos que la distribución de las frutas, siguiendo la curva de la espiral, introduce movimiento en el bodegón.

Te aconsejo

que realices el dibujo previo con carbón para poder corregir con un trapo. Procura que no se vean los trazos del esquema compositivo en el dibujo terminado.

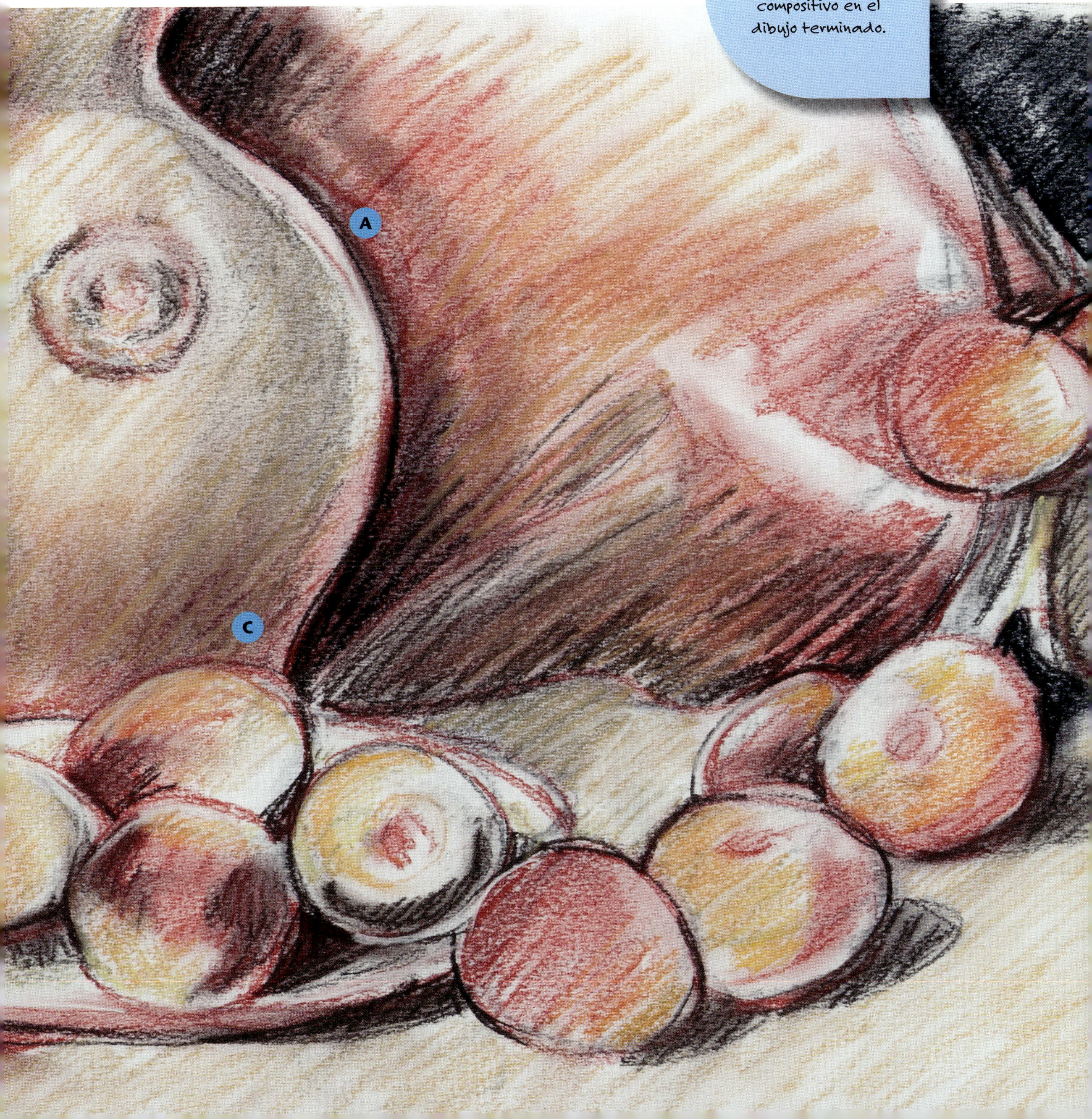

Los elementos de una composición gráfica pueden imaginarse como los pesos de una balanza.
Una composición se encuentra en equilibrio cuando, al dividirla con una línea o un eje vertical, los elementos que la forman se compensan entre sí, iguales a ambos lados de la línea. Se puede decir que está equilibrado cuando está compensado, estabilizado, o igualado.
Pero las composiciones muy equilibradas y simétricas son demasiado estáticas y poco atractivas. Es más interesante provocar un desequilibrio intencionado para conseguir unos resultados específicos en un diseño.

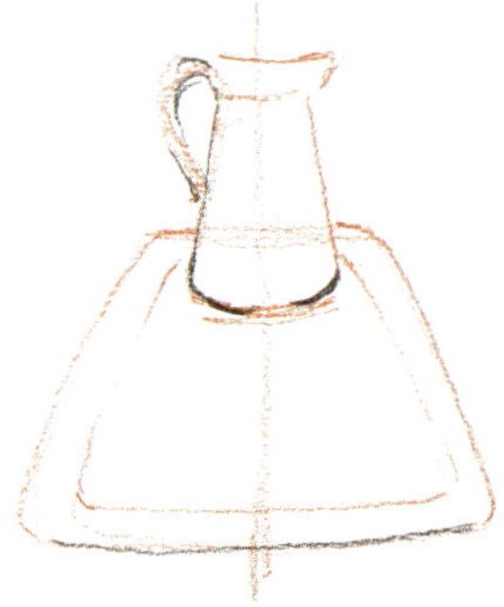

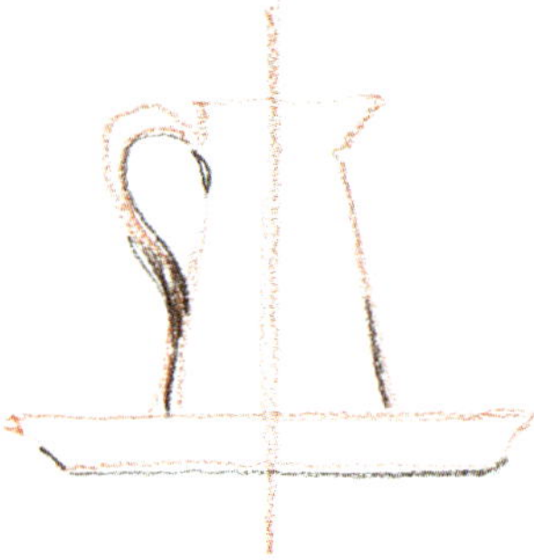

Romper con la simetría

En una composición simétrica, un elemento dentro de un formato queda estable y armónico gracias a la compensación de fuerzas, pero desde el punto de vista compositivo resulta aburrido y estático.

1

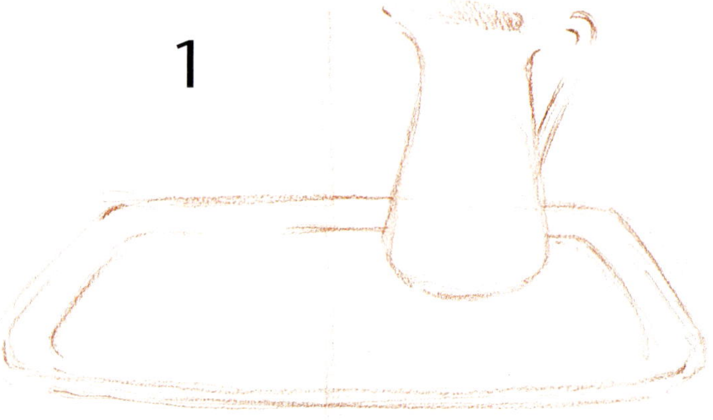

1- Con un desplazamiento de la jarra que la sitúe a un lado del eje de simetría rompemos la simetría y buscamos un desequilibrio compositivo mucho más interesante.

2

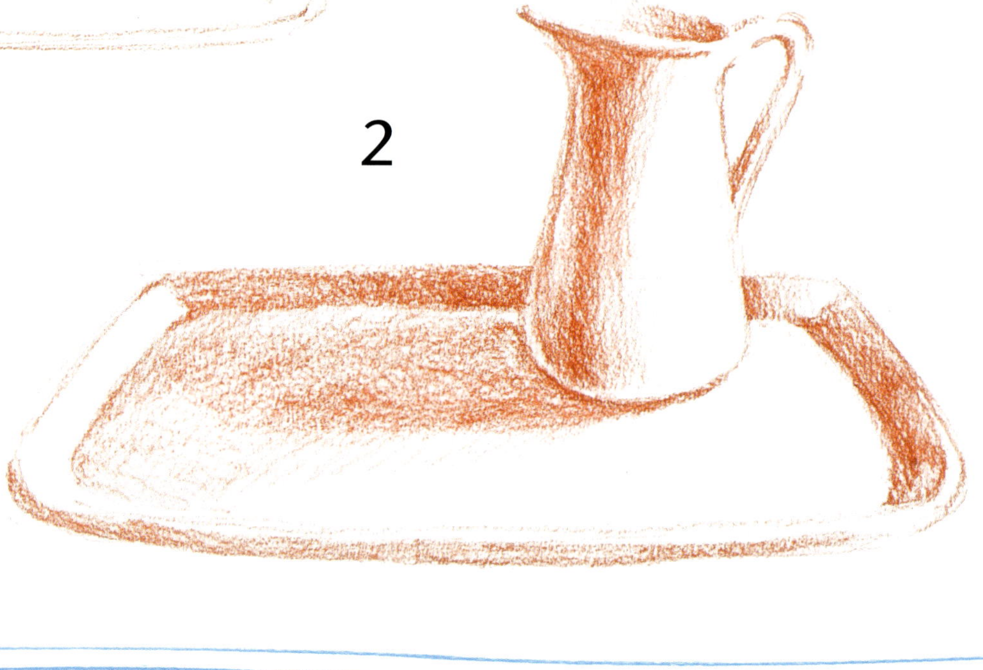

2- Afianzamos la representación con el sombreado, que da corporeidad y solidez a las formas. La sombra proyectada por la jarra invade el lado opuesto de la bandeja y ayuda a equilibrar la composición.

1

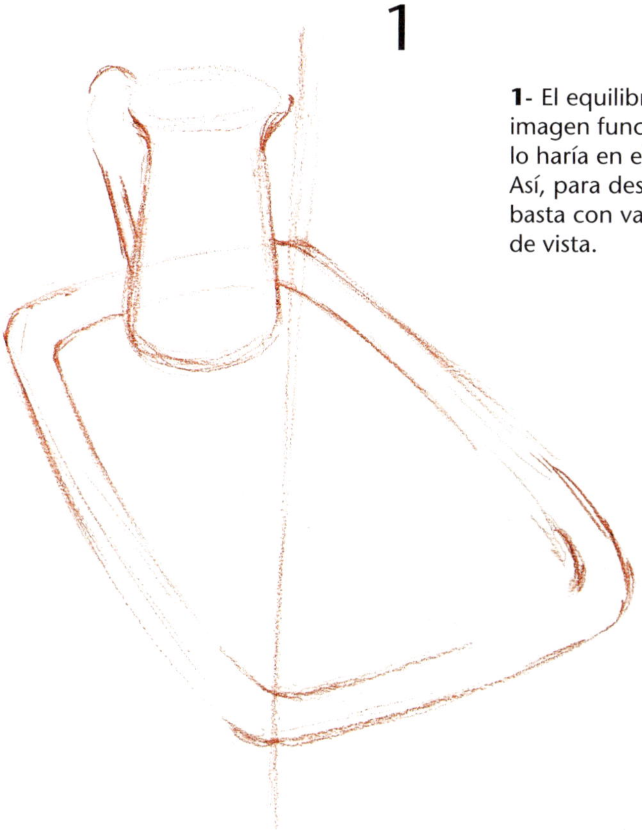

1- El equilibrio en la imagen funciona tal como lo haría en el mundo físico. Así, para desequilibrar, basta con variar el punto de vista.

2

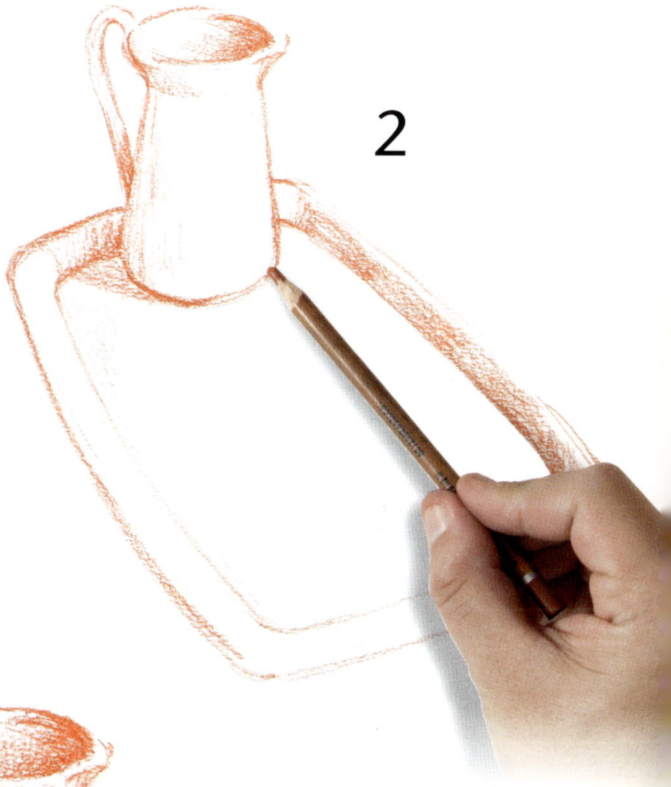

2- Obtenemos una vista fugada de la bandeja y situamos la jarra en la parte superior de la composición. Borramos el eje de simetría y sombreamos con un lápiz de sanguina.

3- El desequilibrio produce el efecto de accidentalidad, y esto hace percibir la imagen con mayor interés. La disposición en diagonal aporta dinamismo.

3

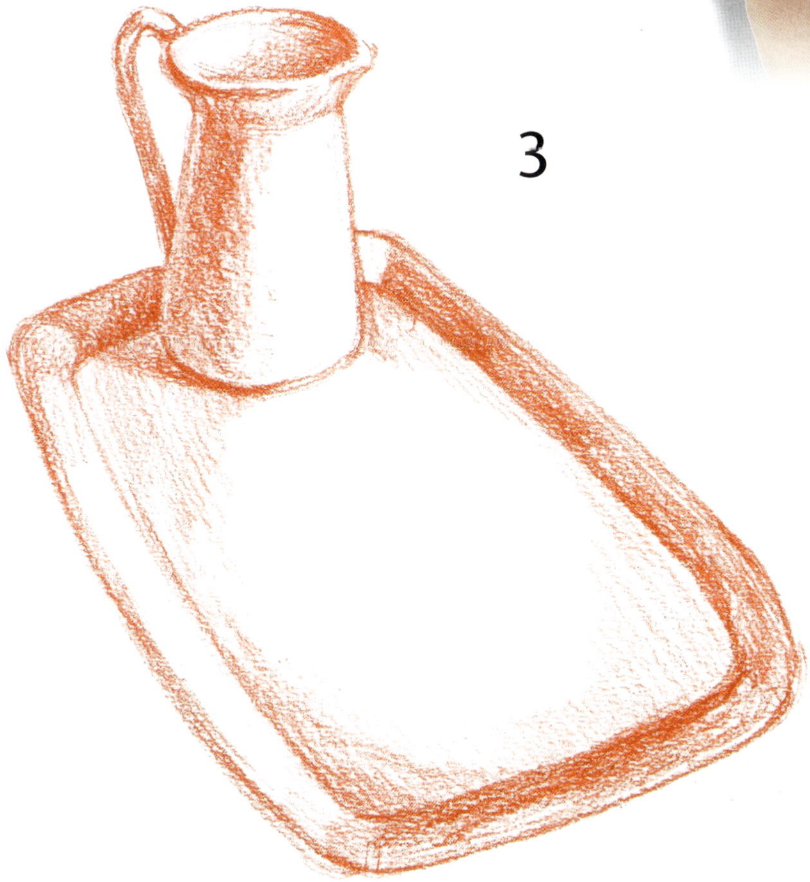

Conviene

Aprender a desplazar los elementos de un bodegón a conveniencia.

Evita

El efecto espejo, es decir, situar los mismos elementos a un lado y otro del eje de simetría.

La regla de los tercios

Es uno de los primeros recursos compositivos que el artista descubre y, probablemente, aprende debido a su sencillez y a la efectividad de sus resultados. Con la regla de los tercios se dota al dibujo de una sensación de profundidad y equilibrio, guiando al ojo del espectador al punto de mayor interés. Crea una sensación de equilibrio y la imagen adquiere más interés y complejidad que si solo se coloca al sujeto u objeto en el centro del encuadre. Veamos cómo se desarrolla en un ejercicio realizado con una barra de carboncillo.

A

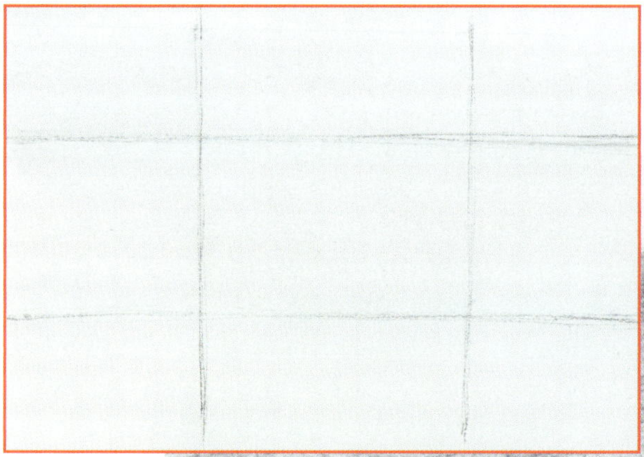

A- Primero dividimos el papel en tercios imaginarios, horizontales y verticales. La imagen queda dividida en nueve partes iguales, y en los cuatro puntos de intersección de esas líneas situamos los centros de interés del tema.

B- Hacemos coincidir el faro y la cima de la montaña con esos centros de interés. Así, evitamos situar al sujeto o elemento protagonista justo en el centro del encuadre.

C- Concluido el dibujo compositivo de la escena, añadimos el sombreado. Aplicamos grisados muy difuminados en el cielo y en el agua y trazos intensos para definir mejor la delgada franja de tierra donde se alza el faro.

D- El protagonista del dibujo es el faro, que hemos situado exactamente en uno de los tercios. Si hubiera estado en el centro, otros grandes atractivos de la imagen, como el fondo rocoso y el cielo, hubieran pasado desapercibidos.

B

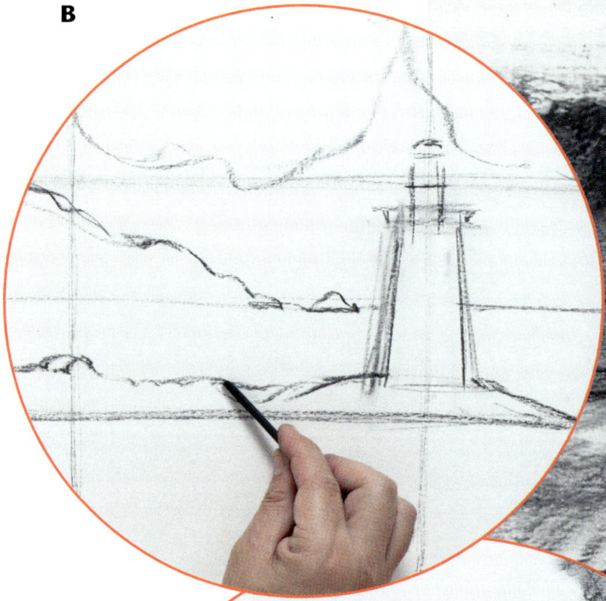

C

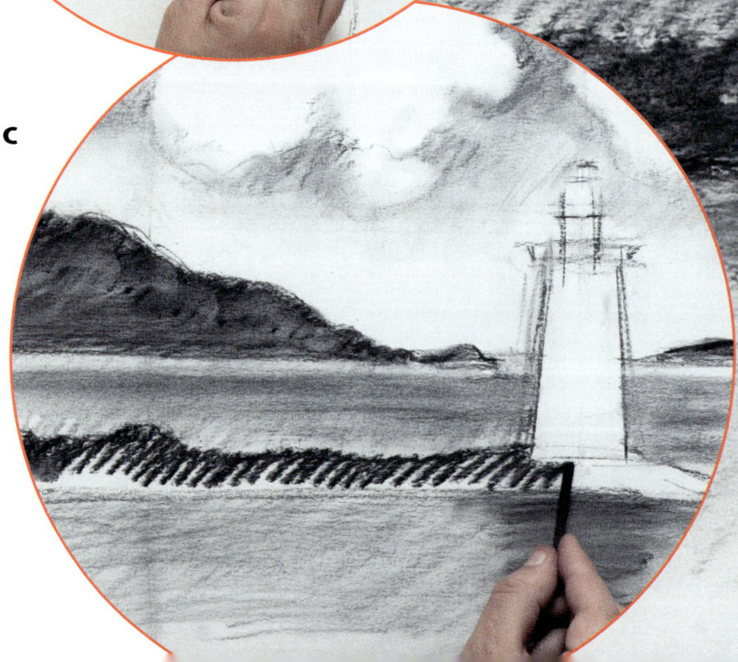

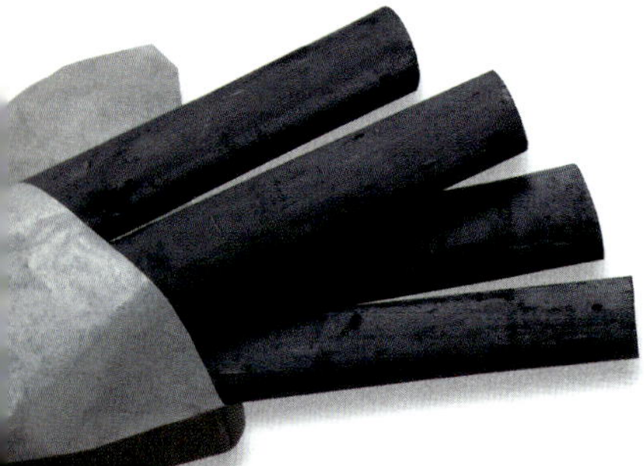

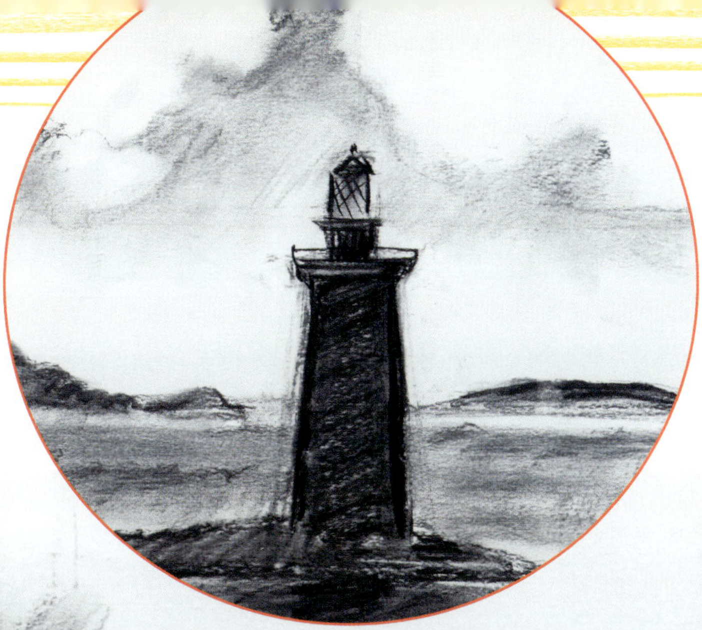

D

Te aconsejo

que busques dos puntos de interés opuestos, formando una diagonal en el dibujo.

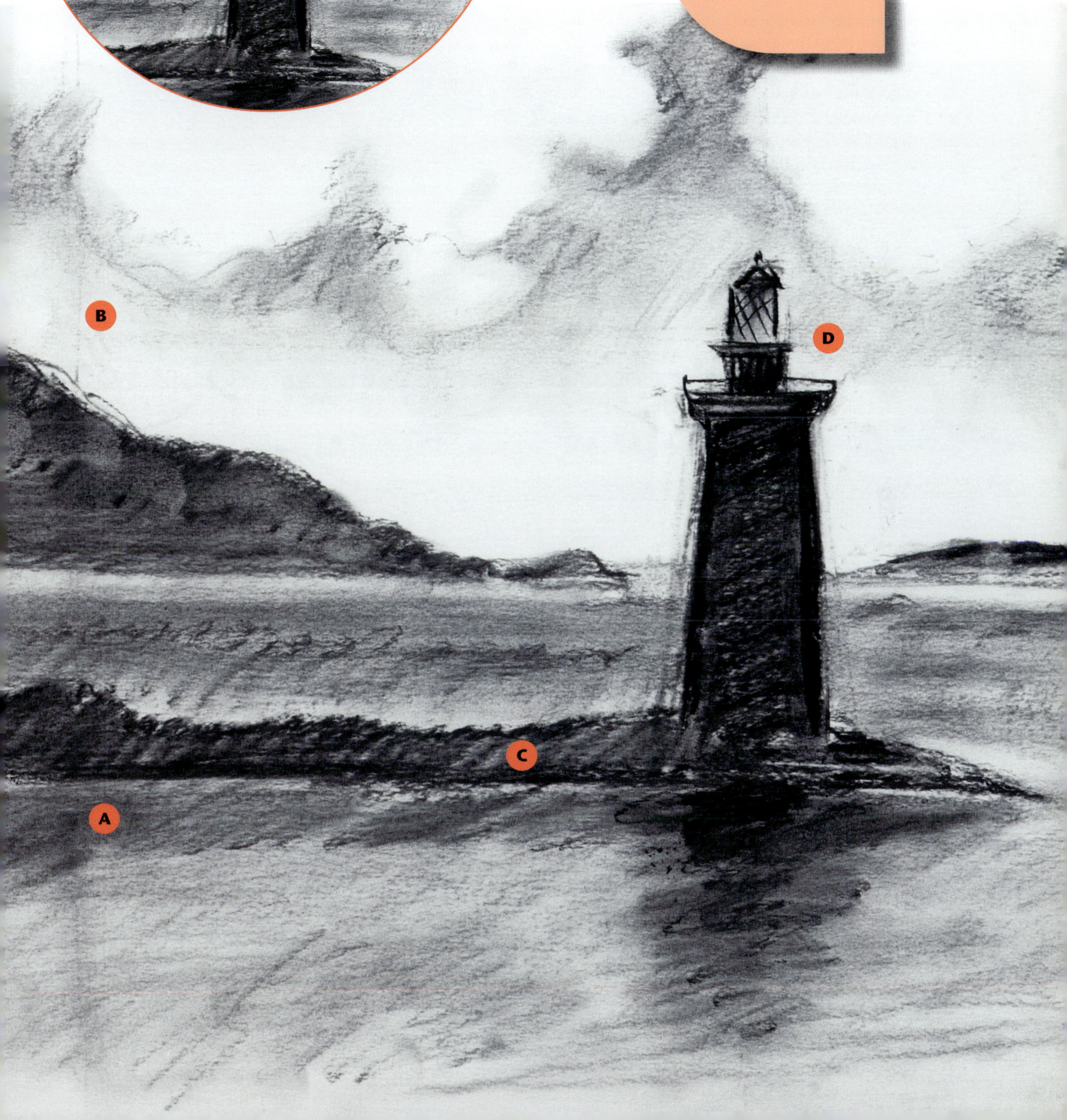

La organización es la base de la construcción y de la composición de una imagen. Para ello es necesario planificar, de manera ordenada, todos los elementos que forman parte de cualquier modelo. La mejor manera de aprender es ordenar los componentes de un bodegón, tratándolos como si fueran estructuras geométricas simples. Podemos empezar dibujando varias cajas o bloques que debemos disponer sobre un plano con el fin de encontrar un conjunto equilibrado y estético. Es un ejercicio muy sencillo, que permite evaluar cuál es el mejor modo de distribuir los volúmenes para conseguir una composición atractiva y equilibrada. Veamos algunas opciones.

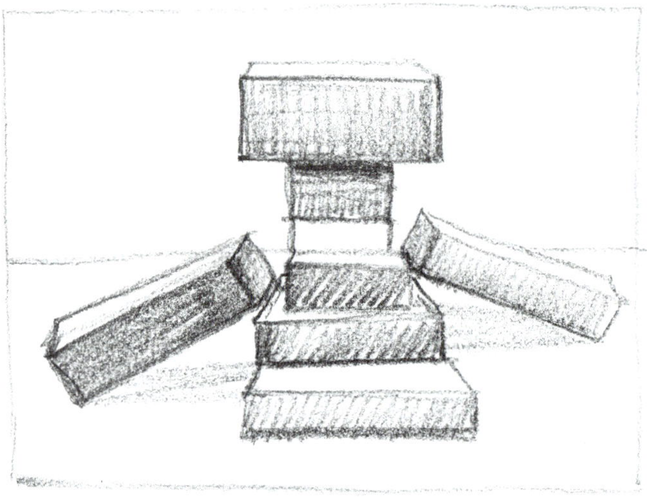

La primera composición muestra los bloques superpuestos de manera artificiosa y simétrica. No hay que tratar de hacer esculturas ni acumular todas las formas en el centro del encuadre.

La intención de componer

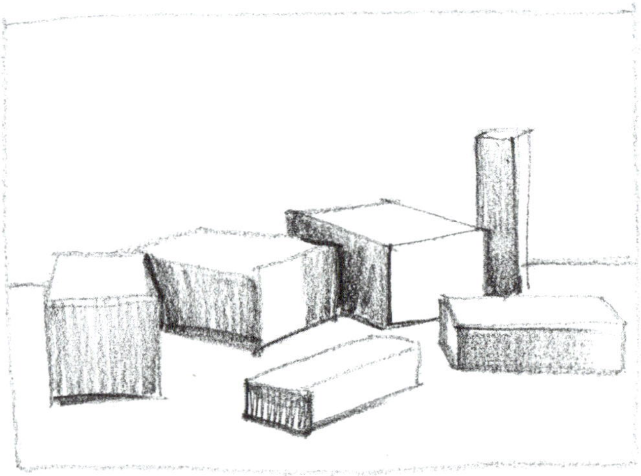

El segundo caso muestra un conjunto más disperso. Los bloques están dispuestos en distintas direcciones, pero sigue sin haber intencionalidad. Parece una composición casual.

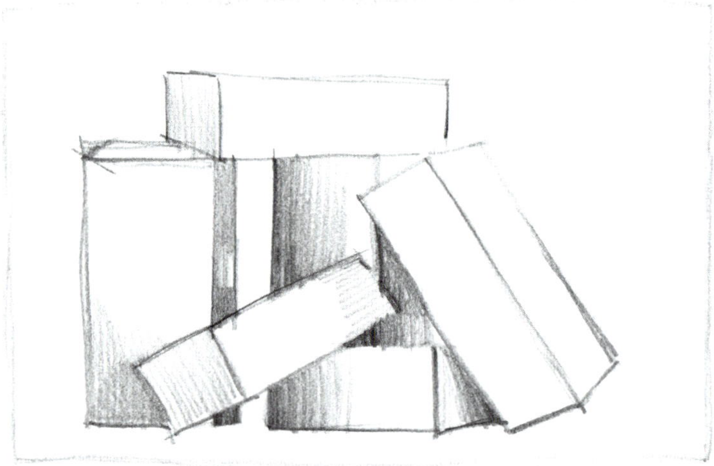

El tercer caso tampoco es muy acertado. Si bien existe variedad en la disposición de los bloques, aparecen muy juntos y compactos en el centro de la imagen.

He aquí una opción bien elaborada. Los bloques aparecen agrupados pero dispuestos en distintas direcciones, lo cual es fundamental para conseguir unidad, pero a la vez variedad.

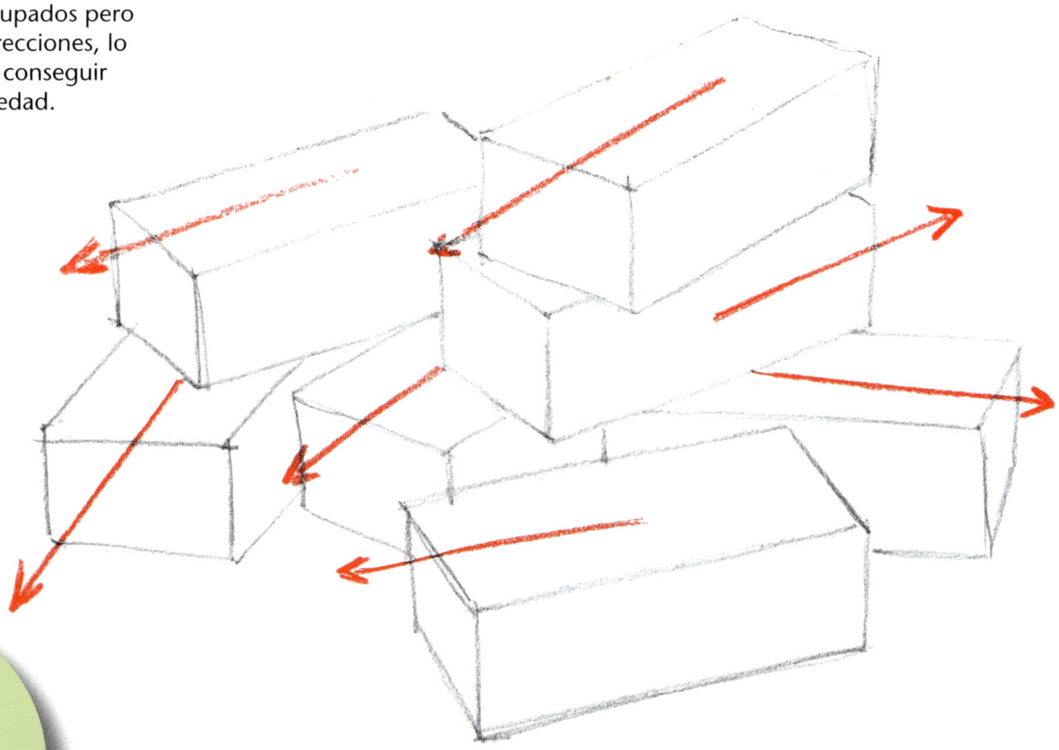

Te aconsejo
dibujar solo bloques, evitando formas, objetos y ornamentos que puedan distraer del objetivo del ejercicio: la síntesis.

Completamos el efecto compositivo con el sombreado. La alternancia de zonas iluminadas y zonas sombreadas aporta ritmo al conjunto, otro factor clave para conseguir una buena composición.

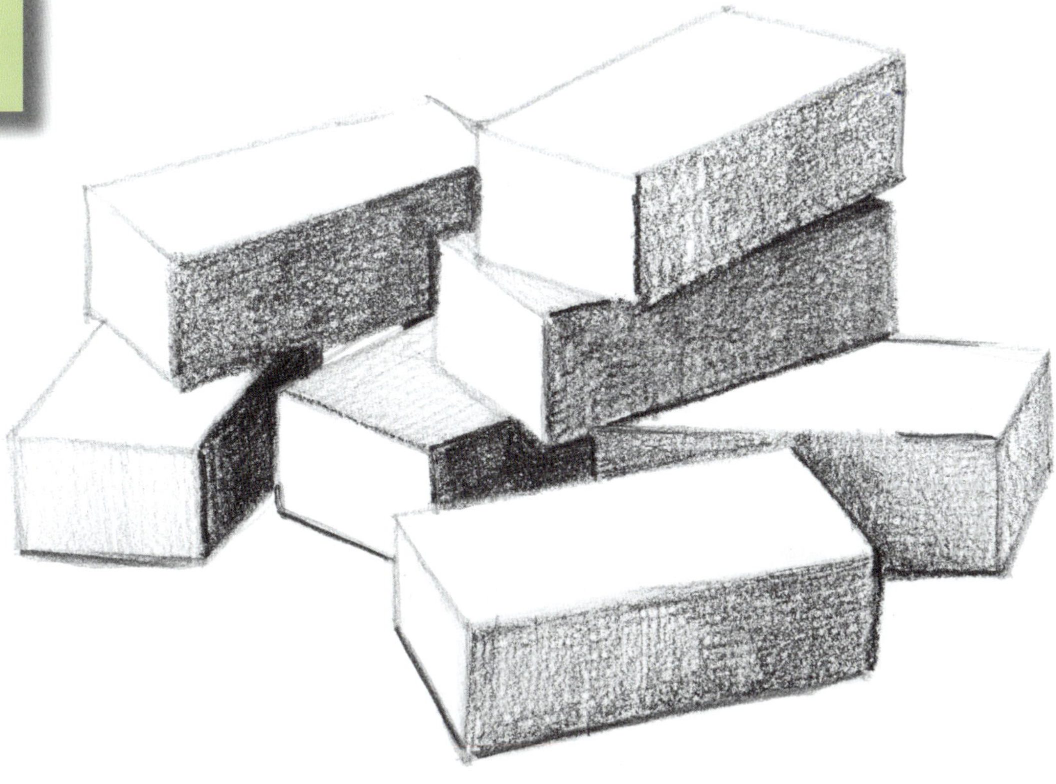

Aplicando lo aprendido a un bodegón

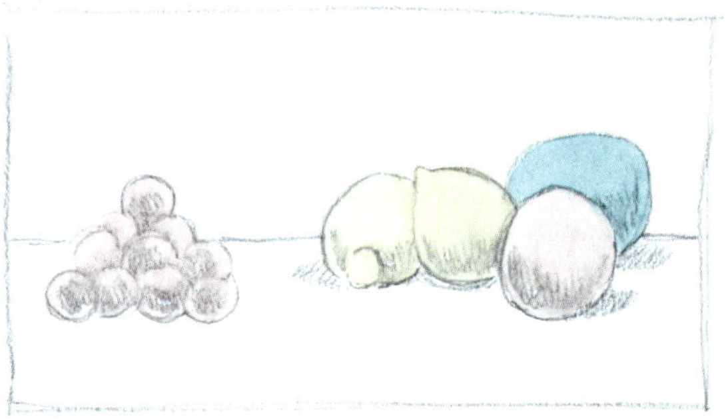

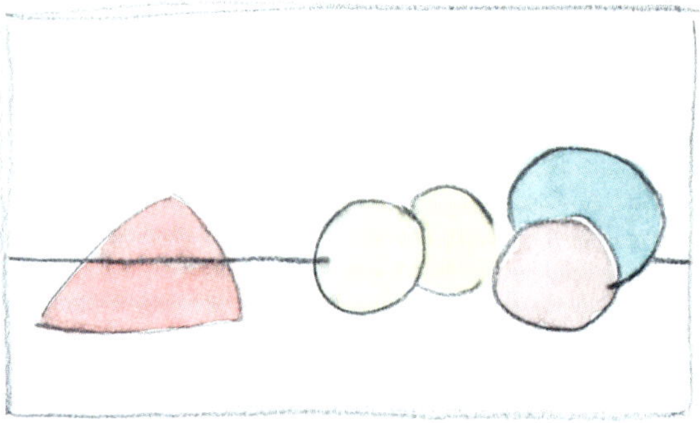

Para realizar una buena composición cuyo resultado exprese lo que pretendemos, es importante hacernos el propósito de "contarlo bien", es decir, tener la intención de componer. Ahora pasamos de los bloques a elementos reales, es decir, aquellos objetos que habitualmente componen un bodegón. El espacio compositivo y los elementos ubicados en él deben mantener cierta relación de tamaño, forma, color, distribución entre las zonas libres y las ocupadas.

Para componer, primero hay que aprender a sintetizar los elementos que conforman el bodegón en formas simples que nos permitan analizar mejor la distribución y el equilibrio de los componentes.

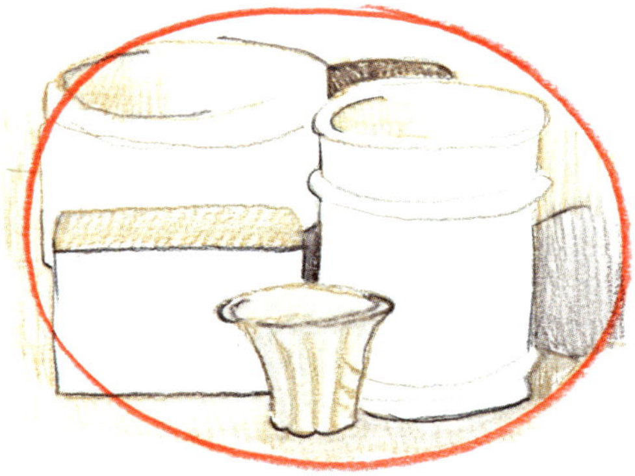

Estos elementos se agrupan e incluso se solapan en el centro formando un conjunto compacto y sólido. Es una formación demasiado centrada.

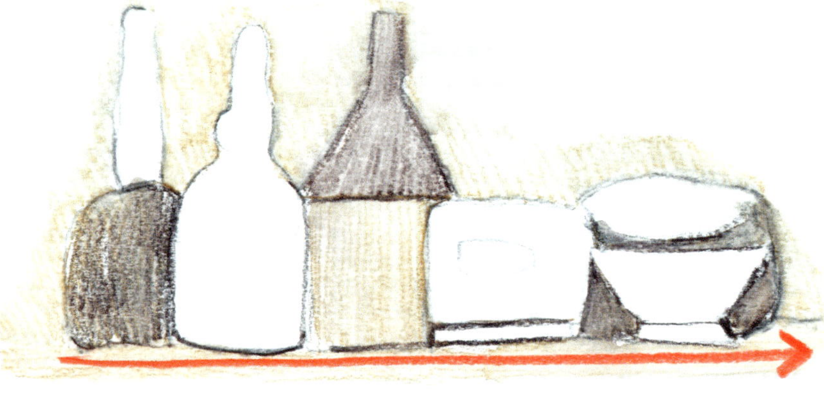

El bodegón en friso aparece ordenado horizontalmente, como si los objetos estuvieran expuestos en una estantería. Presenta una sucesión de formas, sin espacios, dinamismo ni variedad alguna.

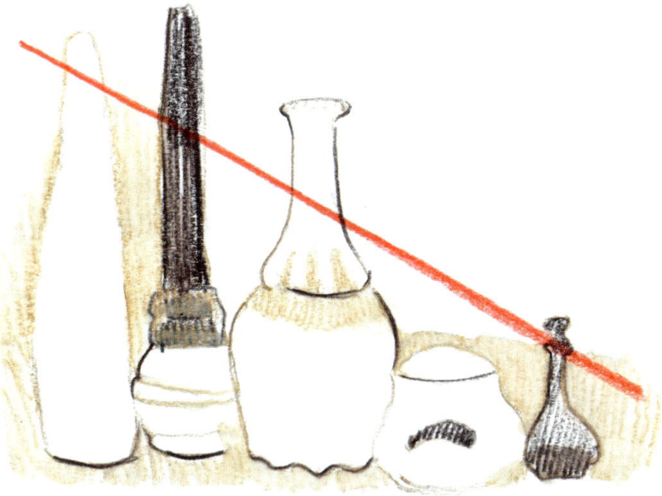

La diagonal compositiva introduce cierto dinamismo en el conjunto a la vez que aleja el modelo del equilibrio y la simetría.

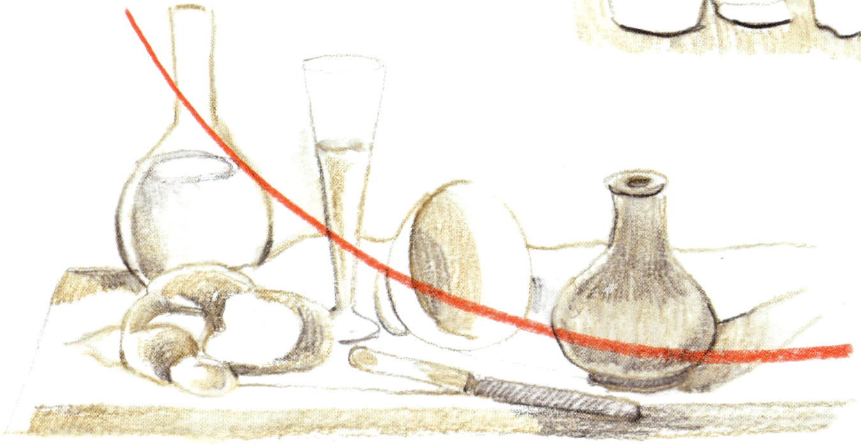

Hay que jugar con las alturas de los objetos, promover esquemas compositivos curvos y dejar un ligero espacio entre los elementos. La curva compositiva es mucho más atractiva que una simple diagonal.

Conviene

Crear cierta tensión, colocando objetos apoyados o cruzados frente a otros más estáticos.

Evita

Situar los objetos más grandes en el primer término, es preferible dejarlos en el fondo.

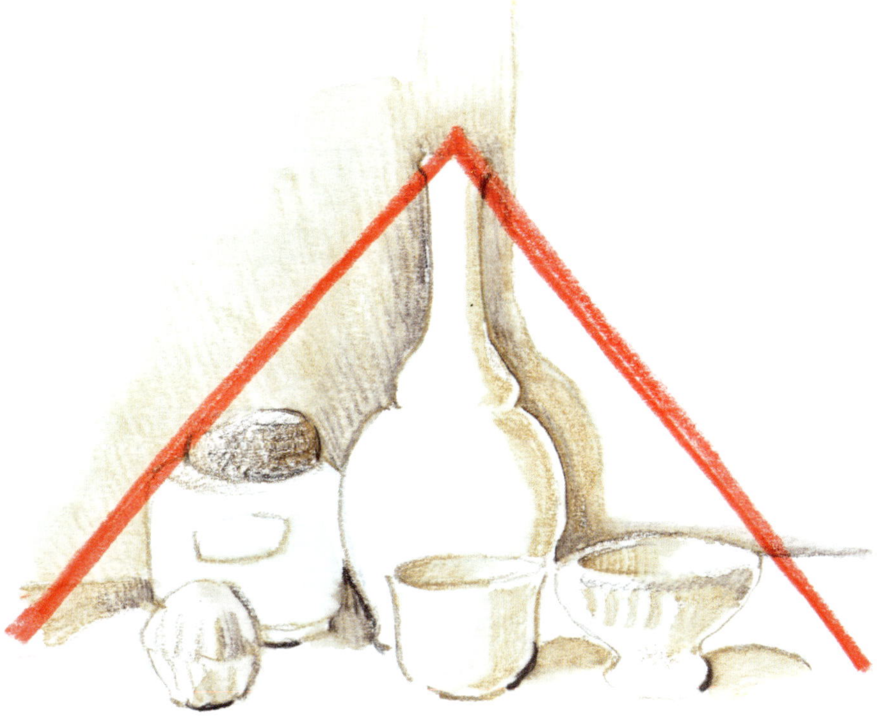

El esquema triangular ofrece una gran estabilidad y un perfecto equilibrio entre las partes. Es un esquema recurrente cuando se quiere una formación muy ordenada.

Cada manera de componer los objetos da lugar a una expresividad diferente. Si pretendemos comunicar una idea mediante una imagen, debemos pensar en la estructura compositiva y en los valores expresivos que refuerzan mejor aquello que queremos transmitir. Si buscamos dinamismo, la actividad se genera haciendo predominar las líneas curvas y rectas inclinadas. Si deseamos un modelo cohesionado, agruparemos las formas como un gran núcleo. Si, por lo contrario, preferimos un modelo más abierto y expansivo, las dirigiremos hacia el exterior del marco, alejándolas del núcleo o centro.

Las diversas formas de estructurar la composición

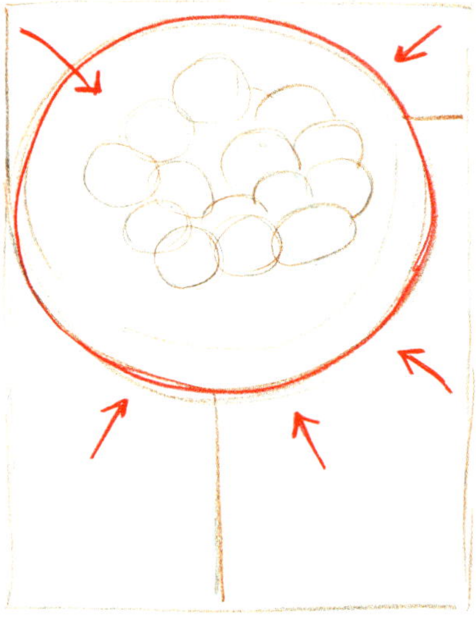

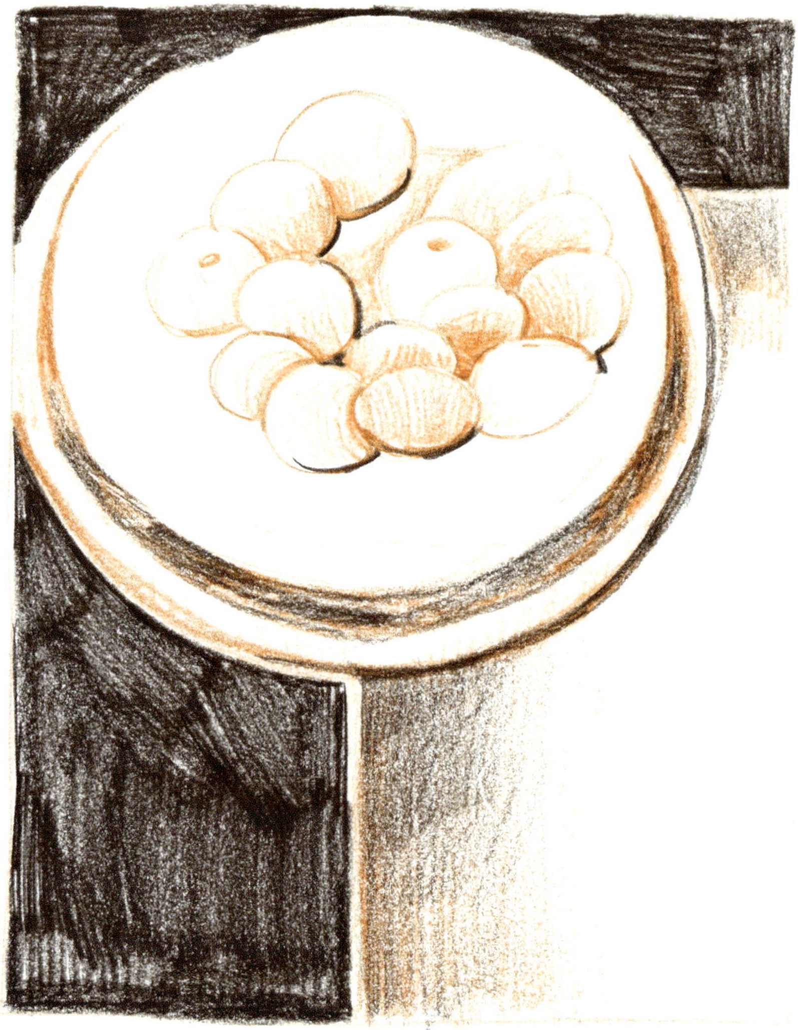

Para conseguir una composición compacta y cohesionada, basta con concentrar los elementos principales en un espacio muy reducido del encuadre.

Para que una composición compacta sea efectiva conviene huir del centro del papel y situar el motivo a un lado o por encima de este. Este desequilibrio resulta atractivo para el espectador.

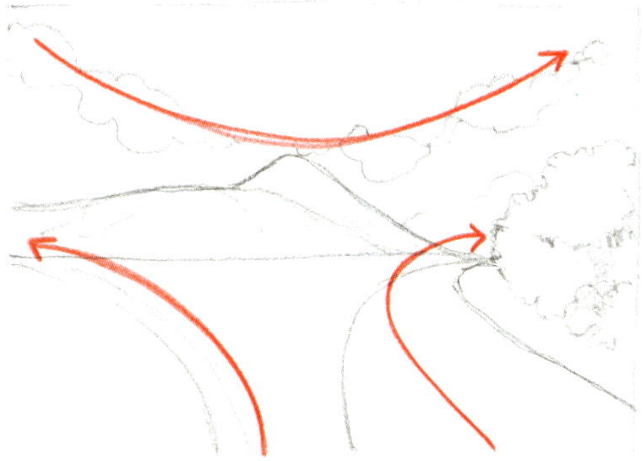

La curva es un agente dinamizador de cualquier composición. Aporta movimiento y, en un paisaje, contribuye a dirigir la mirada del espectador.

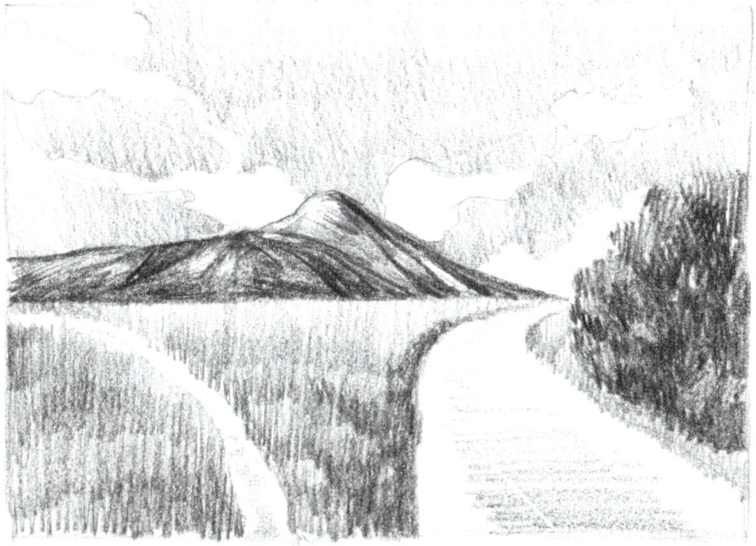

Las curvas transgreden los espacios llanos y fragmentan la imagen. Los caminos en el paisaje incitan al espectador a adentrarse en él y a perderse más allá del horizonte.

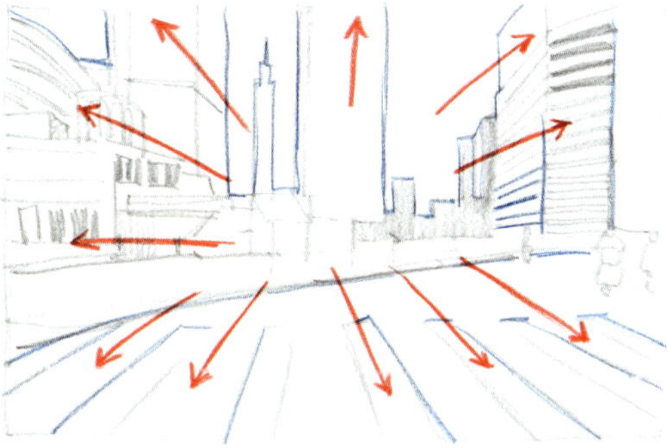

La composición se abre ante el espectador cuando se compone de líneas concéntricas que se dirigen hacia los límites del papel.

Te aconsejo

que antes de dibujar estudies el modelo y analices qué líneas compositivas conviene potenciar para conseguir una representación más interesante.

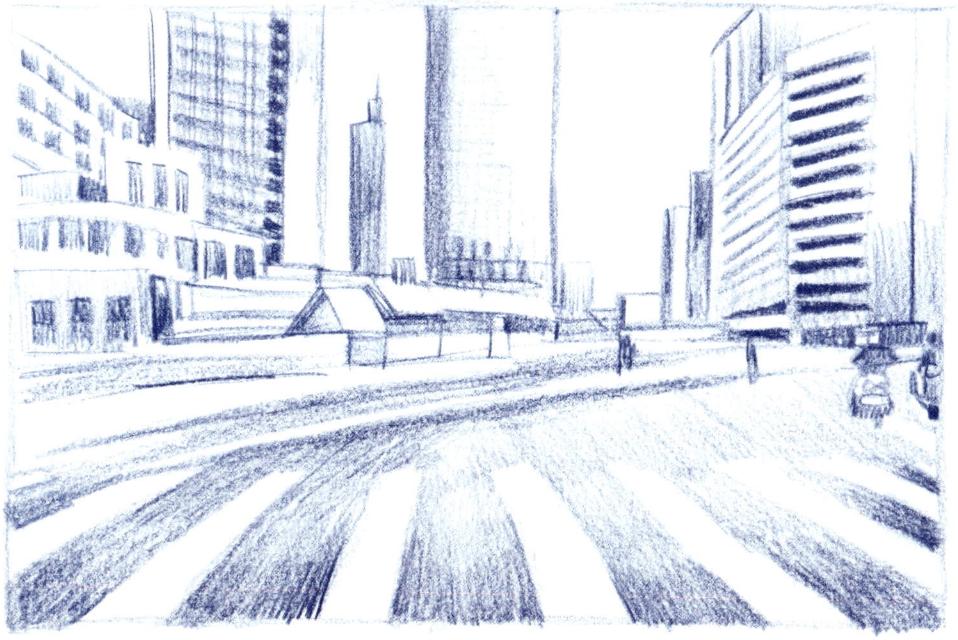

Una composición expansiva tiende a crear espacios amplios y se adecua muy bien a la representación de escenarios urbanos, donde la perspectiva adquiere una gran importancia.

Variar el punto de vista

Cuando en una obra miramos el paisaje, los árboles, edificios, animales, figuras, etc., no somos lo suficientemente conscientes de que la visión que tenemos de ellos depende de la posición que ha adoptado el artista frente al modelo real. Por eso, antes de dibujar, es necesario desplazarse alrededor del modelo para encontrar el punto de vista que mejor exprese la variación dentro de la unidad de formas, tamaños y masas. La mejor manera de comprobar cómo cambia la visión si variamos el punto de vista es componer un bodegón sobre una mesa y tratar de verlo desde diferentes ángulos, como mostramos en este ejercicio.

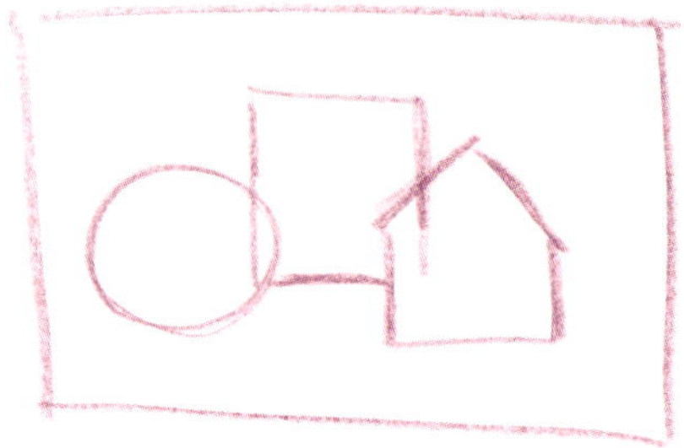

Cuando situamos el tema a la altura de los ojos, los objetos los representamos de manera más simple y descriptiva. Los que están delante tienden a ocultar los que hay atrás y no existe espacio entre ellos.

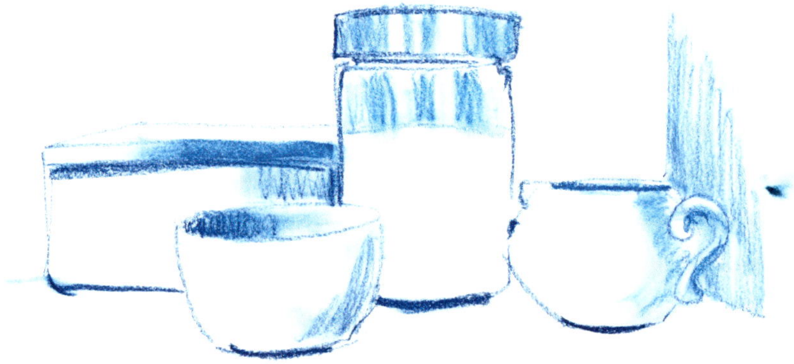

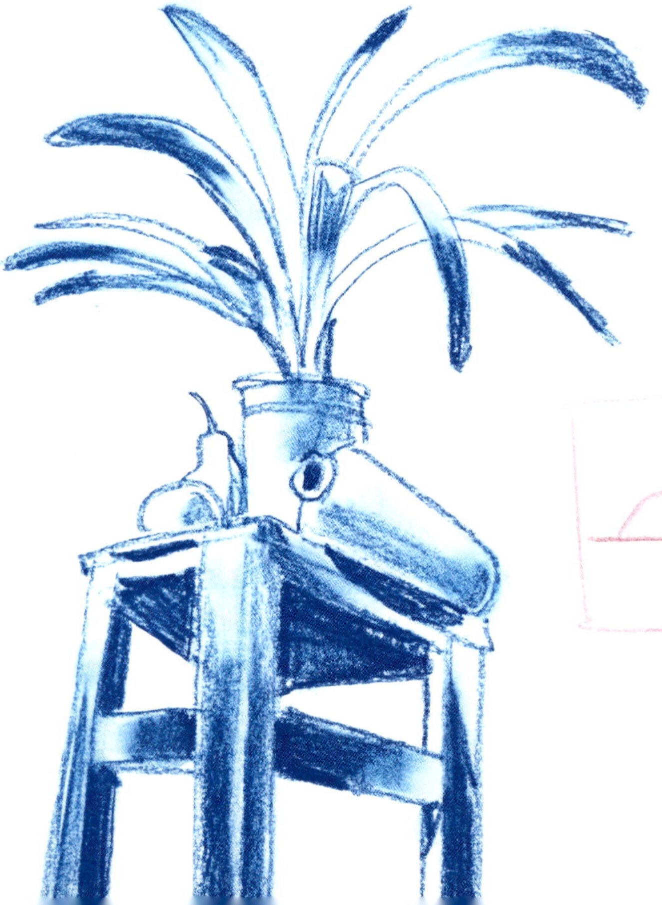

Cuando observamos la escena desde un punto de vista más bajo de lo habitual, el plano de la mesa oculta parte del objeto. De ello pueden resultar composiciones muy originales como este bodegón, que muestra la parte inferior de una mesilla.

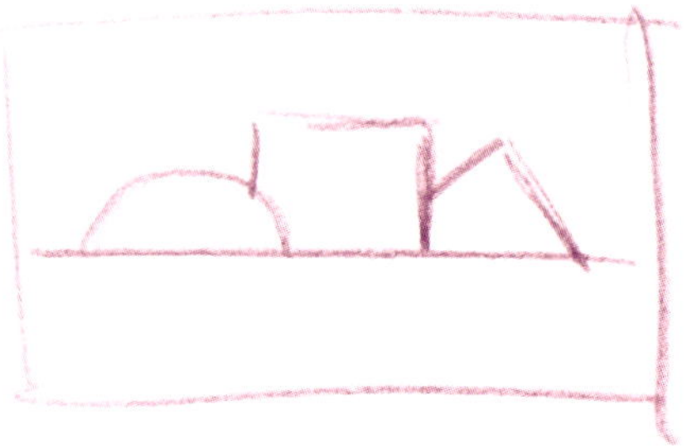

Te aconsejo
elegir bien el punto de vista, ya que este aspecto resulta determinante si pretendes realizar una representación más explícita o expresiva del modelo.

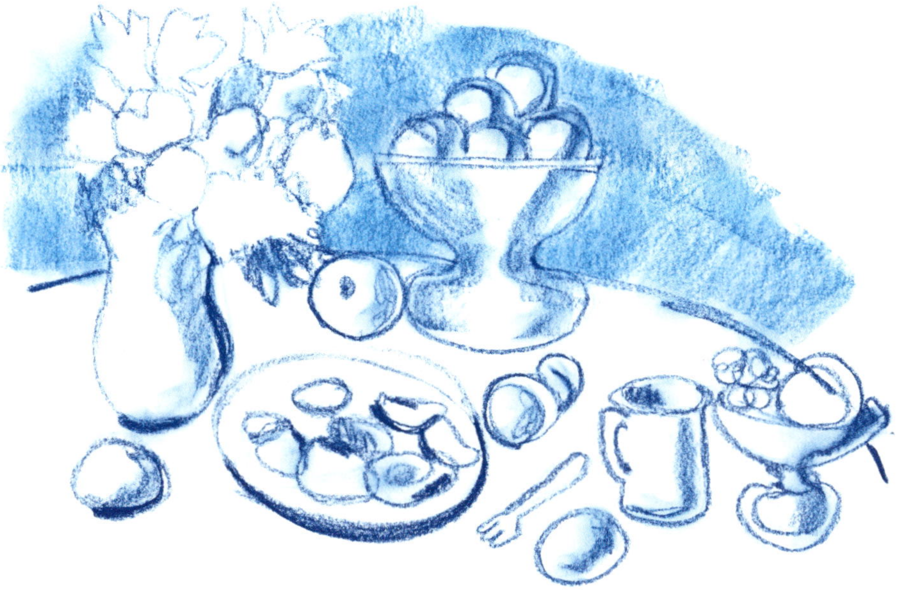

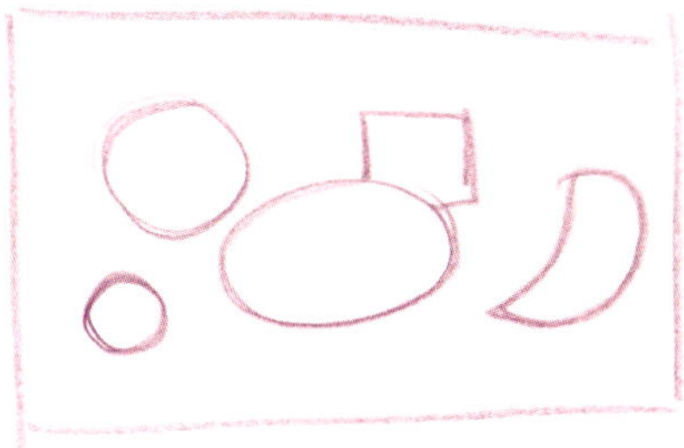

El mismo modelo observado desde un punto de vista elevado permite que los objetos se distancien los unos de los otros, ganando mayor importancia los espacios que se abren entre ellos.

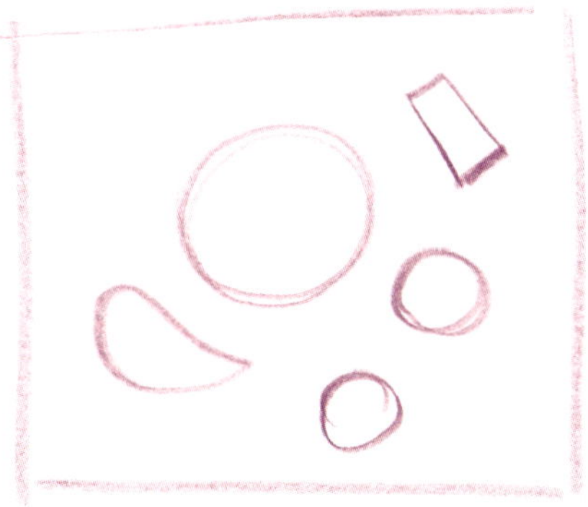

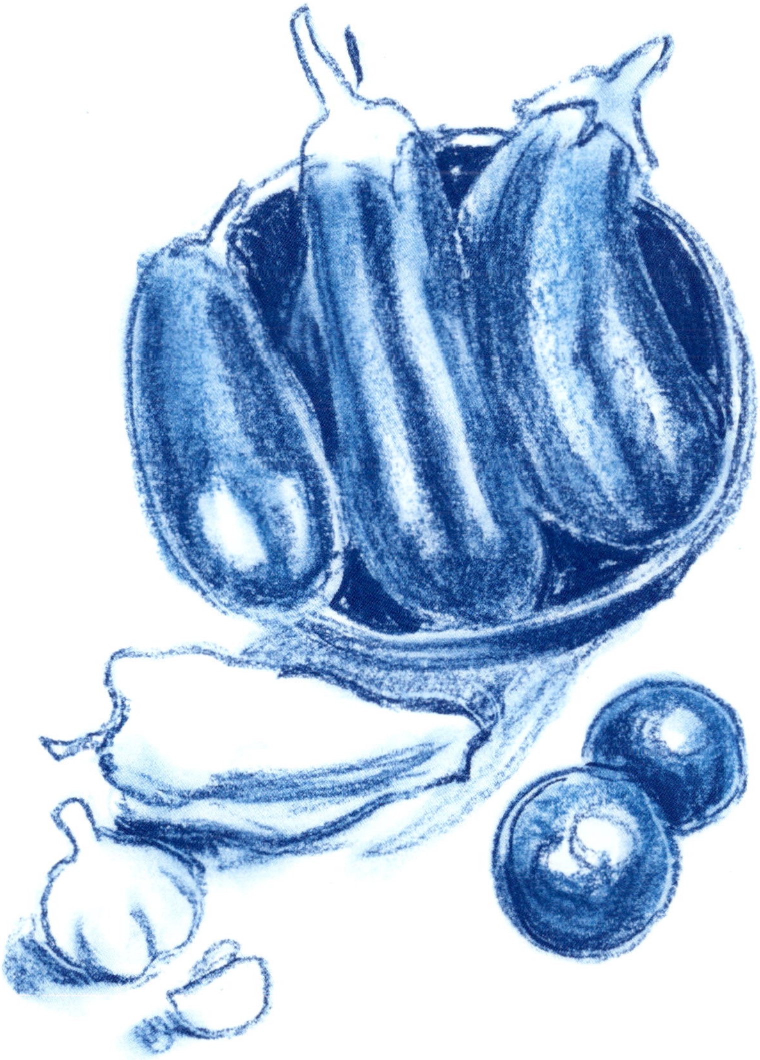

Muchos artistas actuales prefieren incluso los picados, una visión casi cenital del modelo. Es una visión muy explícita, poco expresiva, que apenas deja margen de solapamiento entre los objetos. Se trata de una opción muy recurrente en publicidad.

Los espacios negativos

Si dibujamos las formas de los espacios vacíos que rodean un modelo, sin darnos cuenta dibujamos también el objeto. Se soluciona así el problema de la composición: los espacios vacíos y las formas llenas y compactas se unifican al darle igual importancia a todas las piezas que componen el rompecabezas del dibujo, dentro de los márgenes que limitan el formato. Lo importante aquí es relacionar la forma del modelo con su espacio circundante, tratando de ver las formas negativas, es decir, el contramolde del objeto. Los contornos se definen así por contrastes y no por líneas.

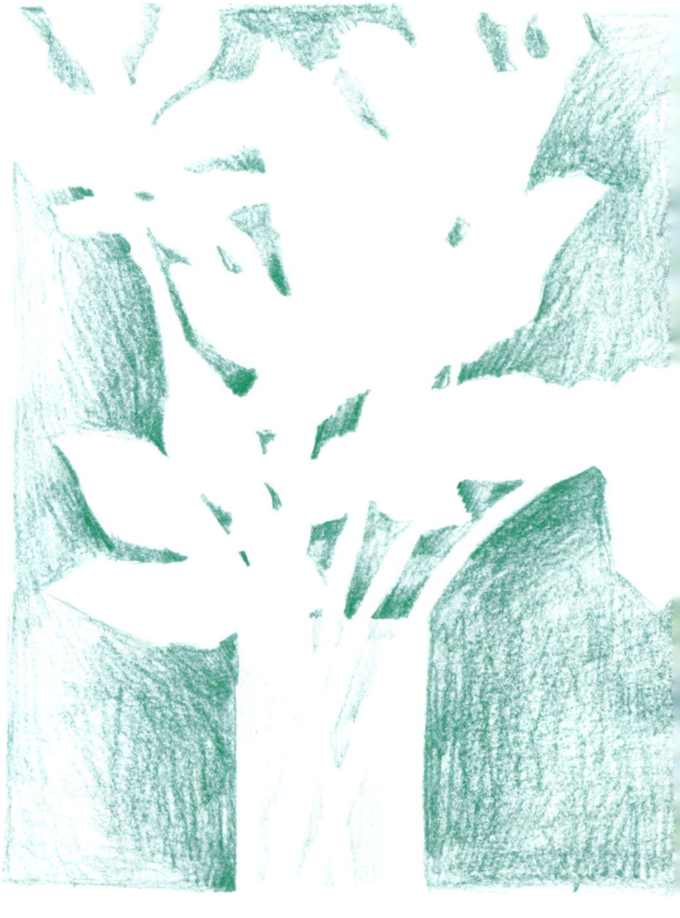

Para comprender por qué es importante el espacio vacío que rodea a cada objeto proponemos un ejercicio muy sencillo: representar una silla sombreando levemente el aire que la rodea.

El efecto de contramolde podemos acusarlo oscureciendo un poco más el sombreado cerca del contorno del objeto y aplicando trazos más ligeros a medida que se aleja de este.

1

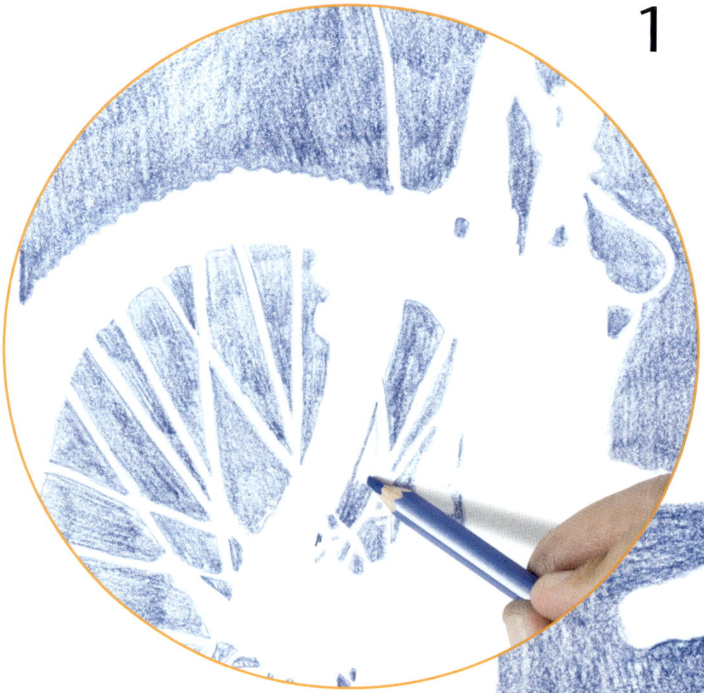

1- El juego de formas en positivo y en negativo es bien conocido por muchos dibujantes, tanto por los que se dedican al dibujo tonal como por los que emplean colores.

2- Respetar los blancos del papel dibujándolos en su exterior no es solo un recurso de mucha utilidad sino también una manera elegante de representar con ligereza y acierto las características de cualquier motivo.

2

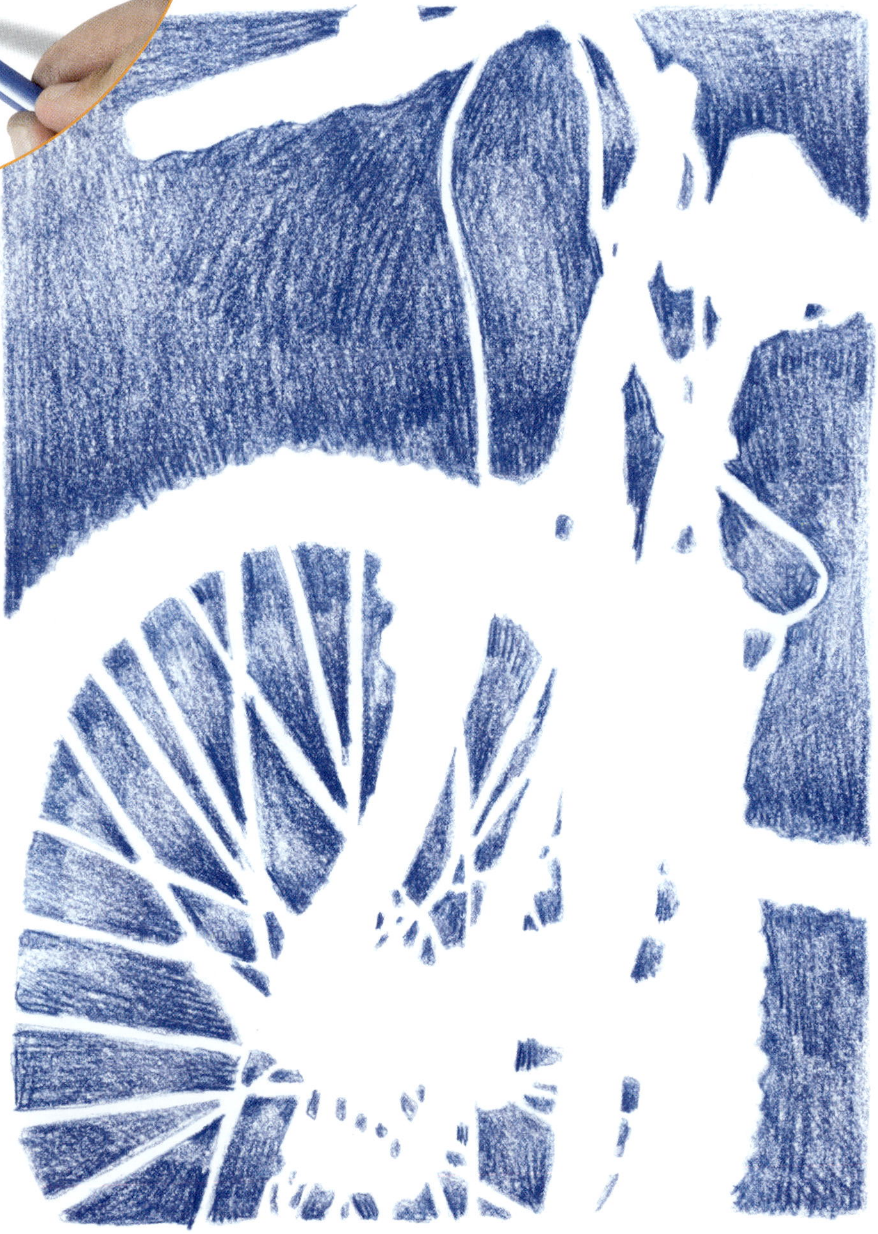

Conviene

Olvidarse de las zonas internas del modelo y concentrarse en el contraste que ofrece el perfil con respecto al fondo.

Evita

Dibujar objetos muy compactos. Esta técnica es especialmente agradecida cuando el modelo presenta huecos en su interior.

La mayoría de las reglas de composición afirman que lo estático es aburrido. Un único objeto puede hacer que una composición parezca vacía, dos objetos ofrecen demasiado equilibrio, pero cuando incluimos 3 o 5 objetos el conjunto es mucho más dinámico y completo. La regla de los impares defiende que, a nivel visual, es más atractivo un número impar de elementos que uno par. Evitamos así los elementos confrontados, ya que siempre hay un elemento de más que rompe el equilibrio de fuerzas.

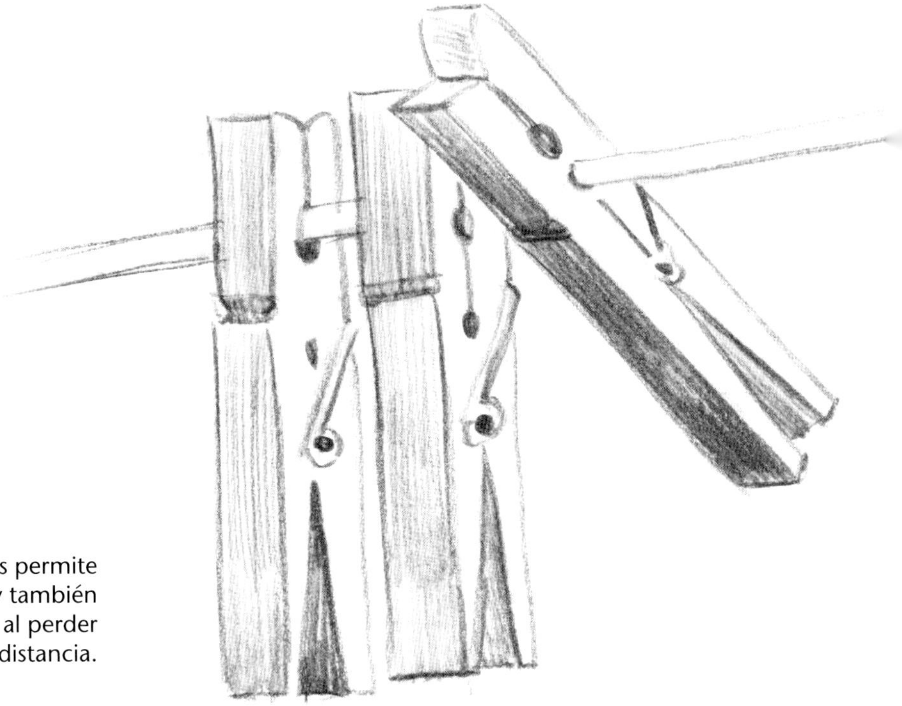

La inclusión de tres objetos permite abordar la seriación y también recrear la sensación espacial al perder definición con la distancia.

La regla de los impares

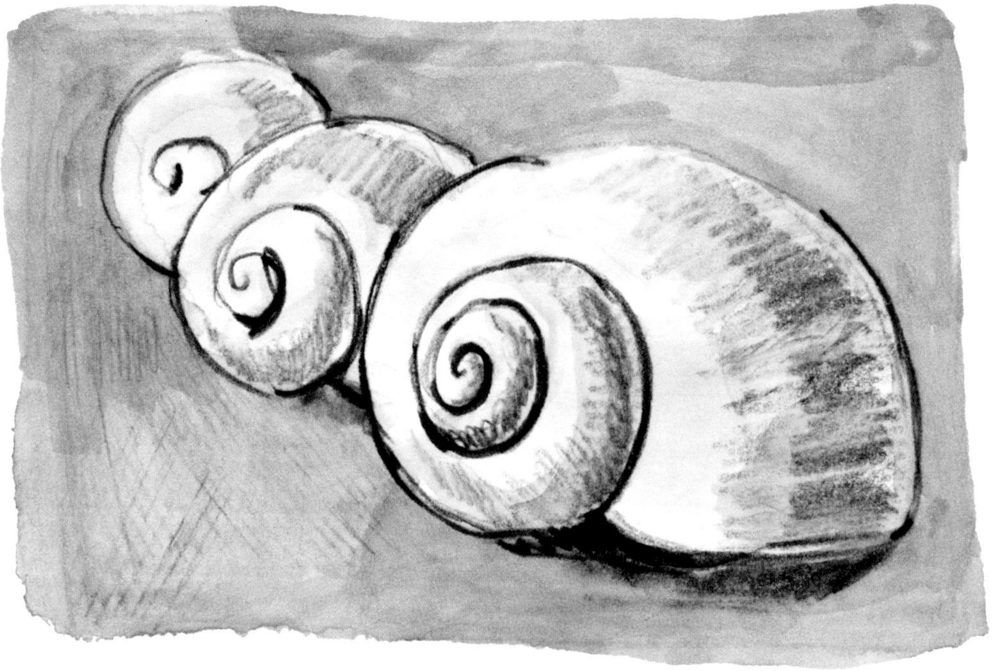

Tres elementos se convierten, de manera automática, en un grupo. Un mínimo de tres elementos en un dibujo implica darle protagonismo al grupo en sí mismo, más que a los sujetos que lo conforman.

1

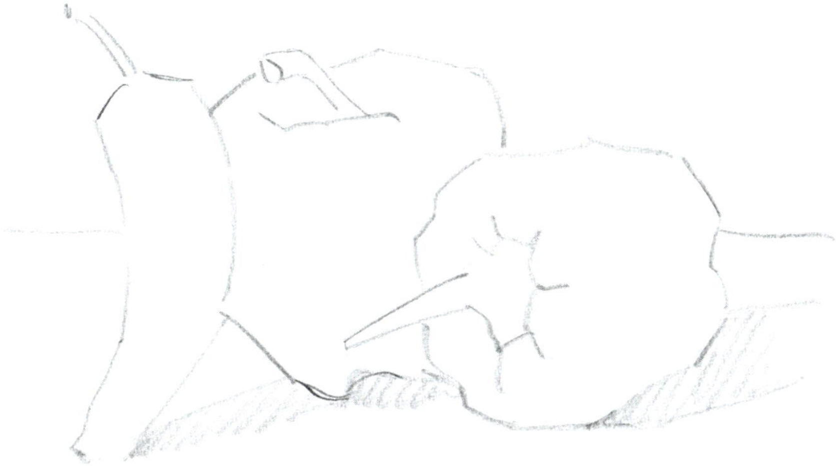

1- Esta composición se basa en la regla de los impares y en mantener la unidad del conjunto. Siguiendo la jerarquía dominante, los objetos más grandes suelen situarse detrás.

Conviene

Empezar dibujando composiciones muy simples con tres objetos, alterando la posición de cada uno de ellos.

Evita

Combinar objetos que presenten una gran diferencia de tamaño entre ellos.

2- La elección de los elementos que aparecen en la obra está en función del interés que estos pueden provocar en el espectador. Por eso situamos un pimiento apoyado, en equilibrio a la izquierda, generando cierta tensión.

2

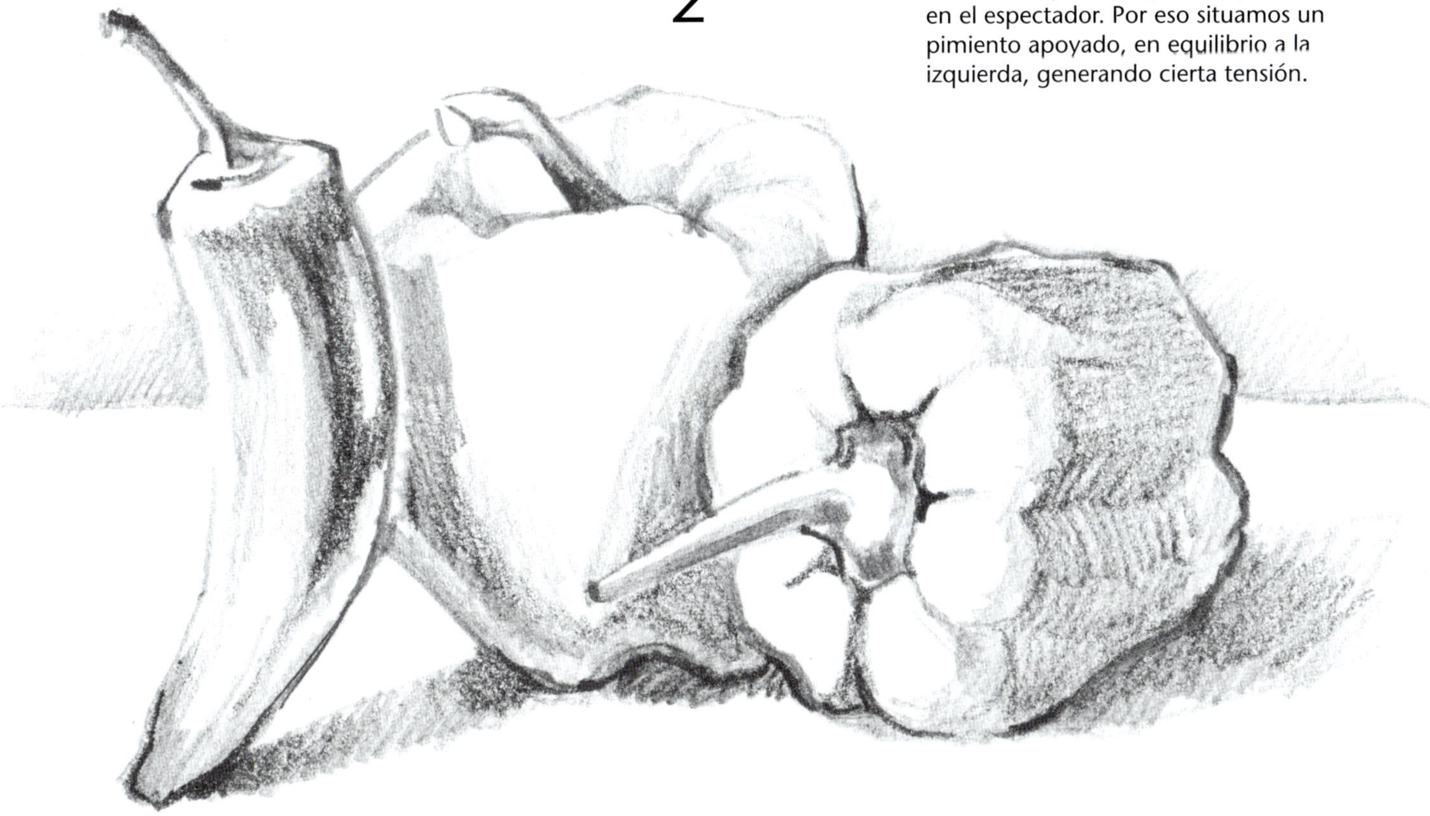

El ritmo

El ritmo organiza y compone el dibujo, genera una trayectoria que distribuye la superficie y hace que percibamos la composición como impulsos dinámicos. Lo conseguimos alternando formas diferentes o iguales con distinta posición, color, tamaño o textura. Este elemento no nos resulta ajeno, ya que la naturaleza y la vida del ser humano están reguladas de forma rítmica: los pétalos de una margarita, las franjas del pelo de una cebra o incluso elementos del paisaje urbano que decrecen con la distancia. Las formas que componen el ritmo pueden crecer o decrecer por una sucesión de tamaños, grosores, alturas o colores, produciéndose una sensación de tensión.

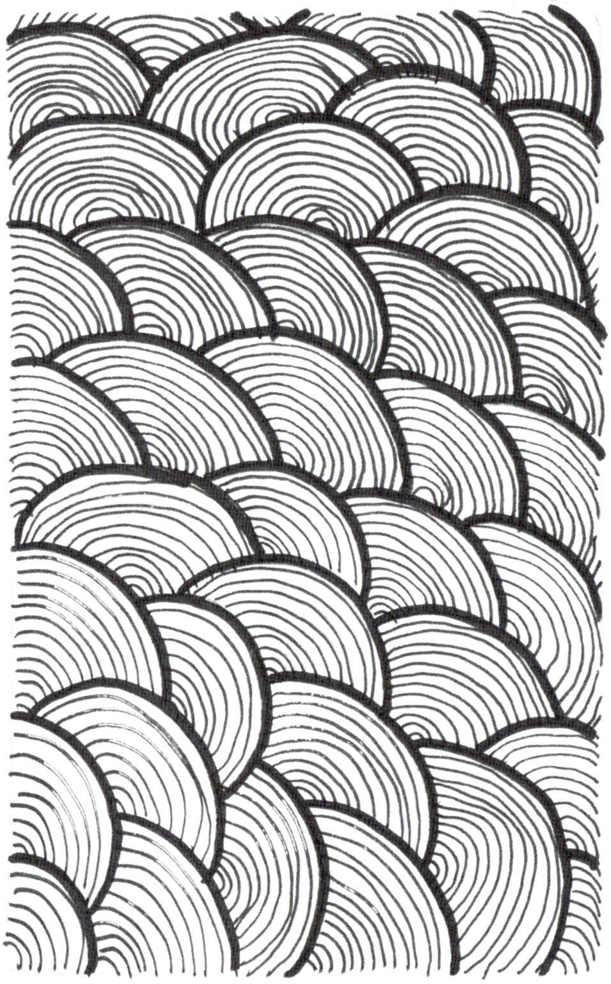

El ritmo es una sucesión regular y armónica de formas visuales y representa un elemento activo y dinámico.

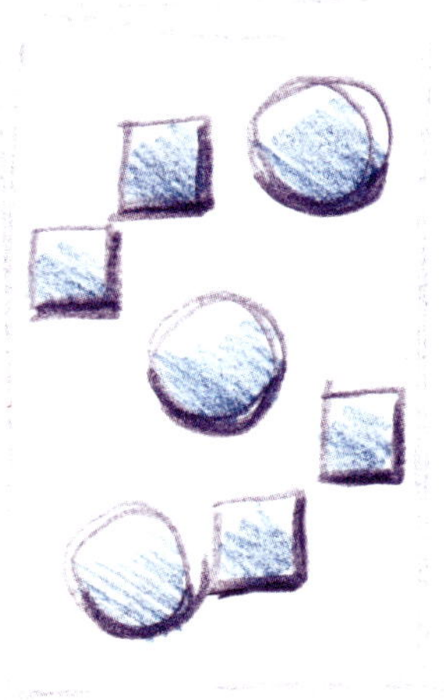

La sucesión modular produce ritmo, el cual podemos alterar reduciendo el tamaño de las formas. Es un efecto muy habitual cuando en el dibujo aparece la perspectiva.

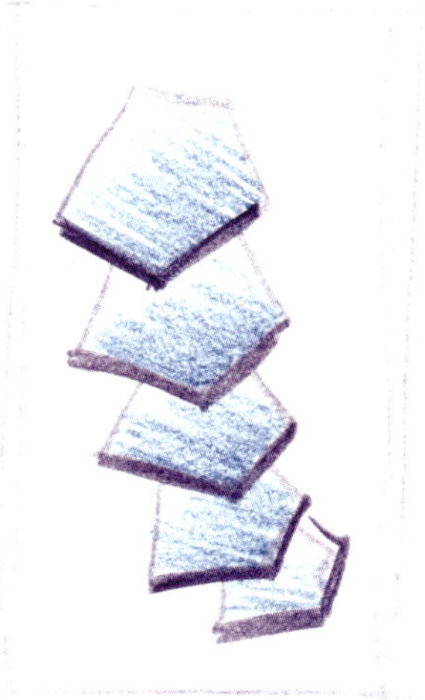

Podemos acusar la sensación de ritmo combinando diversas formas con una distancia interespacial regular.

Te aconsejo

exagerar el ritmo de las composiciones, ya que no siempre aparece tan marcado en los modelos reales.

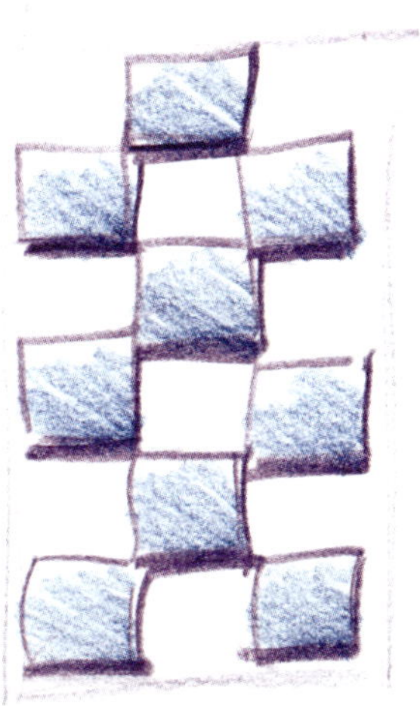

La reproducción de cualquier patrón regular aporta ritmo al dibujo. En este caso, lo conseguimos con un ajedrezado.

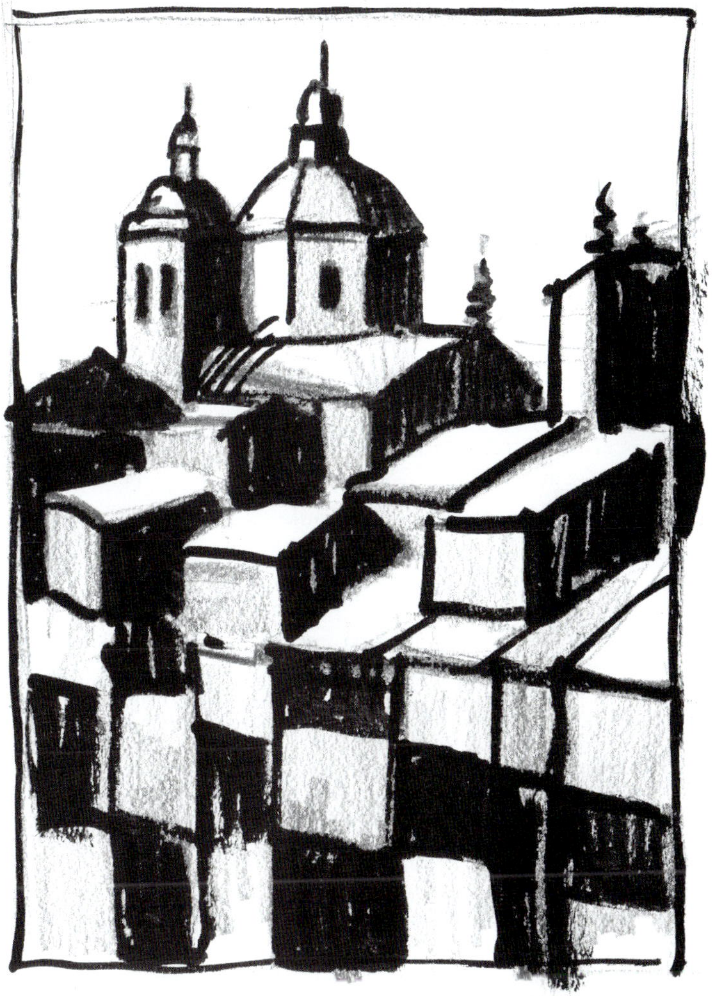

Los escenarios urbanos están repletos de rincones donde la geometría se pone a servicio de la composición. El efecto de distancia que produce la perspectiva hace el resto.

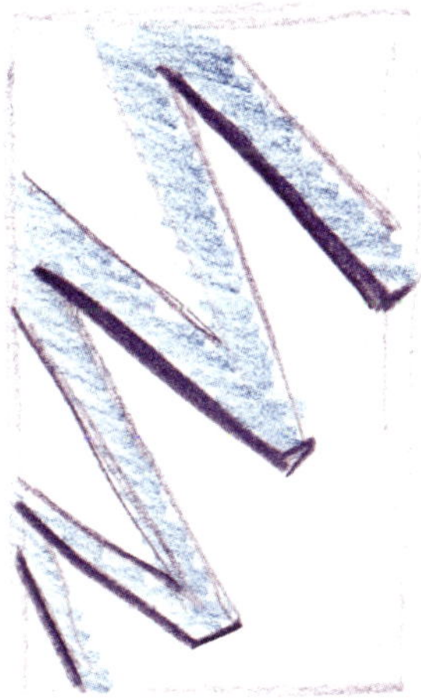

La línea quebrada o zigzagueo es otro recurso compositivo muy habitual para dinamizar cualquier composición.

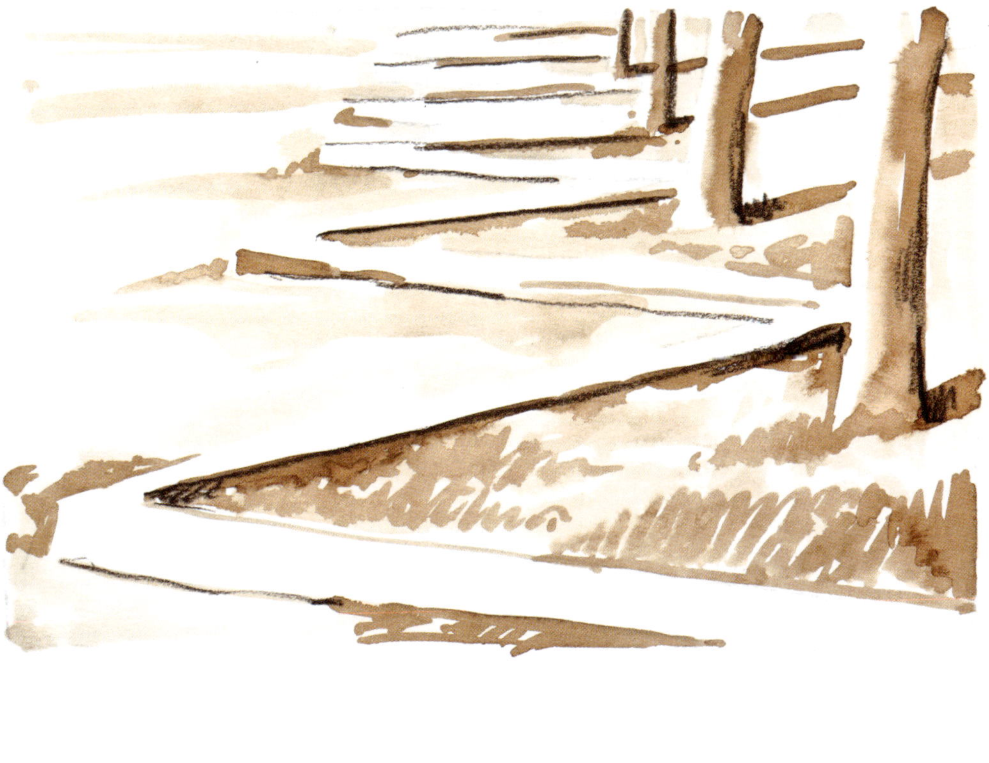

Aplicación del efecto de ajedrezado en el sombreado de una escena urbana. La alternancia de claros y oscuros permite una composición más dinámica.

El centro de interés

Todo dibujo debe tener un centro de interés o de atención elegido por el artista. Es el lugar en el que confluyen las energías visuales del cuadro, es decir, allí donde se dirige primero la mirada del espectador antes de efectuar un recorrido visual por el resto del dibujo. Por lo tanto, el centro de interés debe ser el elemento principal de la composición y los demás componentes tienen que subordinarse o someterse al mismo. Pero ¿dónde hay que situarlo? La ubicación del centro de interés no suele escogerse al azar, tampoco suele coincidir con el centro del cuadro y, a menudo, depende de reglas compositivas como la de los tercios para conseguir resultados que sean a la vez dinámicos y estables.

A

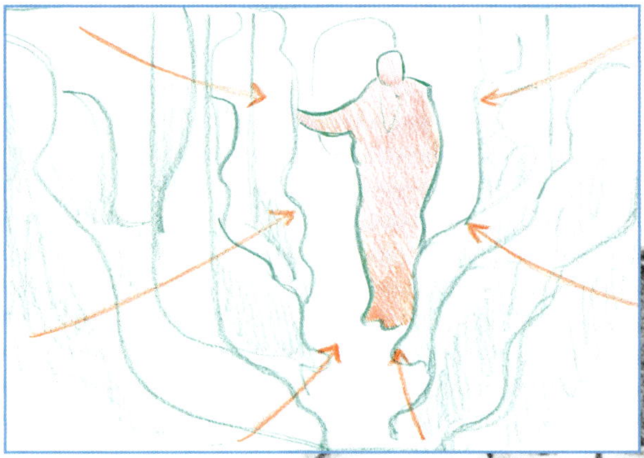

A- El centro de interés atrae la mirada del espectador de manera que todo el tema se estructura en torno a él.

B- Una vez situado el centro de interés ligeramente desplazado del centro del papel, esbozamos las formas principales de la escena con un carboncillo.

C- Completamos el dibujo de izquierda a derecha para evitar que el roce de la mano arrastre el polvo de carbón. Difuminamos las sombras con un difumino.

D- La barra de carbón no permite conseguir una variada gama de tonos ni tampoco trabajar los detalles. Por lo tanto, el objetivo es que el dibujo tenga una apariencia más bien esbozada.

El centro de interés funciona muy bien cuando aúna las energías físicas y visuales del cuadro con las emotivas. Aun así, no hay que olvidar que todas las partes deben ser interesantes por sí mismas.

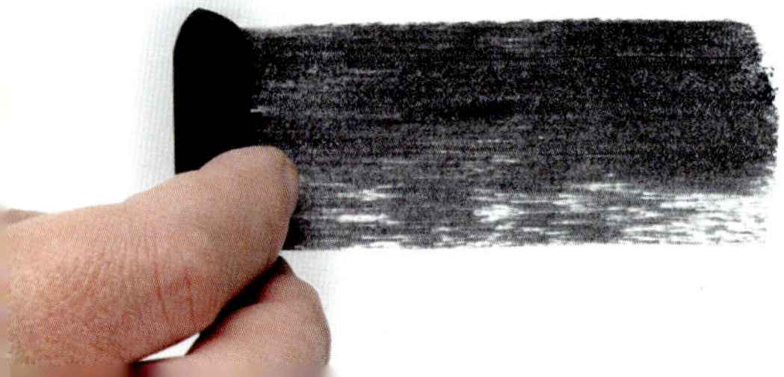

B

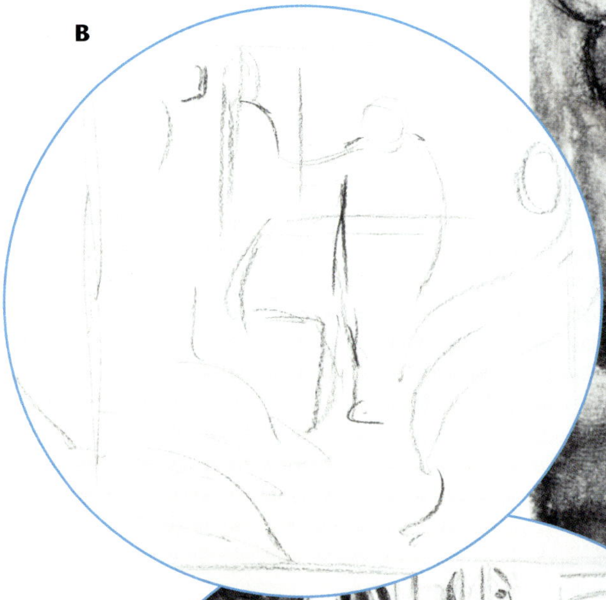

C

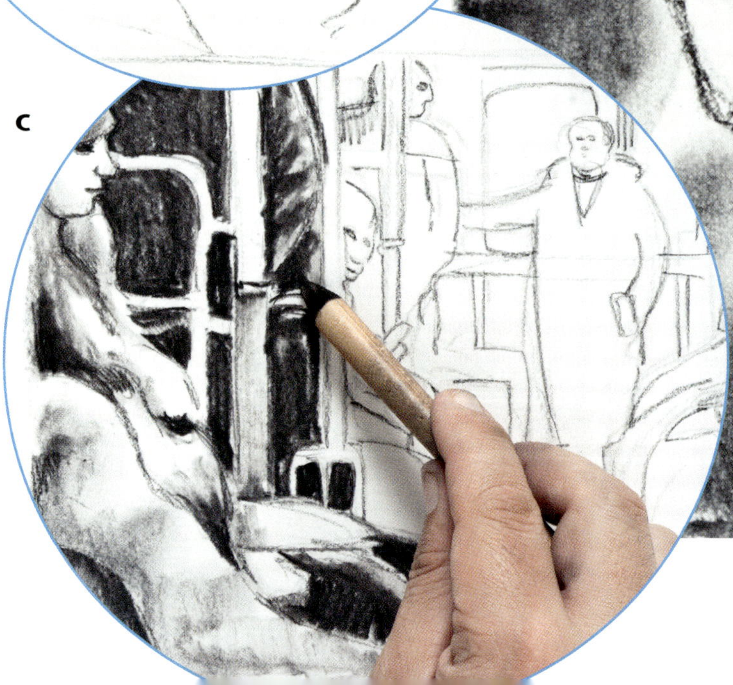

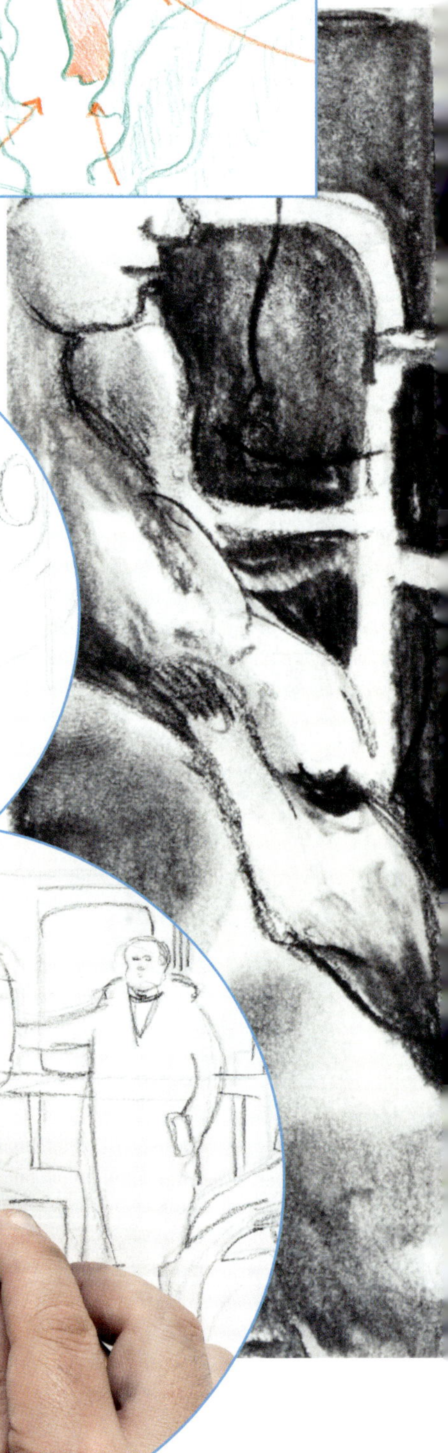

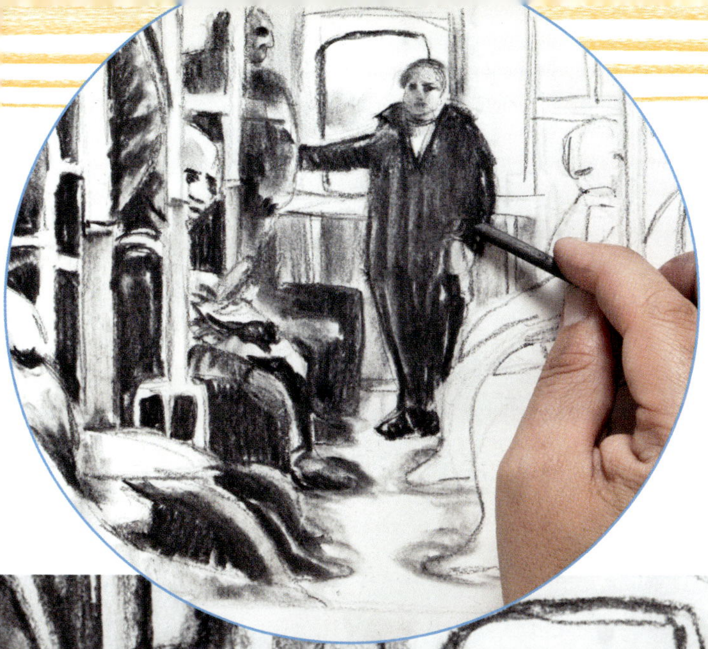

D

Te aconsejo reforzar el centro de interés con contrastes de oscuros o colores más intensos y contrastados.

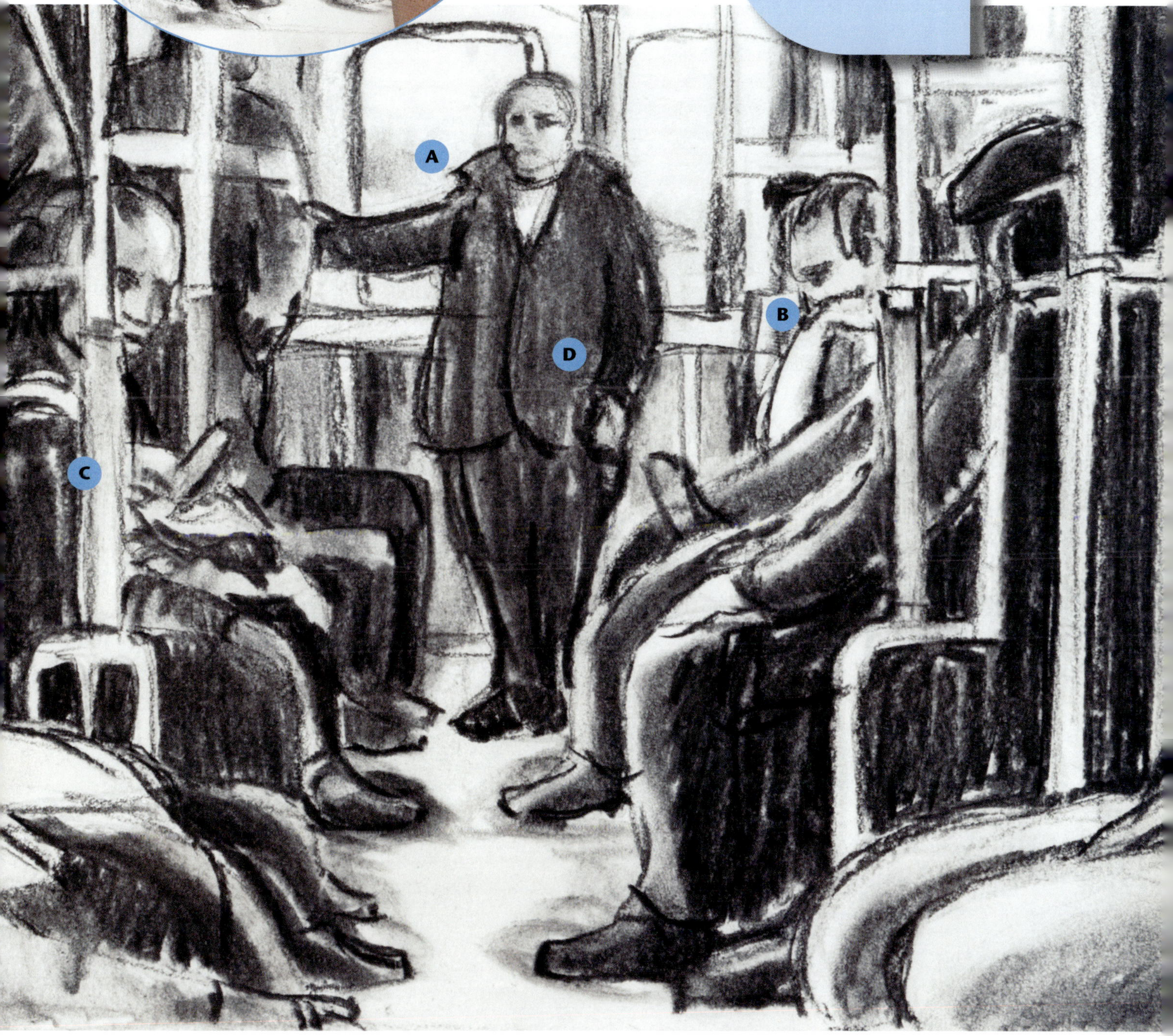

La sección áurea

La composición mediante la proporción áurea ha tenido un papel determinante en toda la historia del arte occidental desde los albores de la Grecia Clásica hasta la creación actual. De hecho, si miramos con atención a nuestro alrededor descubriremos que hay muchos ejemplos de elementos que tienen en cuenta la proporción áurea: en arquitectura, en la naturaleza, en el cuerpo humano, en el diseño o la fotografía... En este apartado, nos vamos a centrar en algunos aspectos de esta medida geométrica particularmente interesantes para el dibujo. El primer paso es comprender que la búsqueda de la proporcionalidad perfecta es fundamental para obtener una representación muy armónica. Apliquemos todo esto al mundo visual.

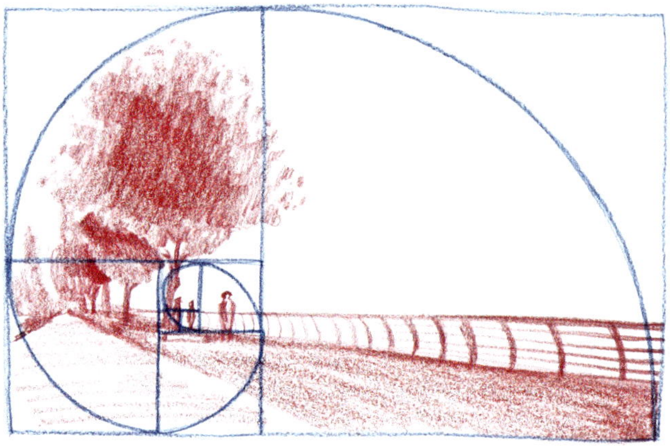

La obtenemos por un procedimiento geométrico o aritmético muy sencillo, cuyo fin es ofrecer la composición perfecta para cualquier formato o tema.

1

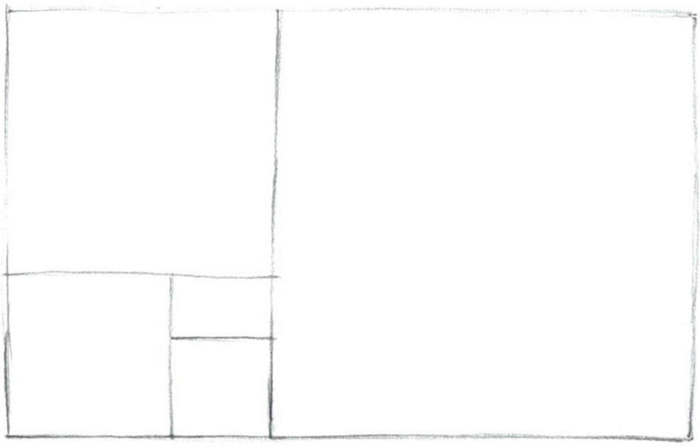

2

1- Primero dividimos el rectángulo del dibujo con una línea vertical a unos 2/5 de su longitud.

2- Continuamos dividiendo tal como muestra el esquema, siguiendo la misma división numérica de 2/5, creando segmentos cada vez más pequeños.

3- Si dibujamos una línea que una todos estos pequeños recuadros, quedaría algo parecido a una espiral, conocida como Espiral de Oro o Espiral Áurea, que se halla permanentemente presente en la naturaleza.

3

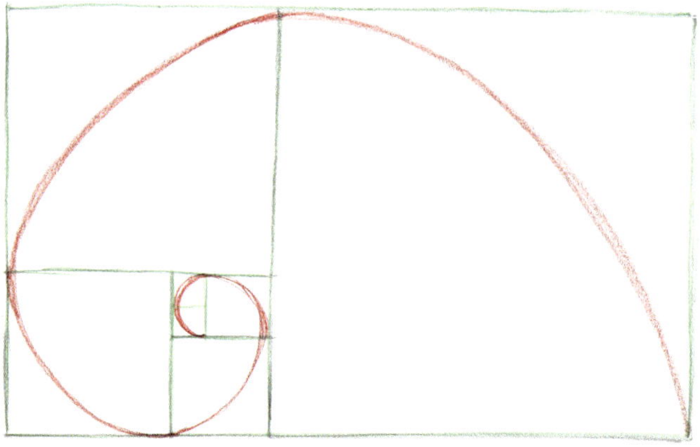

1

1- Situamos la figura allí donde marca la proporción áurea. Componer una imagen siguiendo esta espiral resulta agradable a la vista porque las proporciones que se obtienen parecen naturales.

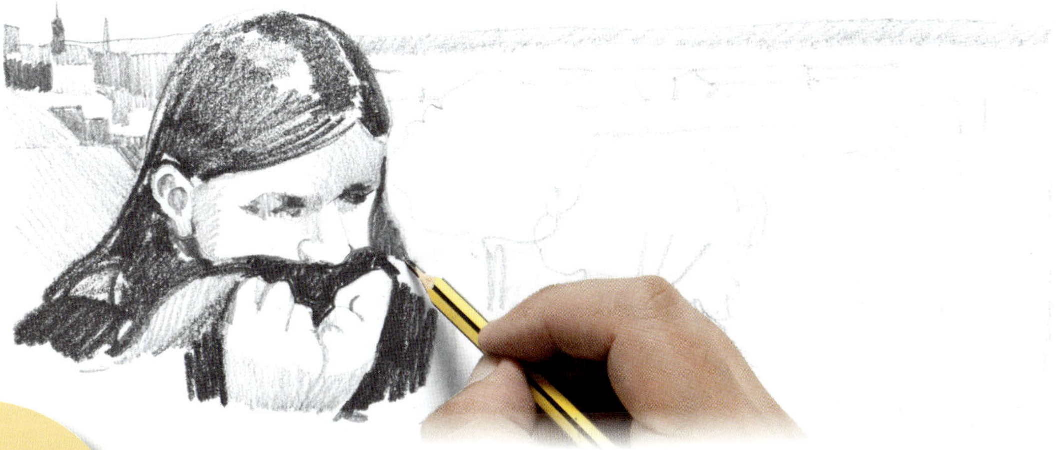

Te aconsejo

pensar que puedes lograr una composición más atractiva rompiendo esta regla que siguiéndola. Pero para transgredir una regla, primero debes conocerla y aprender a aplicarla.

2- Siguiendo la proporción áurea nos hacemos una idea de dónde situar el tema principal del dibujo, el horizonte o de cómo distribuir el resto de elementos importantes.

2

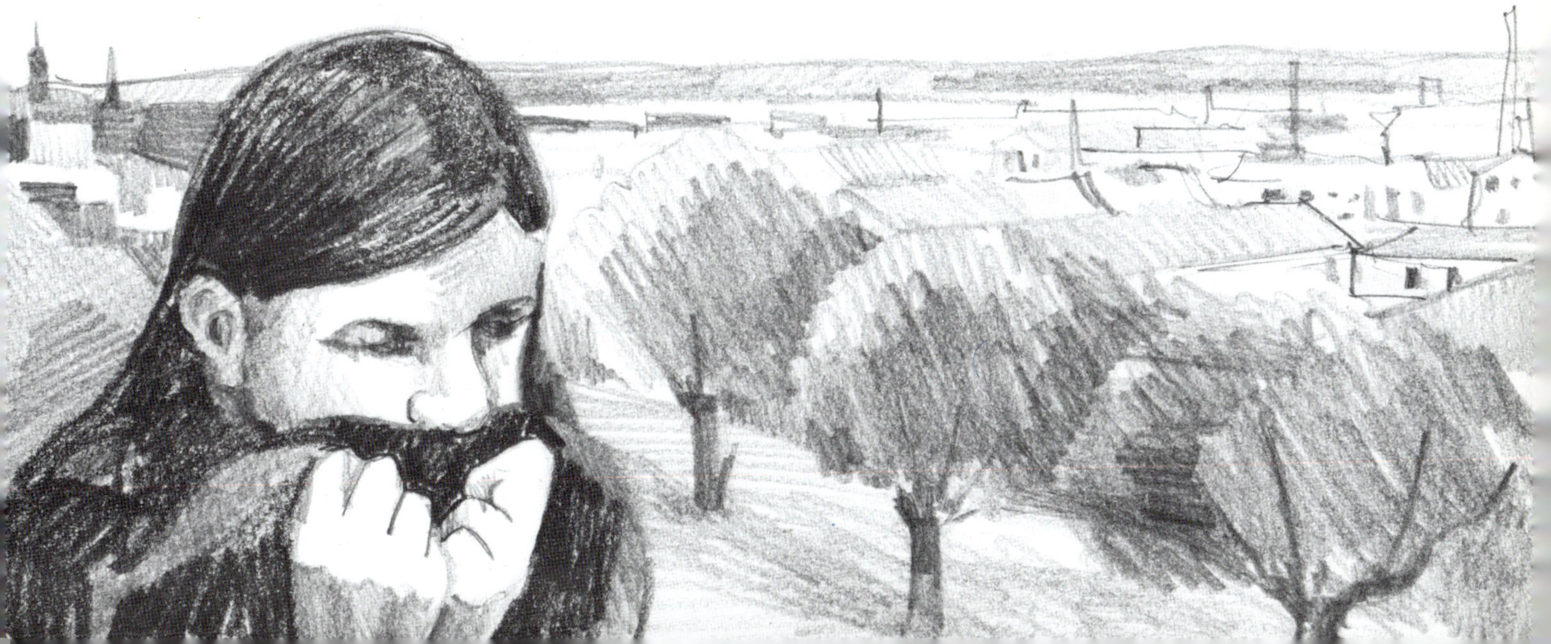

Líneas de fuerza

El centro de interés interactúa con el resto de los elementos que componen el dibujo mediante las líneas de fuerza. Son unas líneas invisibles o inducidas que dependen de la estructura y la colocación de los elementos. Suelen estar condicionadas por la jerarquía de las formas que marcan la dirección en la que se debe leer la imagen. Generalmente parten del centro de interés, y luego pasan a los elementos subordinados de mayor a menor importancia. Estas líneas generan tensión en la composición y son un medio para ordenar o descubrir la organización interna de los elementos que permiten el dinamismo visual en el espacio compositivo.

Las líneas de fuerza ejercen un poder de atracción o rechazo entre los diferentes elementos de una composición.

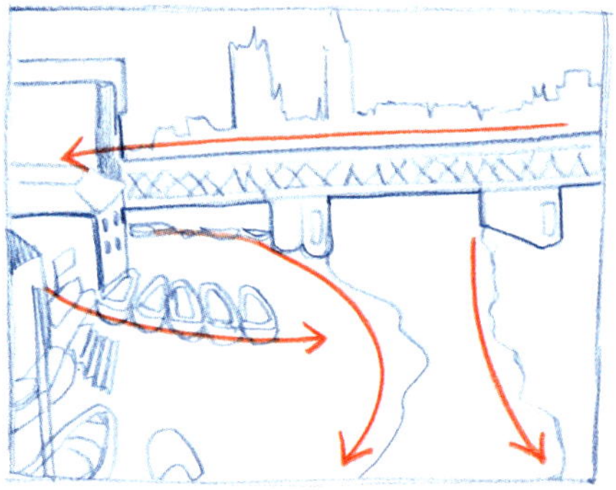

Determinan la jerarquía que existe entre los elementos compositivos que conforman esta escena ribereña. Cuanto más estudiadas estén previamente las líneas de fuerza, más efectiva será la composición.

Te aconsejo
que las líneas de fuerza dirijan la mirada del espectador por el cuadro comunicando unos objetos con otros.

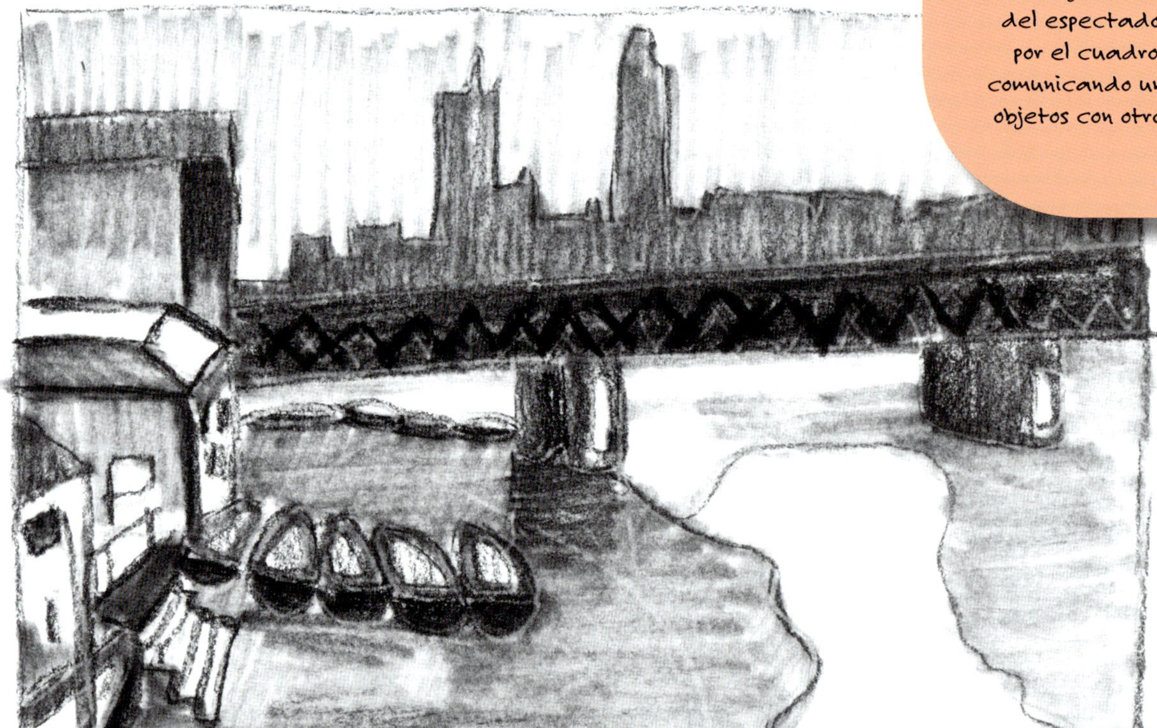

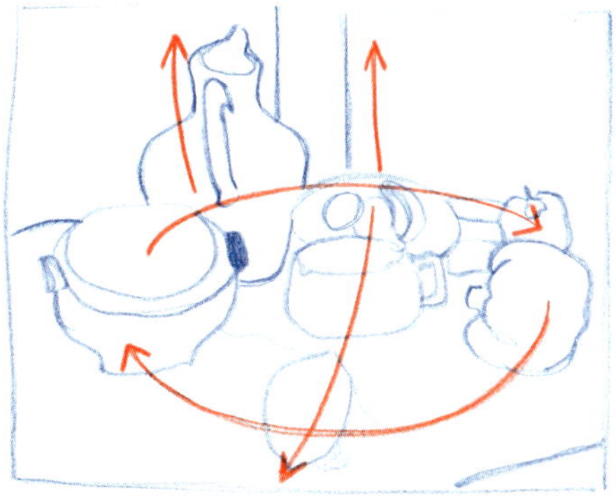

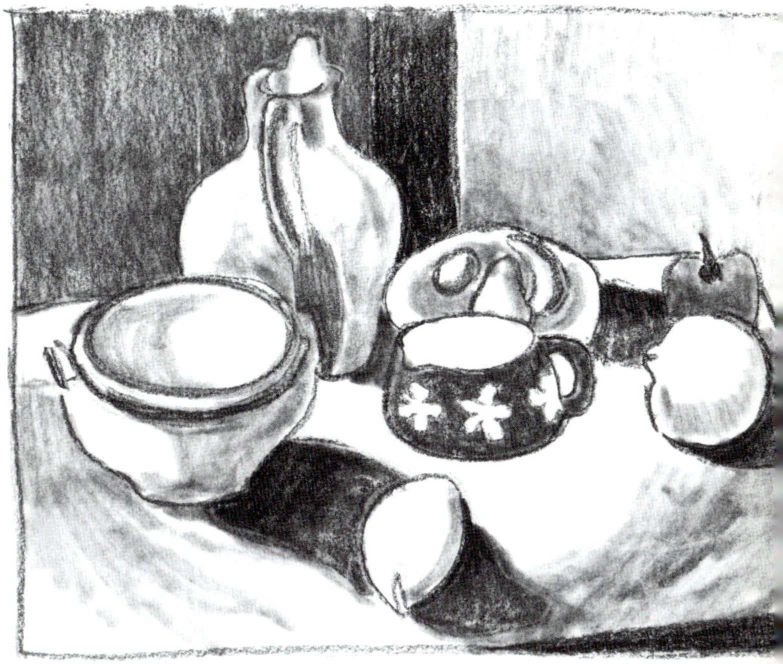

Por muy estático que parezca el modelo, siempre aparecen líneas de fuerza que determinan la tensión de los diferentes elementos de la composición.

Los objetos de un bodegón no se muestran de manera aislada sino que siempre establecen vínculos compositivos con los que tienen al lado. Nada es fruto del azar sino de una buena planificación.

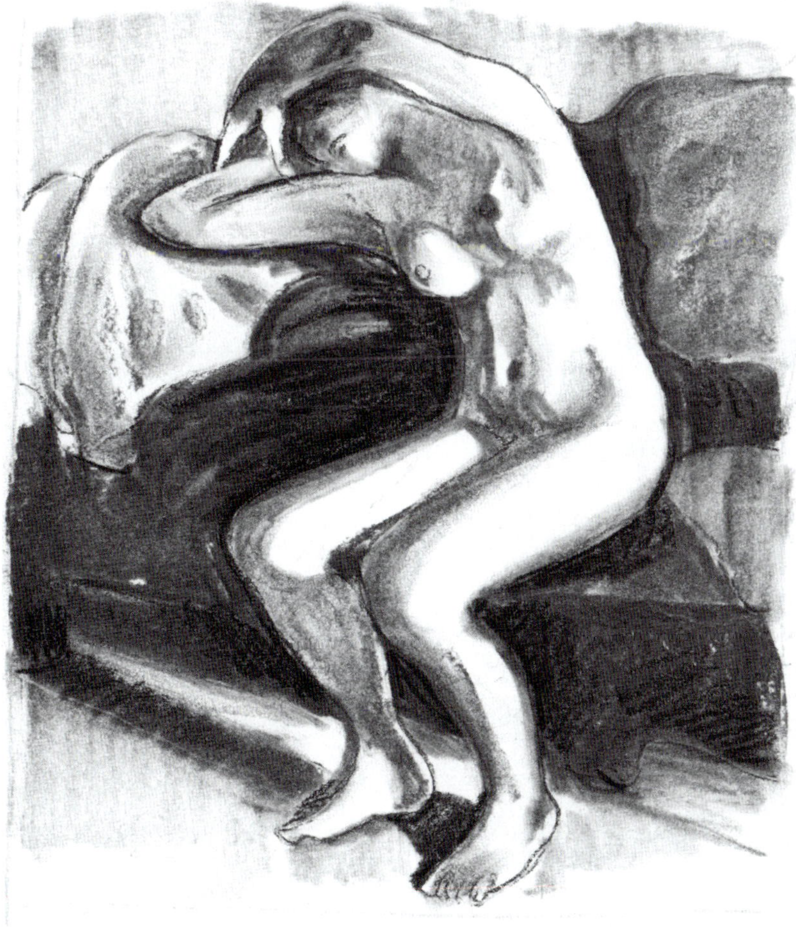

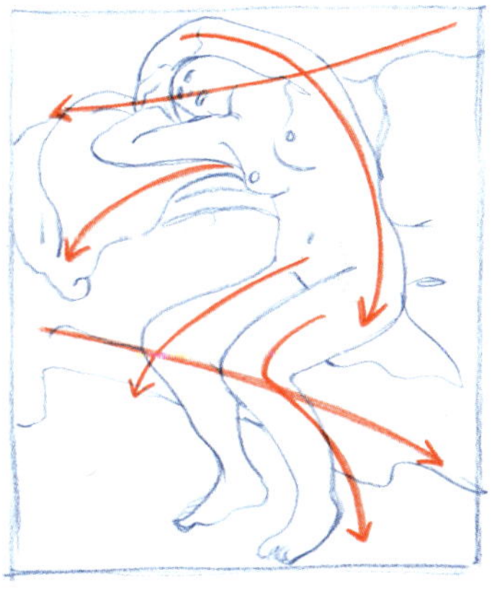

Donde las líneas de fuerza se hacen más evidentes es en la figura humana. Las torsiones y curvaturas del cuerpo se prestan a crear interesantes tensiones compositivas en el dibujo.

En este sencillo dibujo al carbón la figura desnuda parece describir una clara forma en "S", alargando y tensionando los miembros para subrayar el dinamismo de la pose.

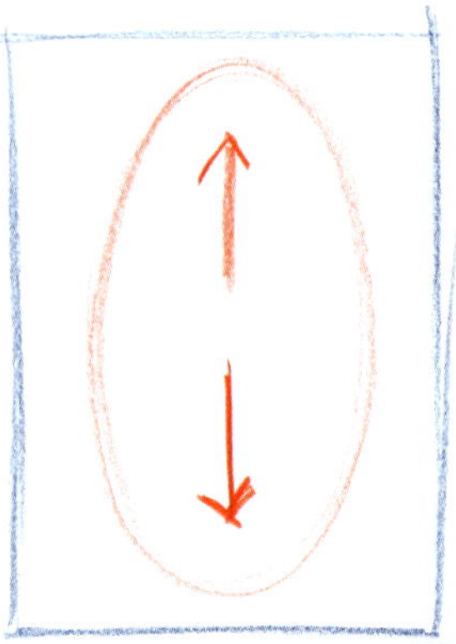

El encuadre vertical o retrato produce una sensación visual de equilibrio y elevación. Es menos estable que el formato horizontal, pero tiende a ser más dinámico.

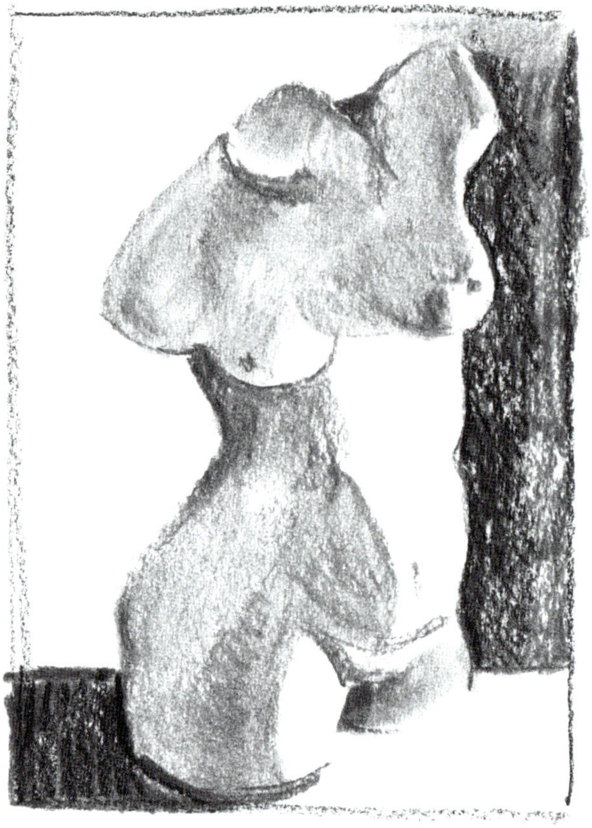

El encuadre es el espacio donde se materializa la composición del dibujo, y del que depende gran parte del atractivo de una obra. Según el modelo ante el que nos situemos, el encuadre puede ser vertical, horizontal, cuadrado o incluso redondo. Los retratos y los motivos aislados se resuelven mejor con encuadres verticales, mientras que los apaisados responden mejor con panorámicas extensas y profundas como el paisaje. Los circulares son menos habituales debido a la dificultad de encontrar un modelo que encaje con este formato.

Selección del encuadre

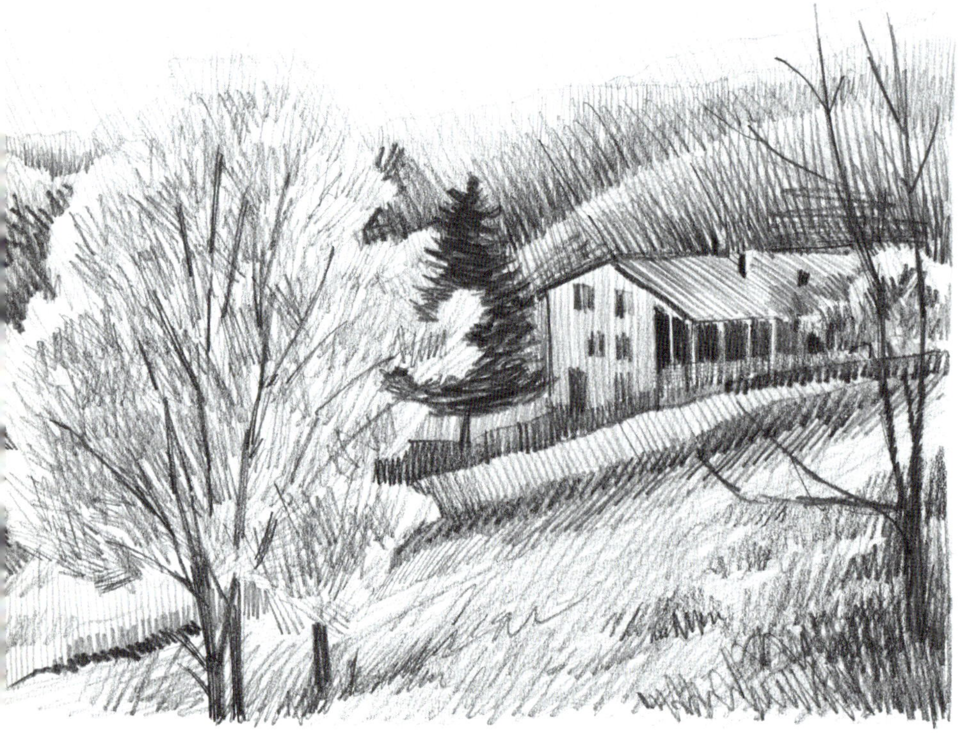

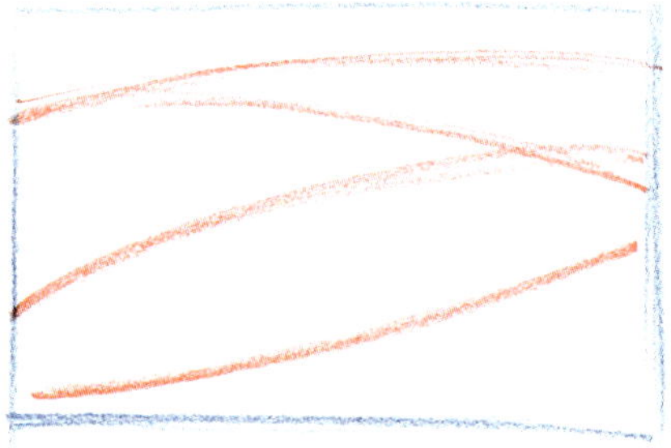

El formato horizontal es el más adecuado para desarrollar la amplitud y la profundidad del paisaje. Produce una sensación visual de equilibrio estable.

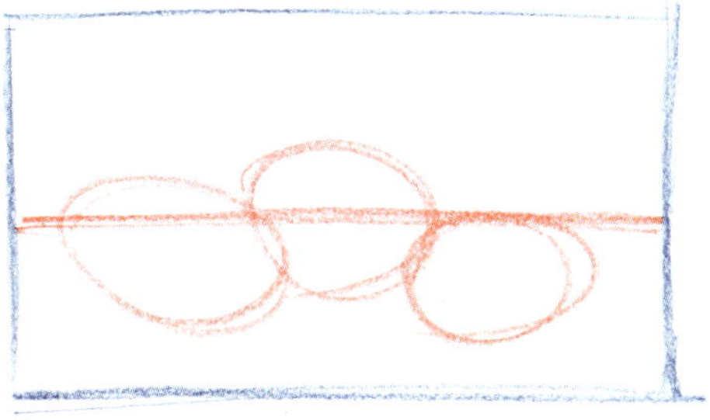

El encuadre horizontal o apaisado produce una sensación visual de estabilidad, firmeza y solidez. Es muy adecuado para modelos estáticos como los bodegones.

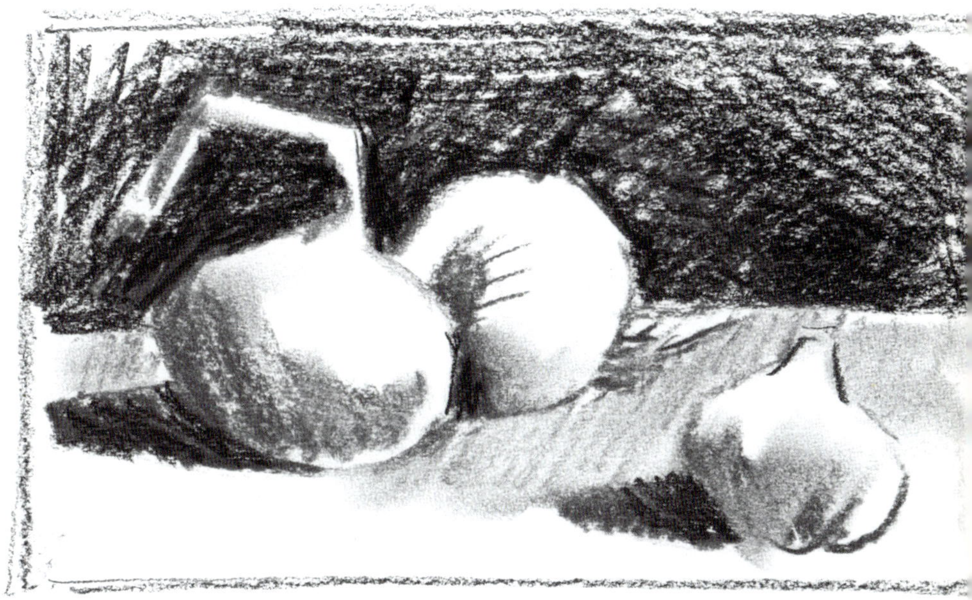

Te aconsejo

que abocetes diversos encuadres sintéticos de un mismo motivo antes de decidirte por una opción u otra, para encontrar así el mejor encuadre posible.

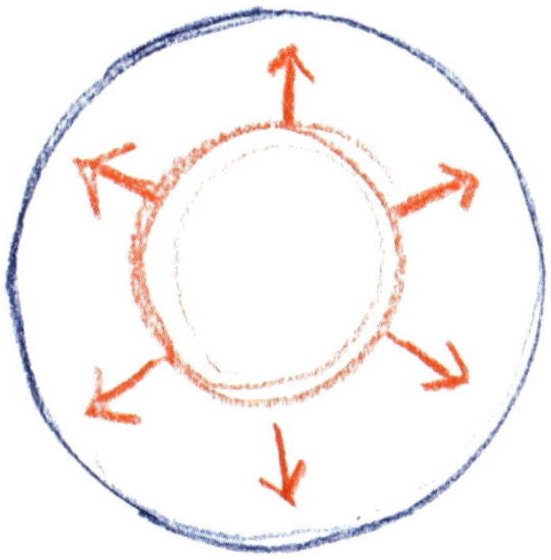

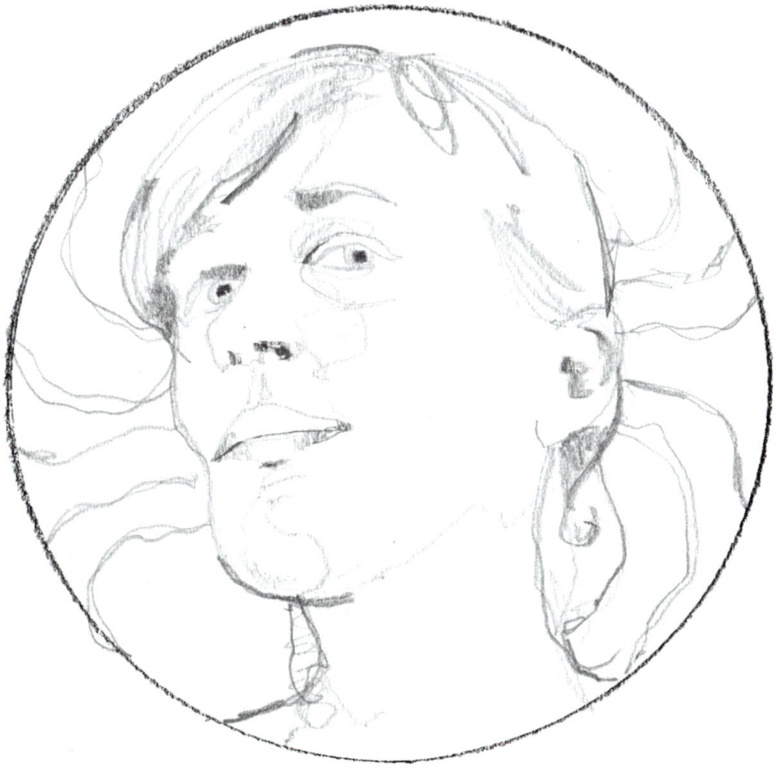

El encuadre circular produce una sensación visual de movimiento envolvente, donde las formas parecen flotar. Resulta difícil encontrar modelos que se adapten a este formato, si bien el retrato constituye siempre una buena opción.

Altura y situación del horizonte en el paisaje

La organización del espacio de un paisaje puede plantearse a partir de la línea que divide el cielo de la tierra. La representación del horizonte es uno de los aspectos fundamentales de la composición, ya que determina la profundidad espacial del tema y condiciona todo el dibujo. Lo habitual es colocar la línea cerca del centro de la imagen de tal manera que atraviese el dibujo en un tercio o en dos tercios de la altura. La variación de la altura de dicha línea condiciona la composición y también dónde se pretende focalizar el centro de interés. Veamos algunos ejemplos.

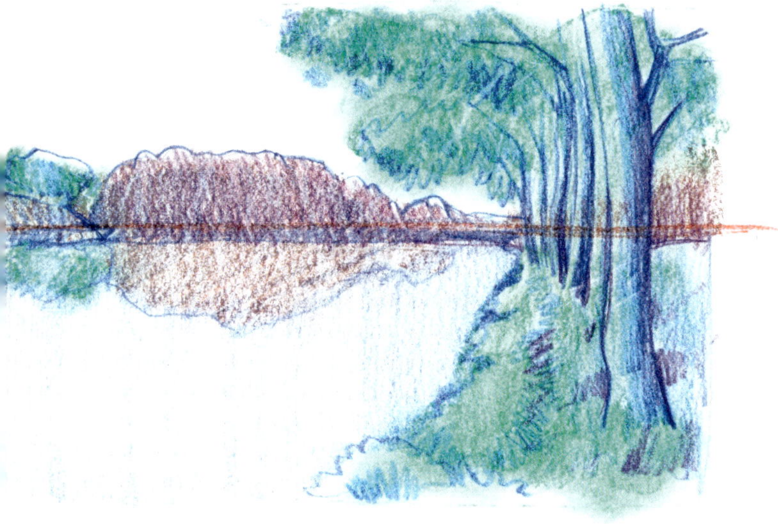

No es aconsejable que la línea del horizonte quede justo en el medio de la imagen. Debería estar desplazada un poco hacia arriba o hacia abajo, porque de lo contrario proporciona una composición demasiado simétrica, rígida y estática.

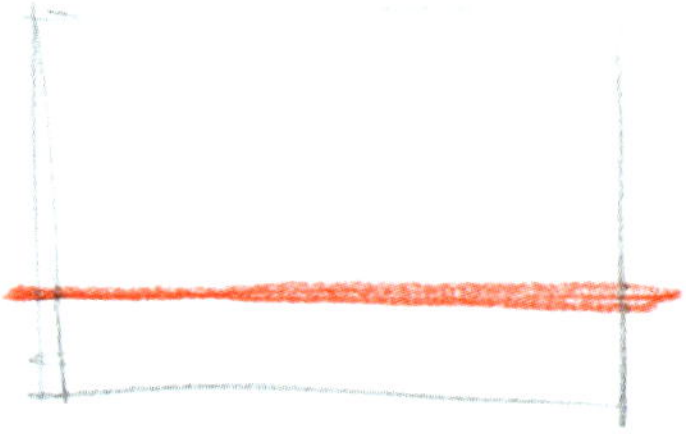

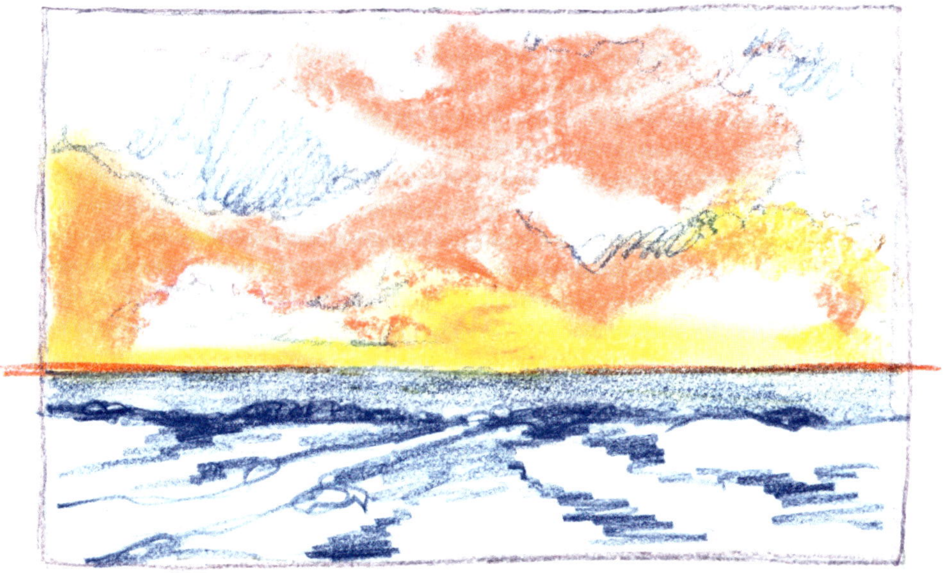

La línea del horizonte baja no permite una continua alternancia de términos o planos y al cabo de pocos términos llegamos al cielo. El cielo adquiere la máxima importancia.

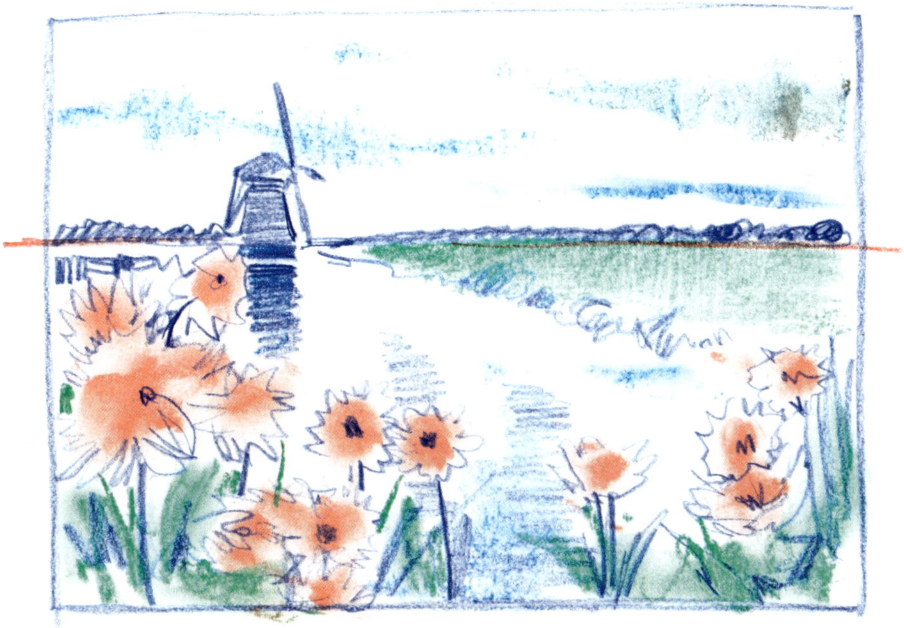

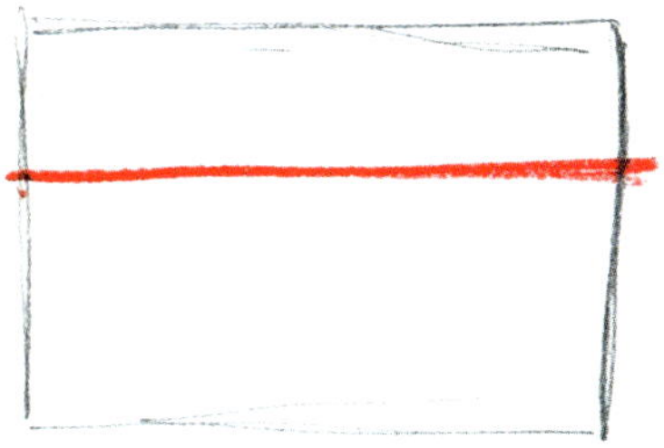

El horizonte alto favorece un estilo descriptivo que individualiza cada uno de los accidentes del terreno, destacando los elementos de los planos más cercanos.

Te aconsejo

realizar dibujos preparatorios variando la altura de la línea del horizonte. Algunas escenas permiten varias opciones, así que vale la pena sacar varias imágenes y elegir la mejor.

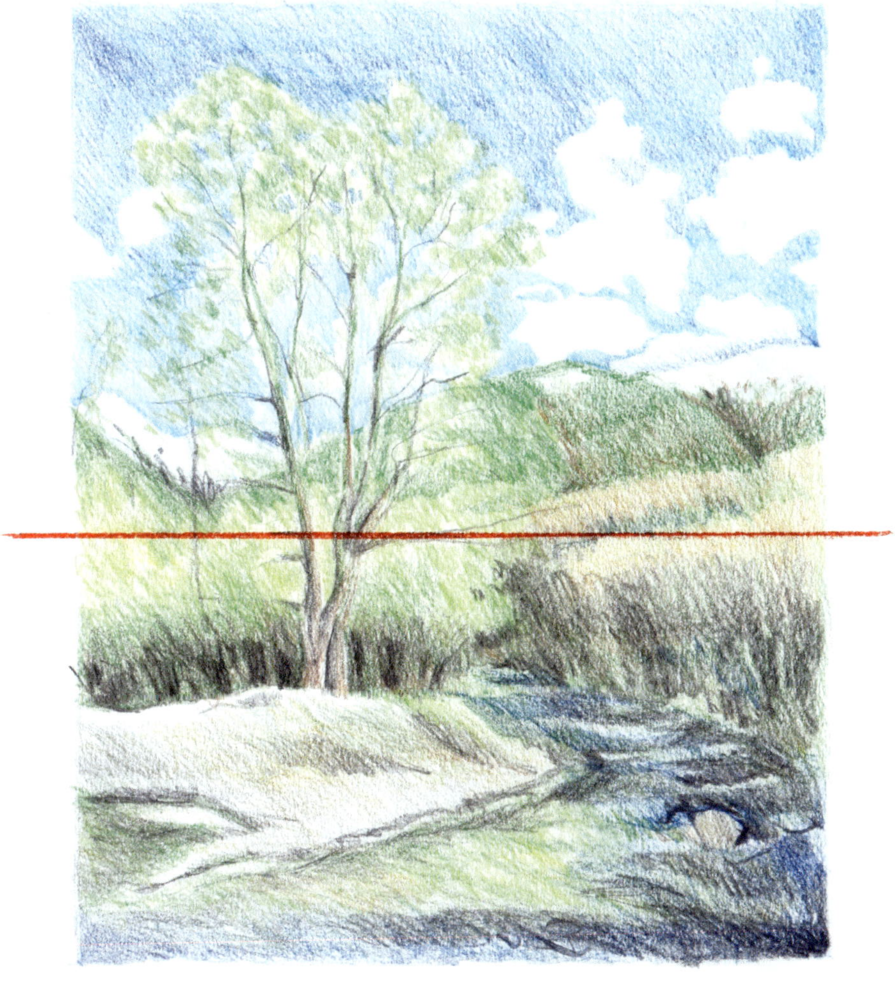

Aquí, la línea del horizonte se halla algo por debajo de la mitad del papel. Hemos elegido un formato vertical, pues el artista ha considerado que resulta tan interesante lo que sucede por encima de la línea como lo que se encuentra por debajo de esta.

Componer el paisaje con el método Lorrain

Este método se hizo popular por el famoso pintor paisajista Claude Lorrain. Este artista francés utilizaba con frecuencia unas líneas geométricas que, a modo de red, cubrían previamente la superficie del soporte. Se trataba de un cuadriculado muy simple que dividía el rectángulo del papel según sus medianas y sus diagonales. Esta división geométrica le permitía articular la superficie del cuadro de acuerdo con la composición y el efecto de profundidad que quería sugerir, distribuyendo así los elementos que componen el paisaje de manera muy armoniosa.

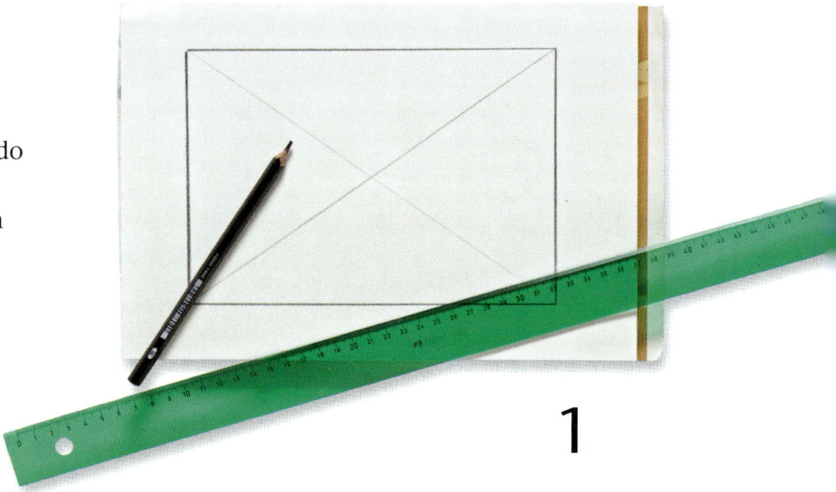

1

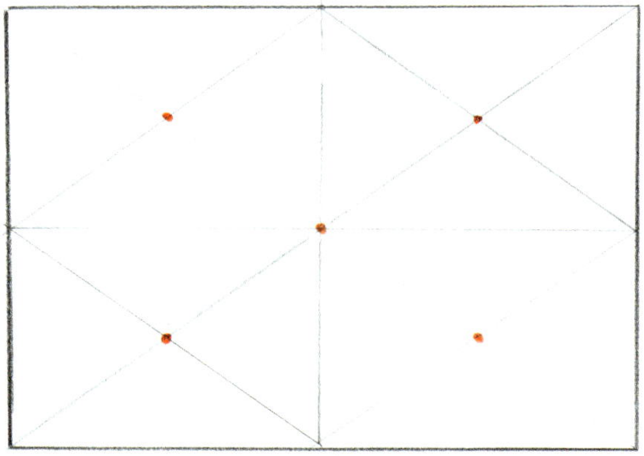

2

1- Para aplicar el sistema compositivo de Lorrain, primero dividimos el plano del cuadro en cuatro segmentos al trazar dos líneas diagonales que convergen en el centro del papel.

2- Luego trazamos dos rectas en forma de cruz y otras tantas diagonales que nos permiten conseguir cinco puntos compositivos destacados.

3- Estos puntos son un referente compositivo al igual que los trazos de las diagonales. Los elementos principales del paisaje deben coincidir con dichos puntos, mientras que algunos elementos, entre ellos los árboles, se inclinan para adaptarse al entramado de líneas.

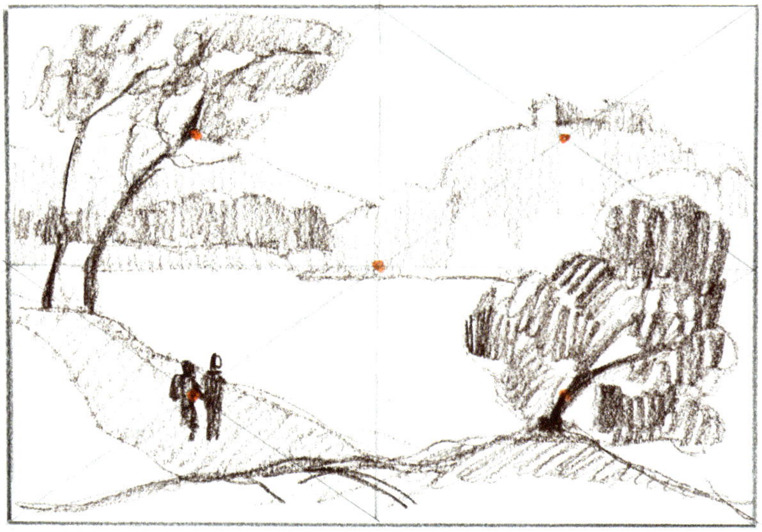

3

1

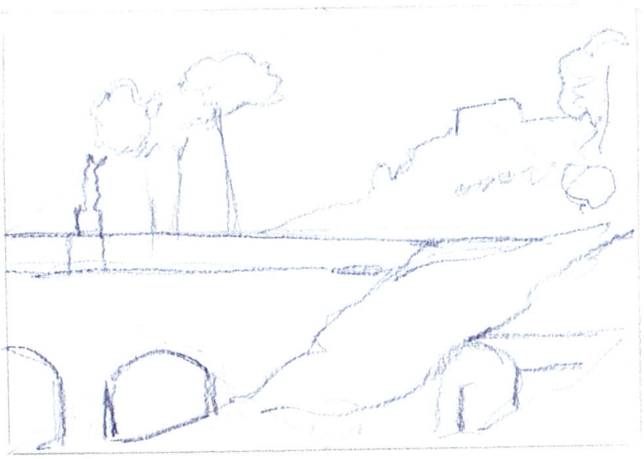

1- Este otro dibujo también lo hemos elaborado sobre la cuadrícula desarrollada por Lorrain. Adaptamos el paisaje al entramado de líneas, procurando que coincidan lo mejor posible.

2- Esta vez, llevamos a cabo el dibujo con aguadas de tinta azul sobre unos trazos realizados con lápiz azul acuarelable.

3- El método compositivo de Lorrain contribuye a equilibrar la impresión de vacío repartiendo los elementos sobre la superficie. Obedece a una lógica según la cual cada elemento condiciona al otro.

Conviene

Desplazar, si es necesario, algún elemento del paisaje para que coincida con los puntos de intersección de las diagonales.

Evita

Dibujar la trama con procedimientos de dibujo que no se puedan borrar fácilmente con una goma.

2

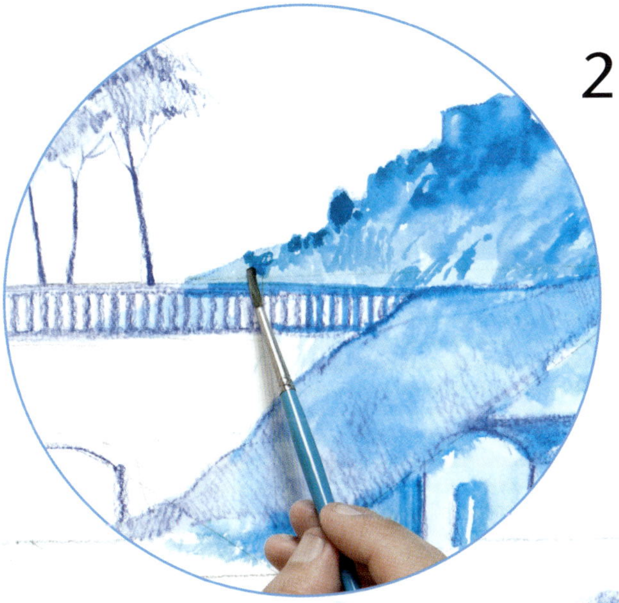

3

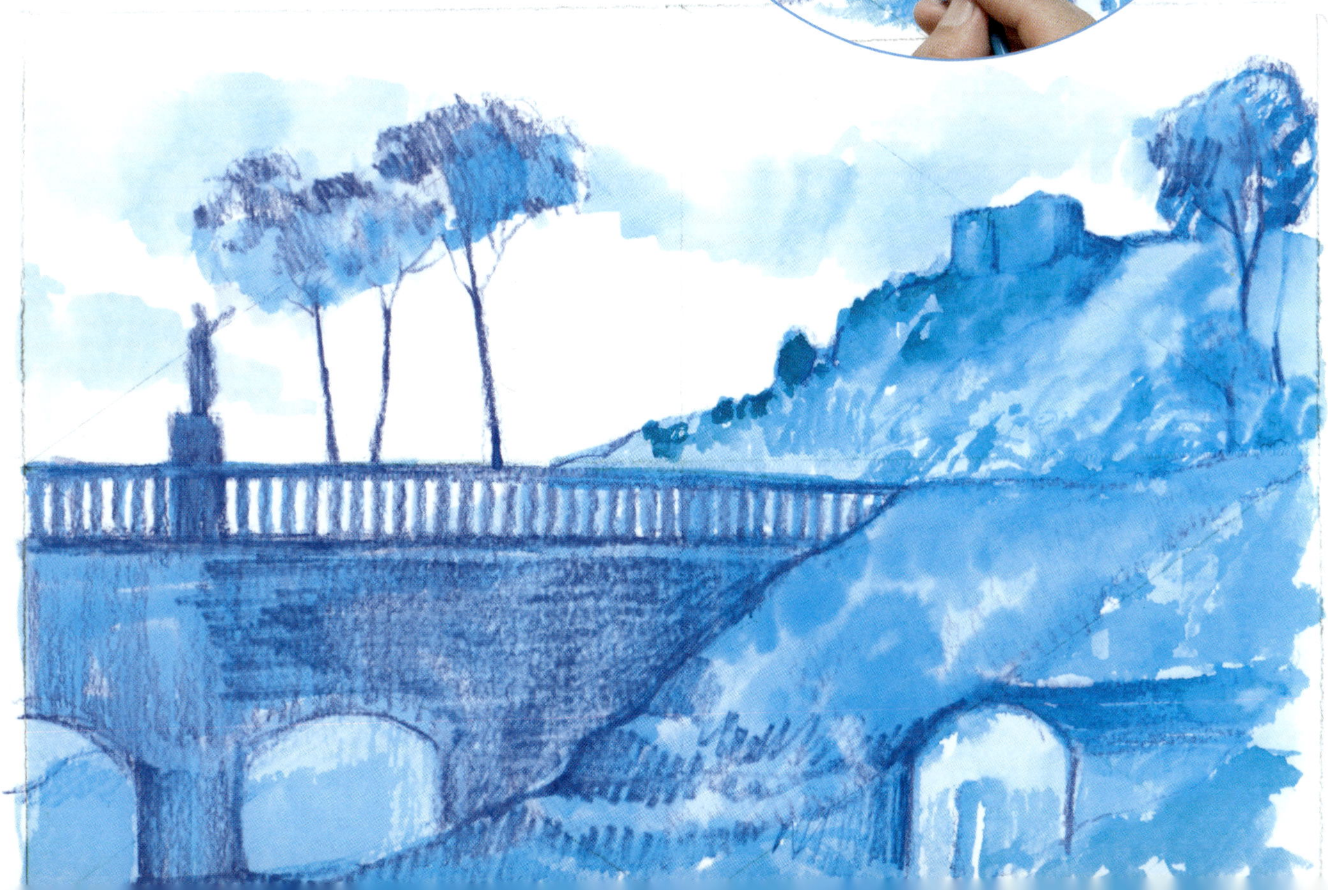

Cuando dibujamos hay que buscar el equilibrio entre las diferentes formas que componen el modelo, tratando de relacionar masas de distinto tamaño y peso visual. El efecto de equilibrio lo conseguimos mediante el contrapeso, gracias al juego de equilibrios, de manera que un elemento alejado del centro posee más peso visual que otro de mayor tamaño situado más cerca del centro. Poner en práctica la composición de masas se asemeja a usar las balanzas romanas de un solo platillo, tratando de compensar con unas pesas en el otro extremo el eje en equilibrio.

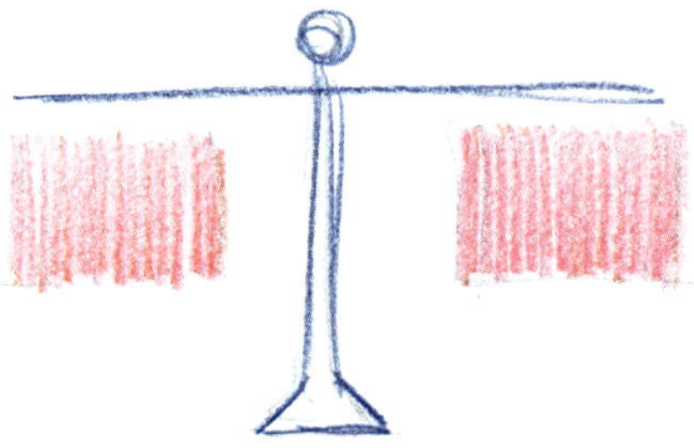

Dos masas contrapuestas a la misma altura se equilibran si son de igual tamaño. Si son de diferente tamaño, se equilibran si la mayor aparece en una posición inferior a la más pequeña.

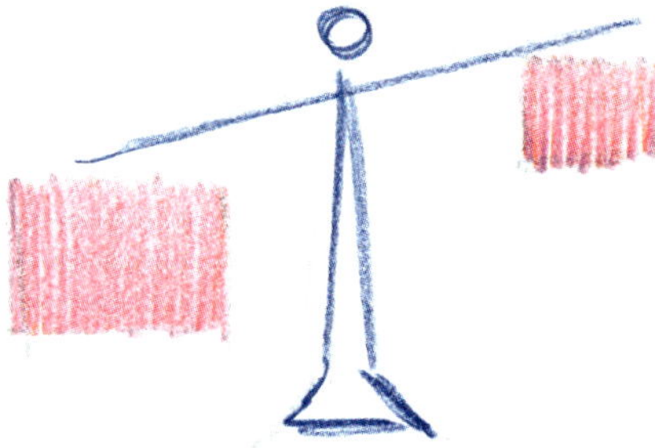

Compensación de las masas

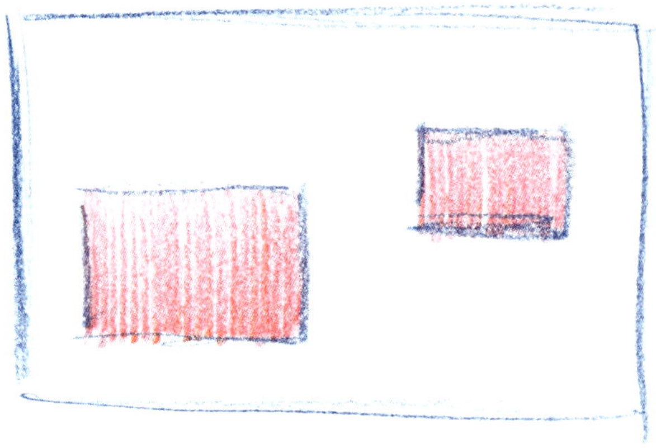

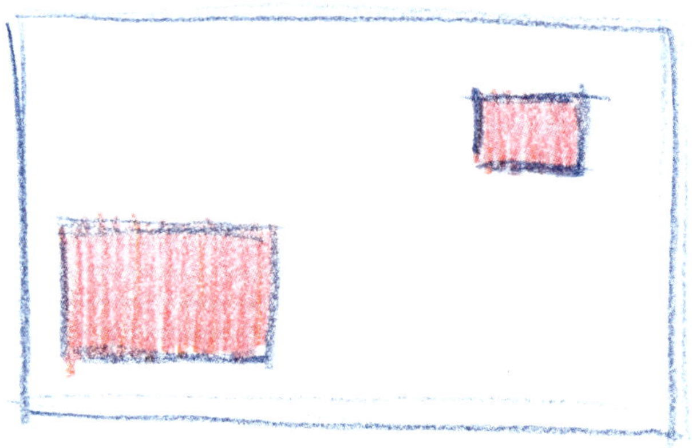

Sobre el plano del cuadro compensamos las masas como en una balanza. Situamos los cuerpos más grandes en la parte inferior del encuadre mientras que las formas más pequeñas pesan mucho más a medida que ganan altura. He aquí algunos esquemas que sirven de ejemplo.

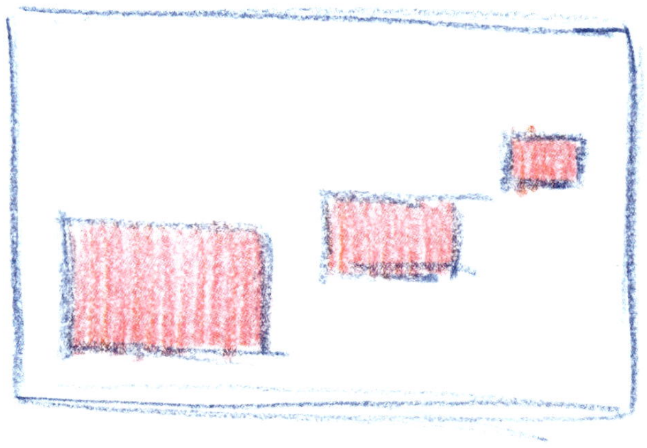

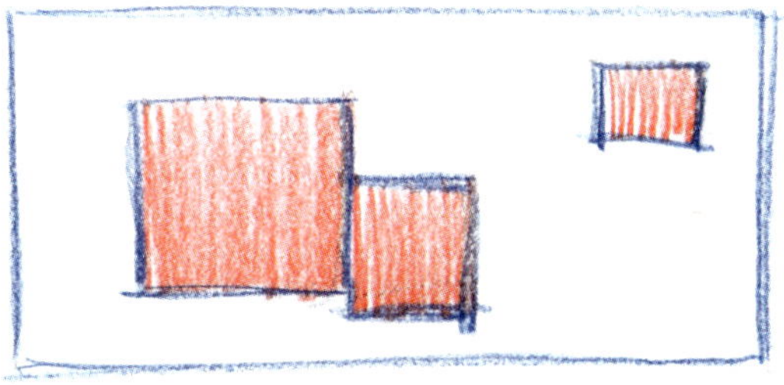

Los edificios son de menor tamaño y ocupan una posición más elevada, sin embargo, compensan el tamaño de las flores del primer término logrando una composición en perfecto equilibrio.

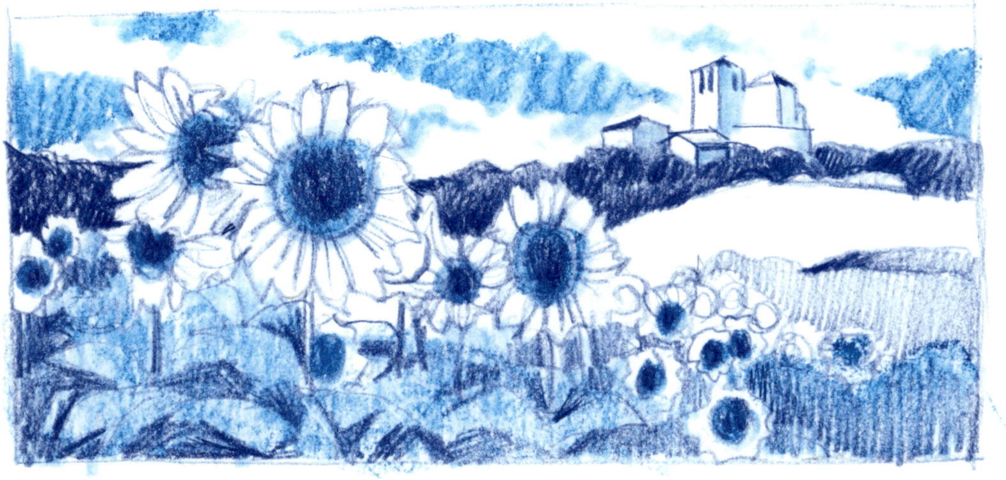

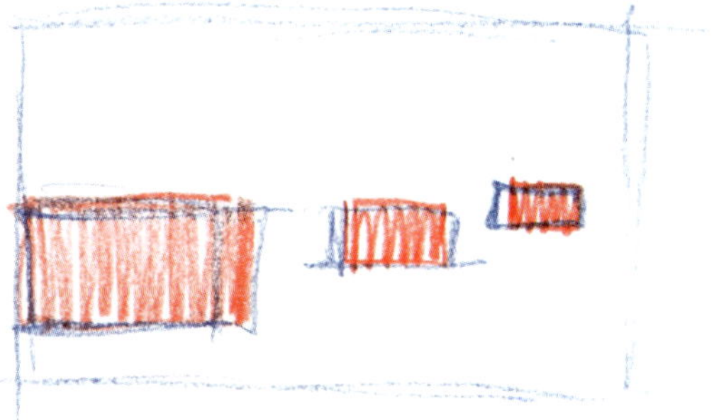

La casa del primer término queda compensada por la elevación progresiva de la casa y la iglesia lejanas. Combinar los pesos visuales de los elementos compositivos en función del espacio que ocupan es un paso esencial para equilibrar mediante la ley de compensación de masas.

Te aconsejo equilibrar y compensar cada peso visual utilizando las propiedades del color y la textura. Una superficie muy texturada es más llamativa que otra lisa y homogénea.

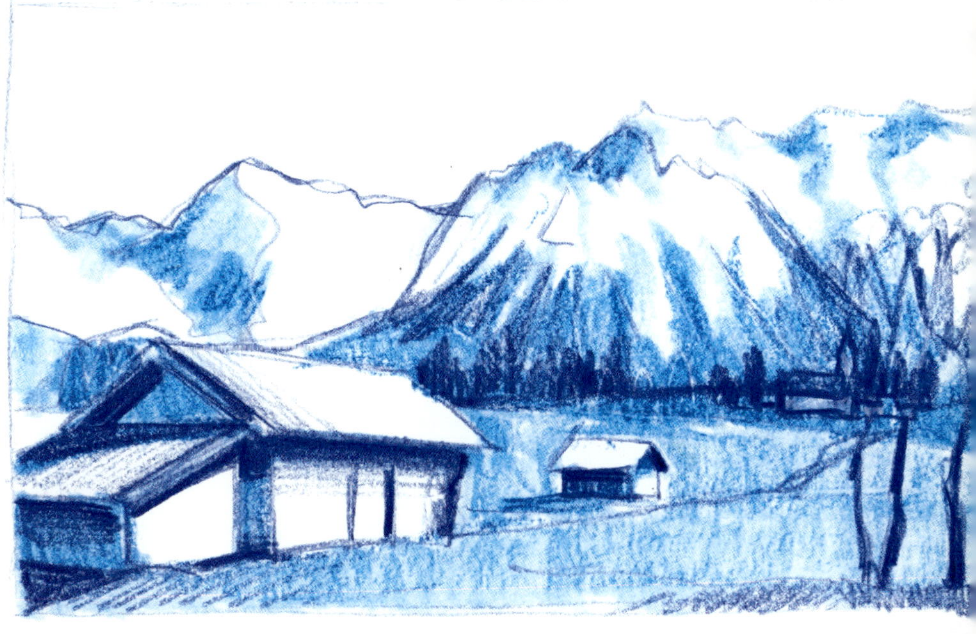

La línea que organiza el paisaje

La línea en el dibujo no solo se utiliza para dibujar la forma y los contornos del modelo, sino que es un buen instrumento para organizar las trayectorias fundamentales de la composición, sobre todo cuando se trata de representar un paisaje natural. En un dibujo donde las líneas largas y fluidas adquieren una gran relevancia y aparecen sin ningún tramado que las acompañe, el peso compositivo de la obra recae en las evoluciones y las trayectorias de estas líneas, por lo que debe existir un interés suplementario en esos recorridos aparte de la estricta representación.

A

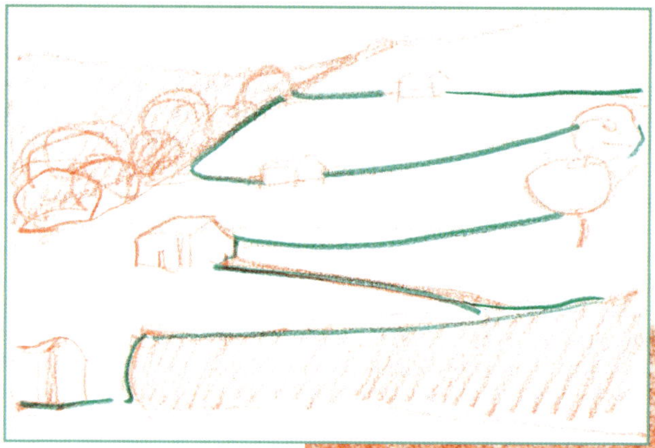

B

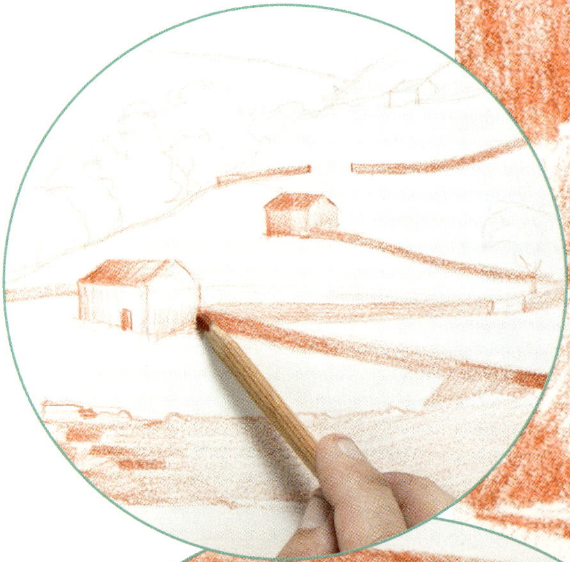

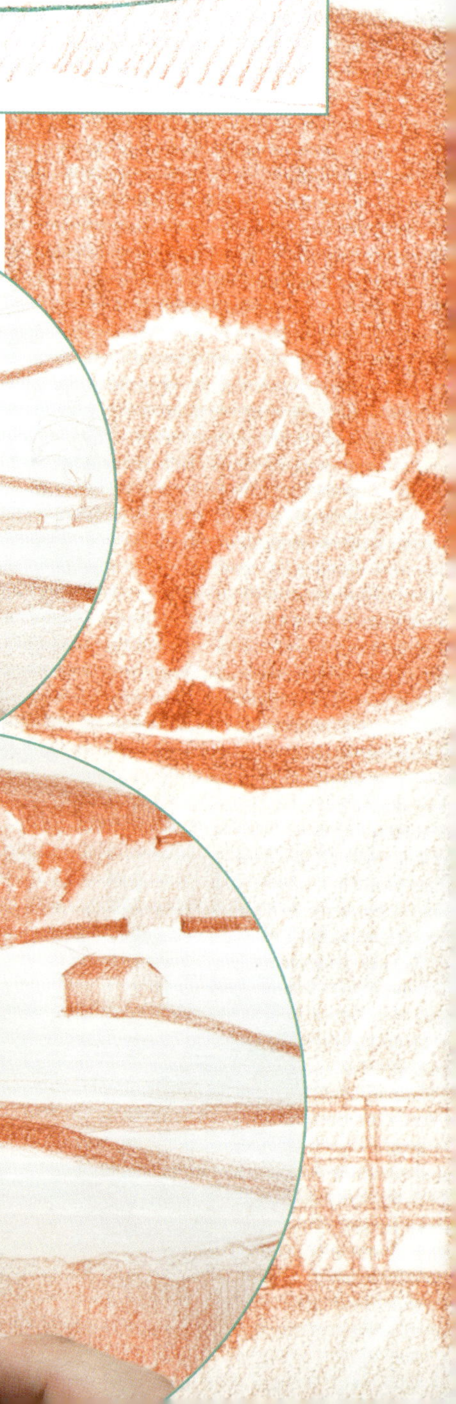

A- Paseamos la línea compositiva a modo de zigzag desde el primer término hasta el fondo del paisaje, creando ritmo y dirigiendo la mirada del espectador por el espacio.

B- Con un lápiz sanguina remarcamos la línea que dibuja los diferentes planos del paisaje, los que confieren sensación de profundidad.

C- Los sombreados son suaves, están construidos con tramas de trazos superpuestos, jugando con apenas tres o cuatro valores.

D- La línea compositiva del paisaje coincide con el muro de piedra seca que divide los terrenos de la ladera de la montaña.

C

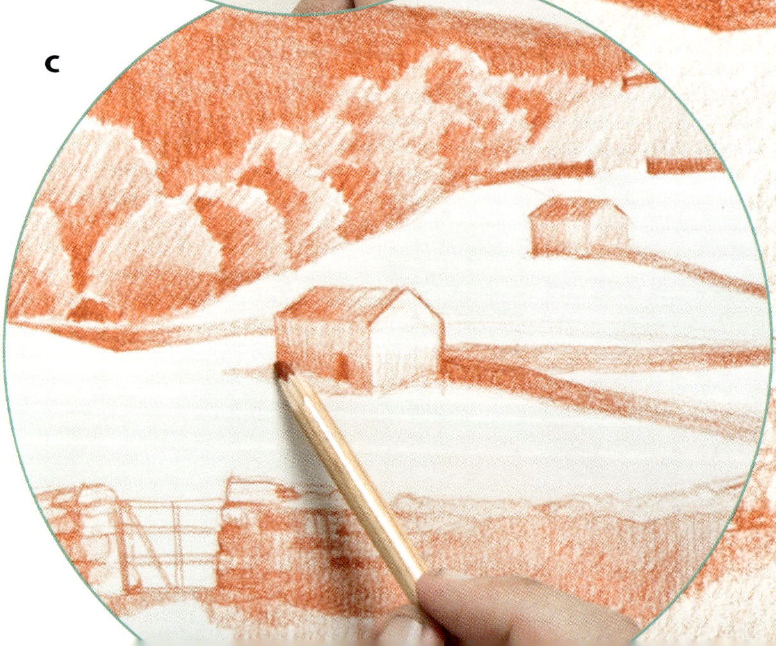

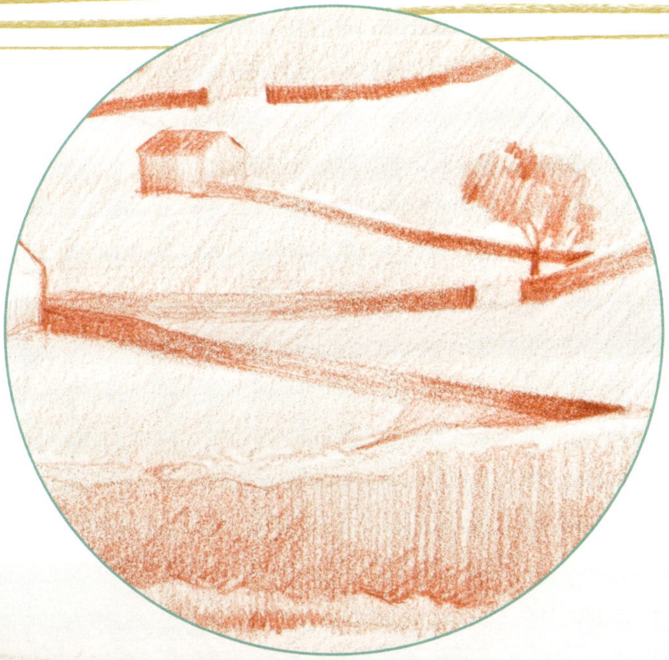

Te aconsejo

que no busques líneas tan bien trazadas en el paisaje, pues difícilmente las encontrarás. Deberás alterar los contornos de la vegetación para favorecer la composición.

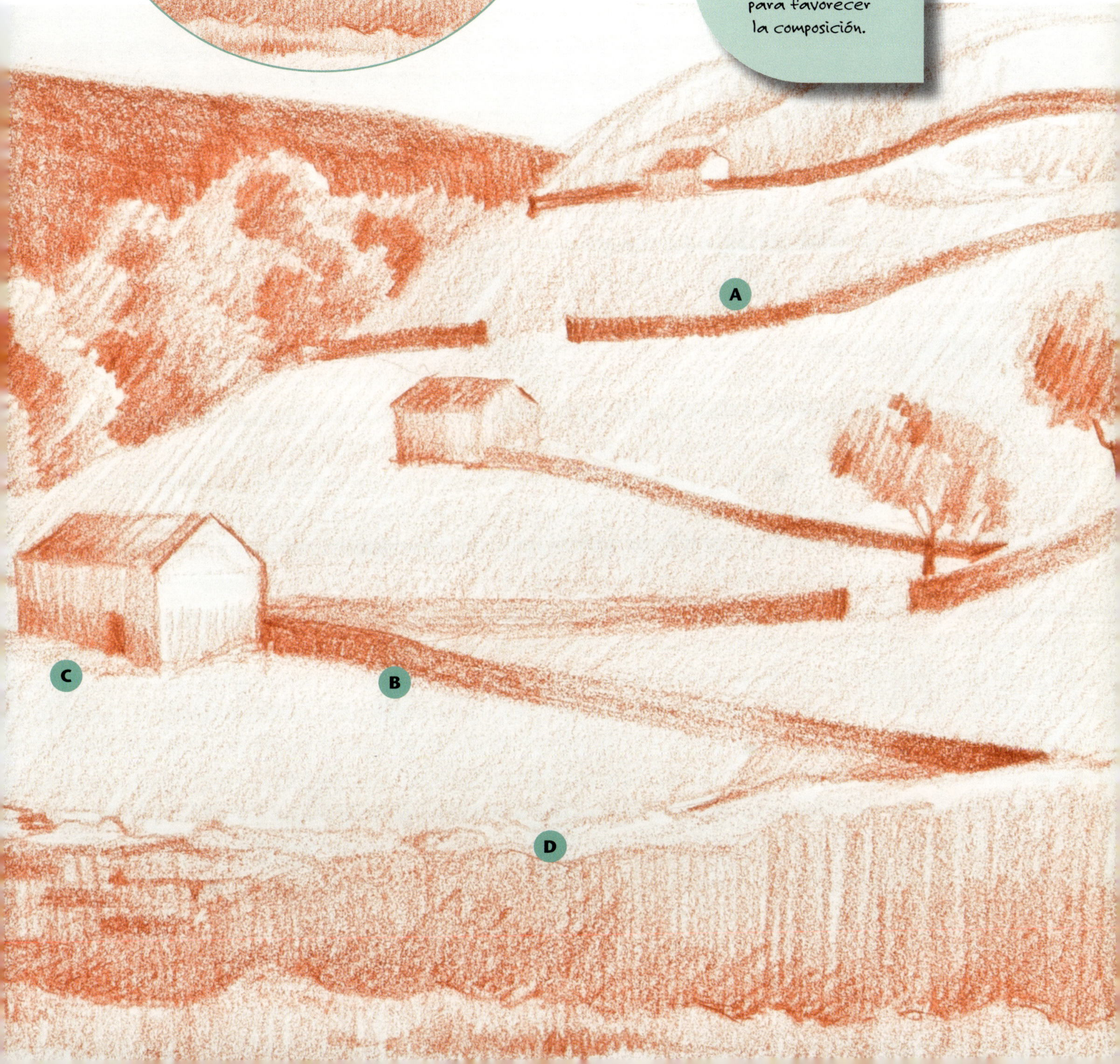

En un paisaje natural, tanto la altura del horizonte como la representación de los términos con la distancia son clave para recrear la sensación espacial y el efecto de lejanía. Pero estos recursos no son muy efectivos cuando hay que representar una vista urbana, donde impera la geometría sometida a la deformación propia de la perspectiva. En estos casos, es mejor establecer relaciones de posición, aplicando un esquema geométrico compuesto por una trama de diagonales cruzadas que permiten distribuir de manera ordenada y organizada los edificios.

1

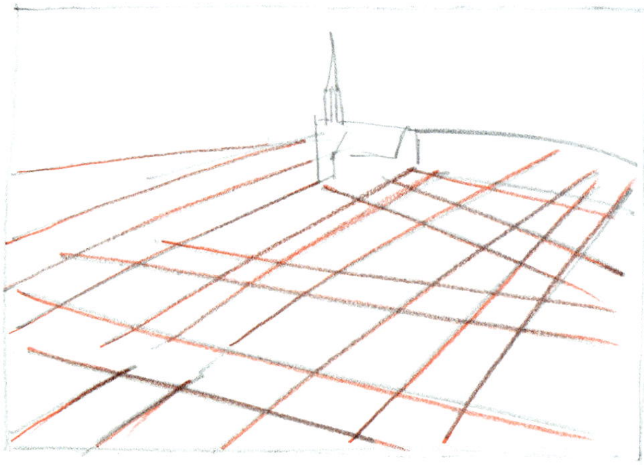

1- La impresión ante el paisaje urbano es que cada elemento tiene una colocación estudiada que responde a una trama subyacente. Los primeros trazos deben tratar de ordenar con una trama de diagonales cruzadas.

Tramas para componer vistas urbanas

2

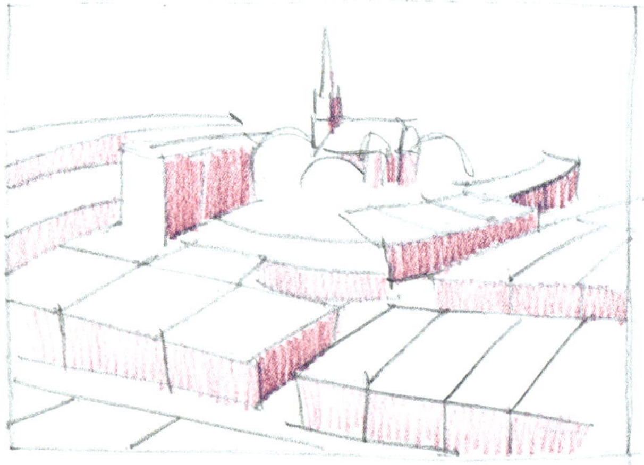

2- Sobre las líneas anteriores realizamos un alzado de estructuras geométricas. La colocación de los edificios obedece a una estructura compositiva que guía la percepción hasta el disfrute estético.

3

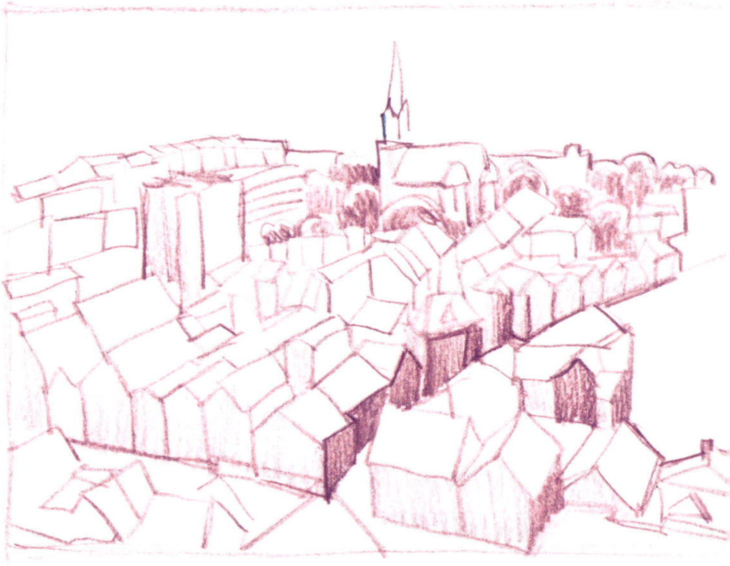

3- Sobre la estructura geométrica anterior particularizamos la forma de los edificios para que el conjunto se parezca al modelo real sin que necesariamente haya una coincidencia completa.

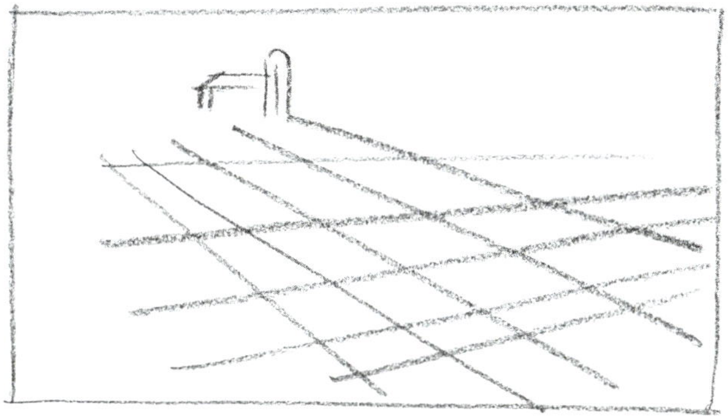

1

1- En este otro ejemplo, el edificio de la iglesia aparece en el fondo mientras que en el primer término planteamos primero cómo va a distribuirse el tramado urbano.

2- Sobre la trama compositiva distribuimos las casas, las cuales planteamos con un sencillo dibujo en perspectiva. No es necesario rellenar toda la trama, conviene dejar espacios entre los edificios.

3- En el dibujo terminado, no se percibe que haya habido un estudio compositivo previo. Sin embargo, es todo este trabajo oculto el que permite realizar un dibujo bien equilibrado y con una agrupación urbana muy estética.

2

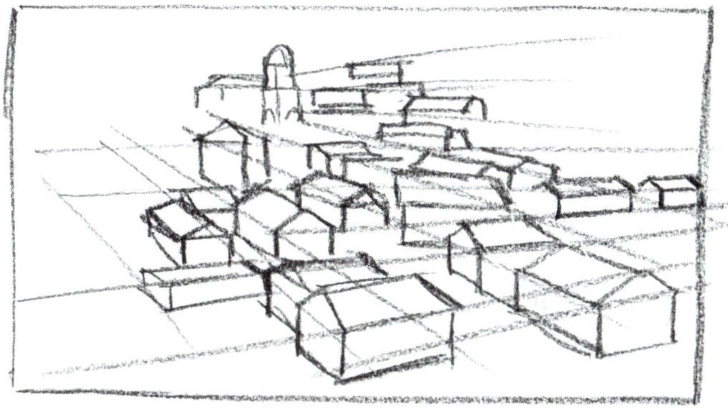

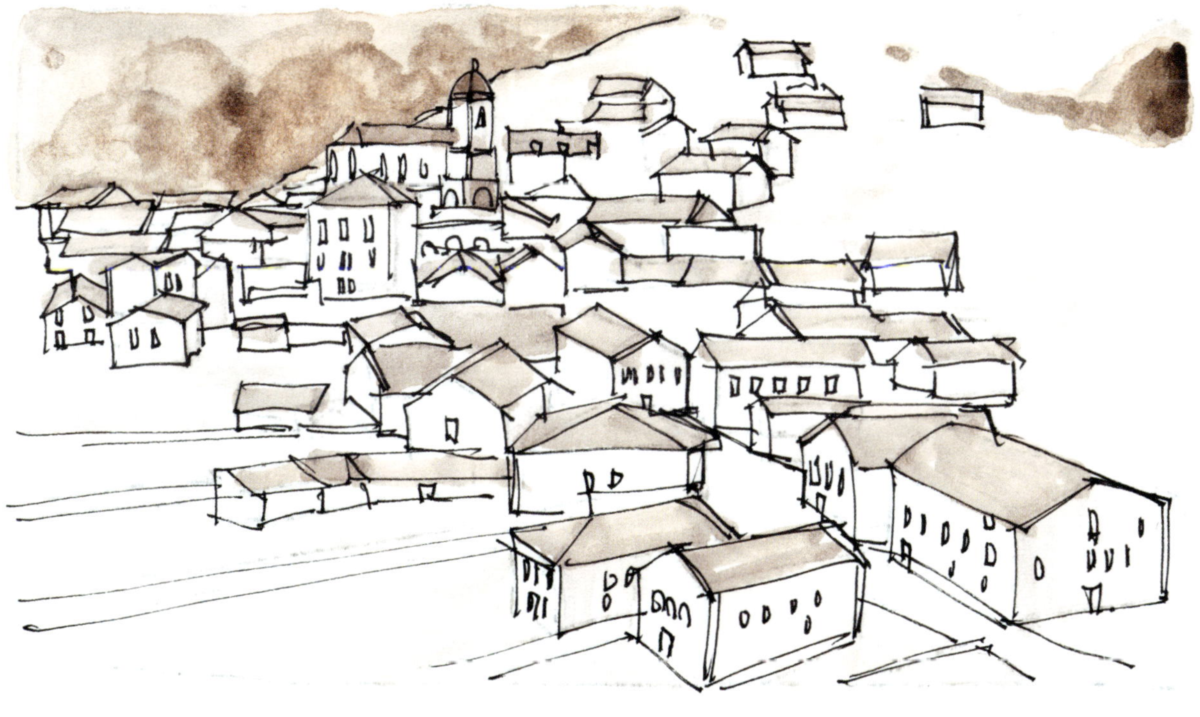

3

Conviene

Practicar esta técnica cuando se representan vistas urbanas desde un punto de vista elevado.

Evita

Aplicar la trama compositiva en los términos más alejados. Estos se resuelven con una simple superposición de bloques.

Los estilos

Anteriormente hemos analizado algunos elementos del lenguaje visual que son determinantes en el proceso organizativo de la composición. A continuación, vamos a plantear cómo estos elementos se pueden combinar y distribuir en un espacio bidimensional para crear determinados efectos: unidad, orden, desequilibrio, acción o ritmo y repetición. En este apartado ponemos en práctica algunos de los elementos compositivos fundamentales del dibujo. Algunos son fáciles de aplicar, mientras que para otros dependemos de las condiciones del modelo. El acto creativo de cada dibujo implica, en la mayoría de las ocasiones, decidir cómo queremos que sea el resultado final de la obra; para ello, hay que saber elegir muy bien qué recurso compositivo aplicar en cada caso.

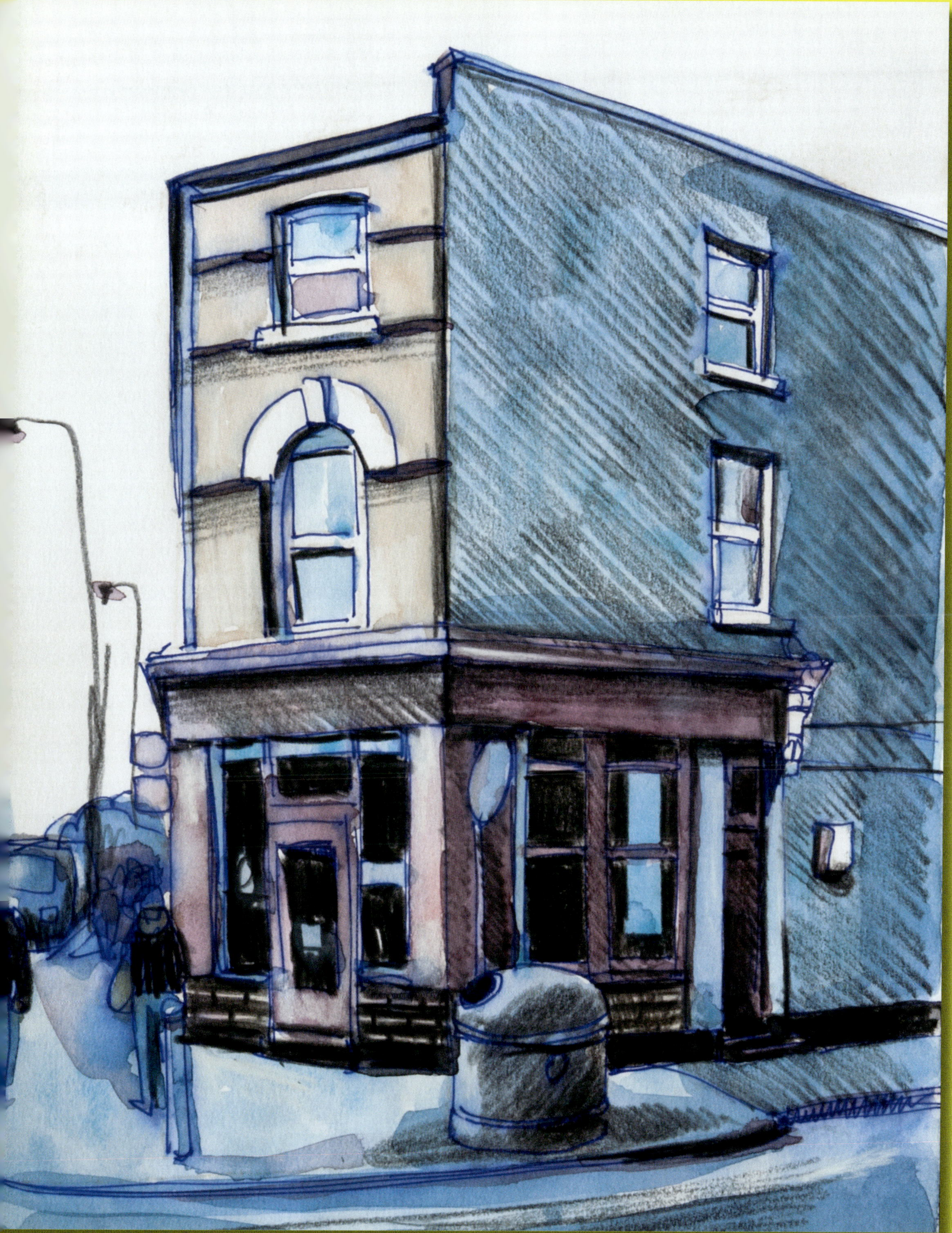

El primer paso: observar e identificar

Para comprender cómo actúa la composición, lo mejor es empezar representando objetos muy simples, cambiarlos de posición, observar qué sucede, y analizar cómo se distribuyen las líneas compositivas con cada nuevo punto de vista. Por lo tanto, en este ejercicio proponemos aprender a identificar, de una manera muy sencilla, las líneas compositivas que condicionan y determinan la representación. Los modelos son distintos grupos de plátanos que dibujamos con carbón y cretas de colores.

1

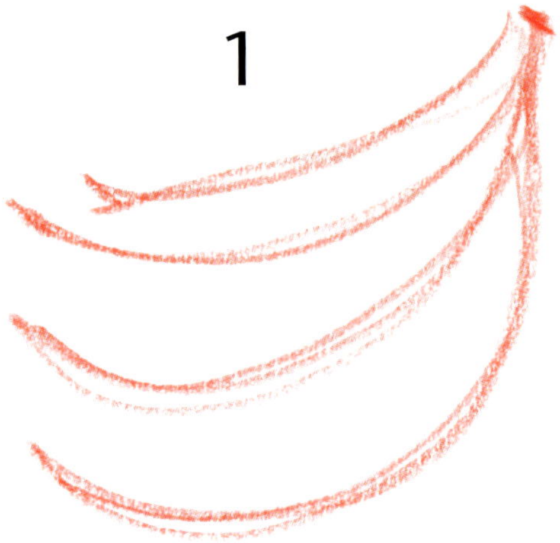

2

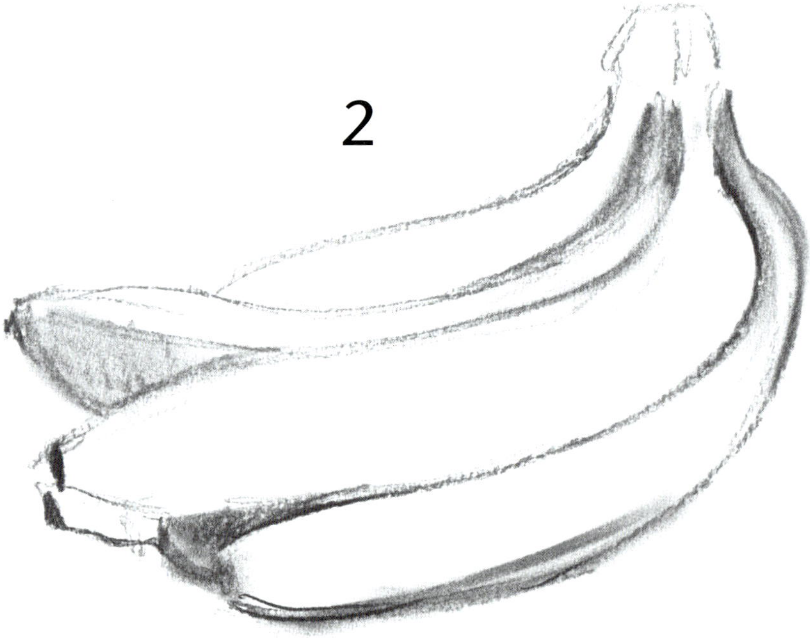

1- El primer grupo de plátanos lo sintetizamos con cuatro líneas compositivas que convergen en un único punto que las une por uno de sus extremos.

2- El dibujo a lápiz presenta unas curvas menos pronunciadas que el esquema, lo cual da más estabilidad al conjunto.

3

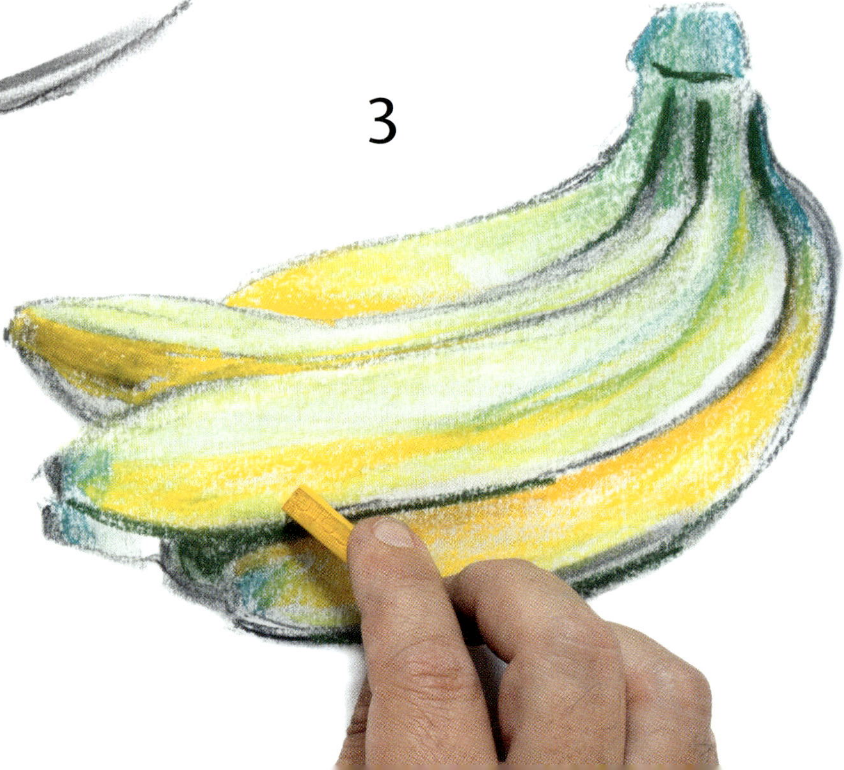

3- La combinación de cretas de distintos tonos verdes y amarillos facilita una primera aproximación cromática. Superponemos los colores para conseguir degradados.

4

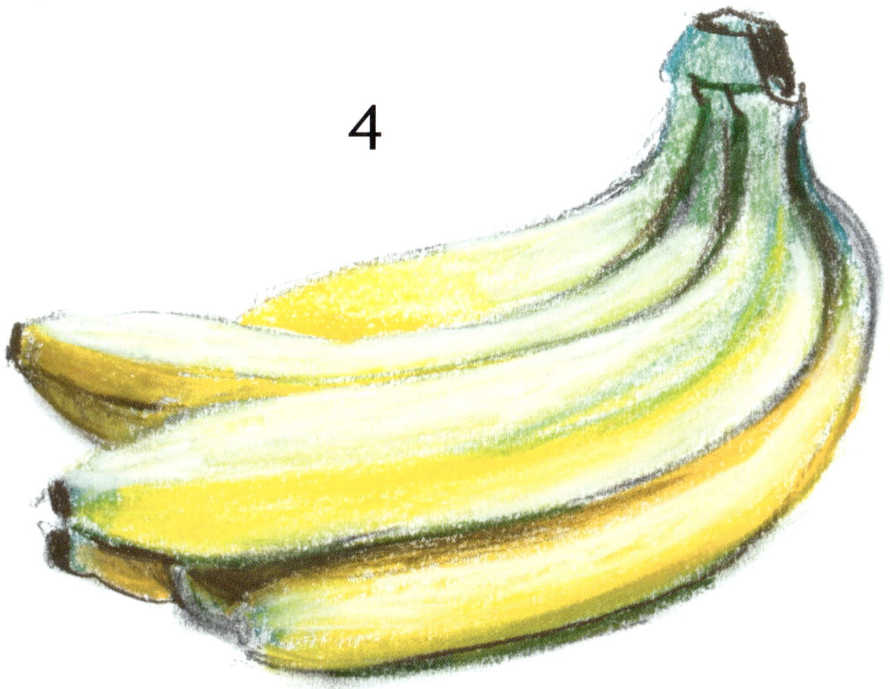

4- Añadimos unos toques de creta blanca en la zona iluminada y suavizamos los cromatismos con la yema de los dedos para modelar mejor la superficie de la fruta.

Te aconsejo

aprender a identificar los esquemas compositivos que sustentan la estructura de los elementos antes de abordar el dibujo. Empieza dibujando elementos muy sencillos.

1- Un ligero cambio del punto de vista altera el esquema compositivo. Aquí lo vemos con otro ejemplo.

1

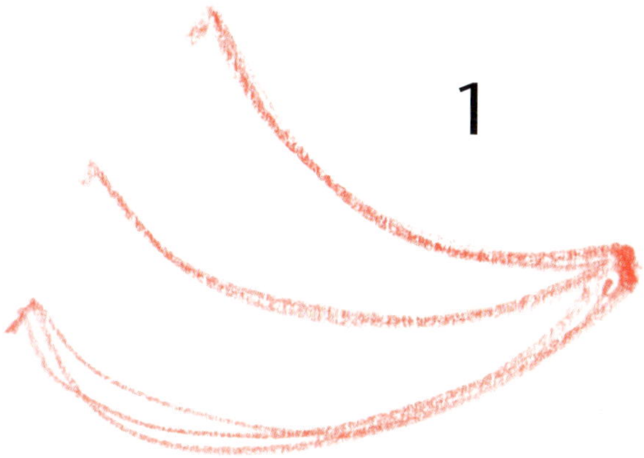

2

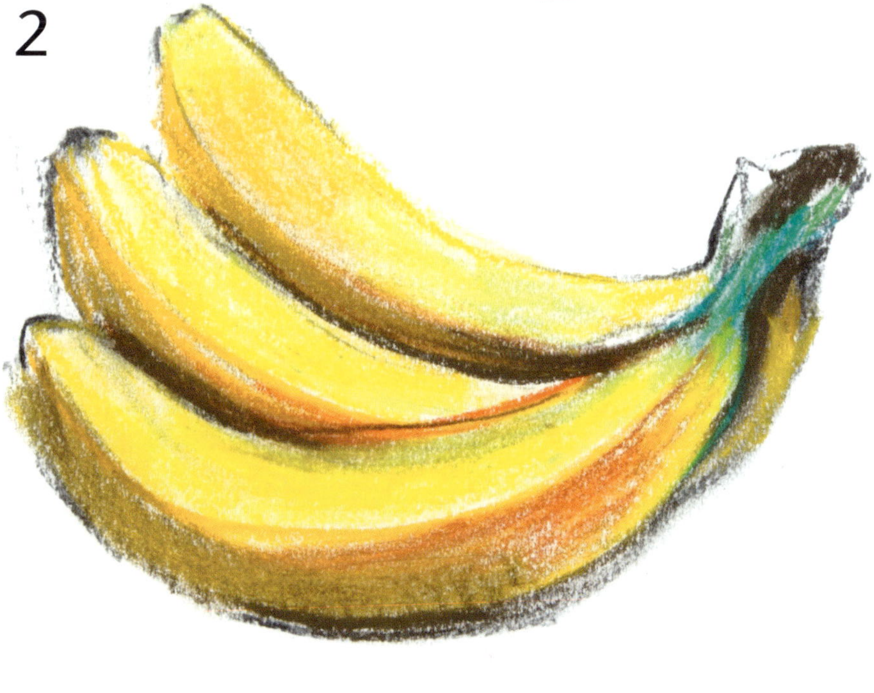

2- Esta variante presenta unos plátanos con una curva más pronunciada. El nuevo conjunto ofrece un aspecto más dinámico que el anterior.

Cruzando líneas

Los dibujos realizados hasta el momento se basan en esquemas compositivos muy simples, formados por varias curvas dispuestas a modo de abanico. Pero ¿qué sucede si una de estas líneas se cruza con las otras? Se genera tensión y el conjunto aparece más interesante y menos compacto a los ojos del espectador. Veámoslo a continuación.

1- Este esquema compositivo resume la intencionalidad del dibujo. Una de las líneas curvas cambia de dirección y aparece cruzada encima de otra.

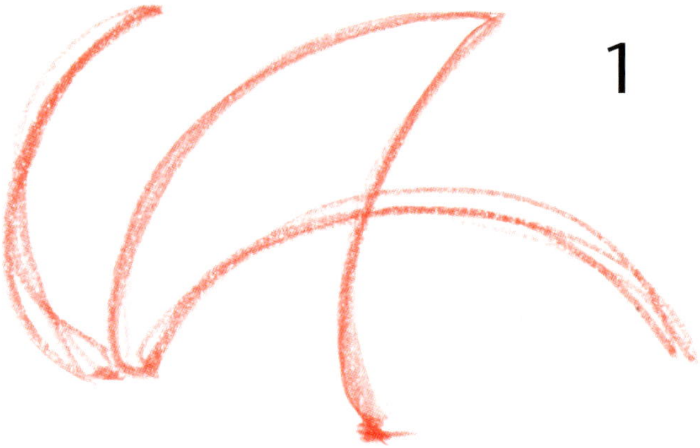

1

2- Este es el resultado del esquema compositivo. Uno de los plátanos presenta una dirección divergente con respecto a los demás, y esto le aporta al dibujo imprevisibilidad, relieve y profundidad.

Es conveniente cortar las barras de creta en pedazos de unos 2 centímetros para ser más preciso con los arrastres.

2

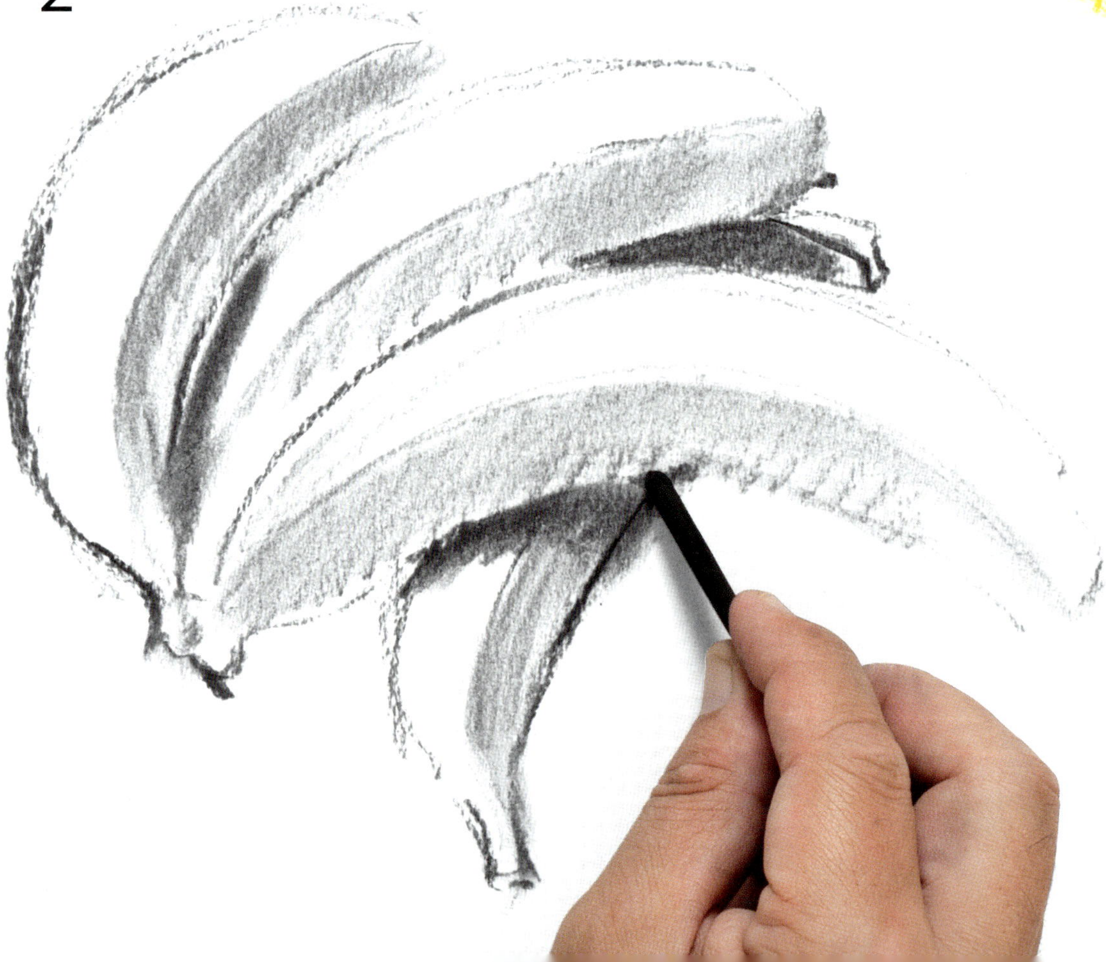

3- Sobre el dibujo de carboncillo arrastramos los trozos de cretas para trabajar las sombras de las frutas, fundiendo a su paso ambos colores.

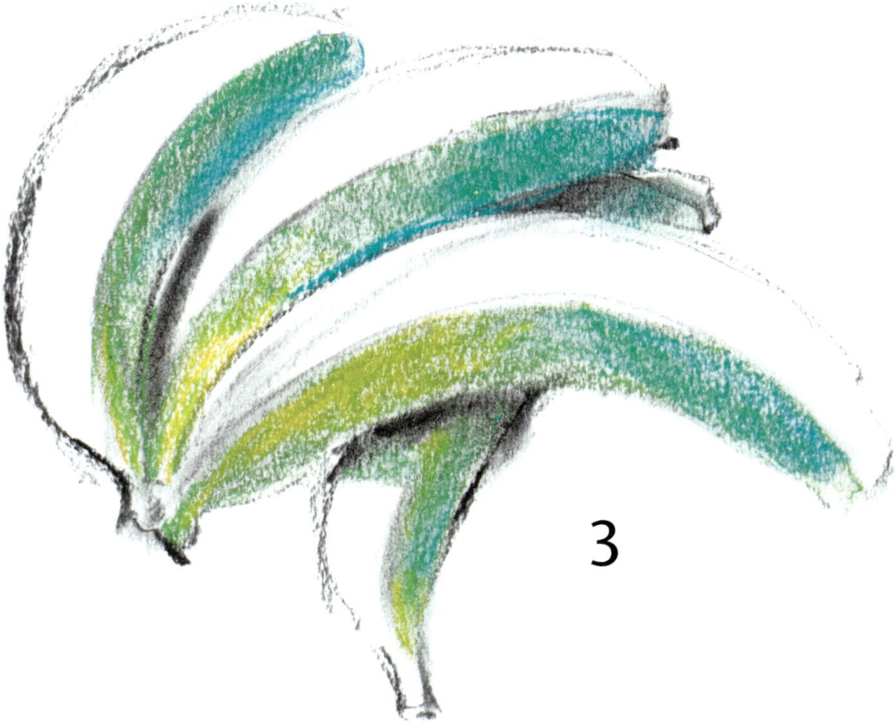

3

Conviene

Utilizar muy pocos colores de creta, basta con dos amarillos y dos verdes que reforzamos con un tierra de sombra tostada en las zonas más oscuras.

Evita

Usar el difumino. Es preferible realizar los fundidos con los dedos, sin presionar, para que el pigmento no quede apelmazado.

4- El dibujo finaliza tras aplicar tonos amarillos y un verde blanqueado en la mitad más luminosa de los plátanos, así como un color tierra para reforzar las zonas de sombra.

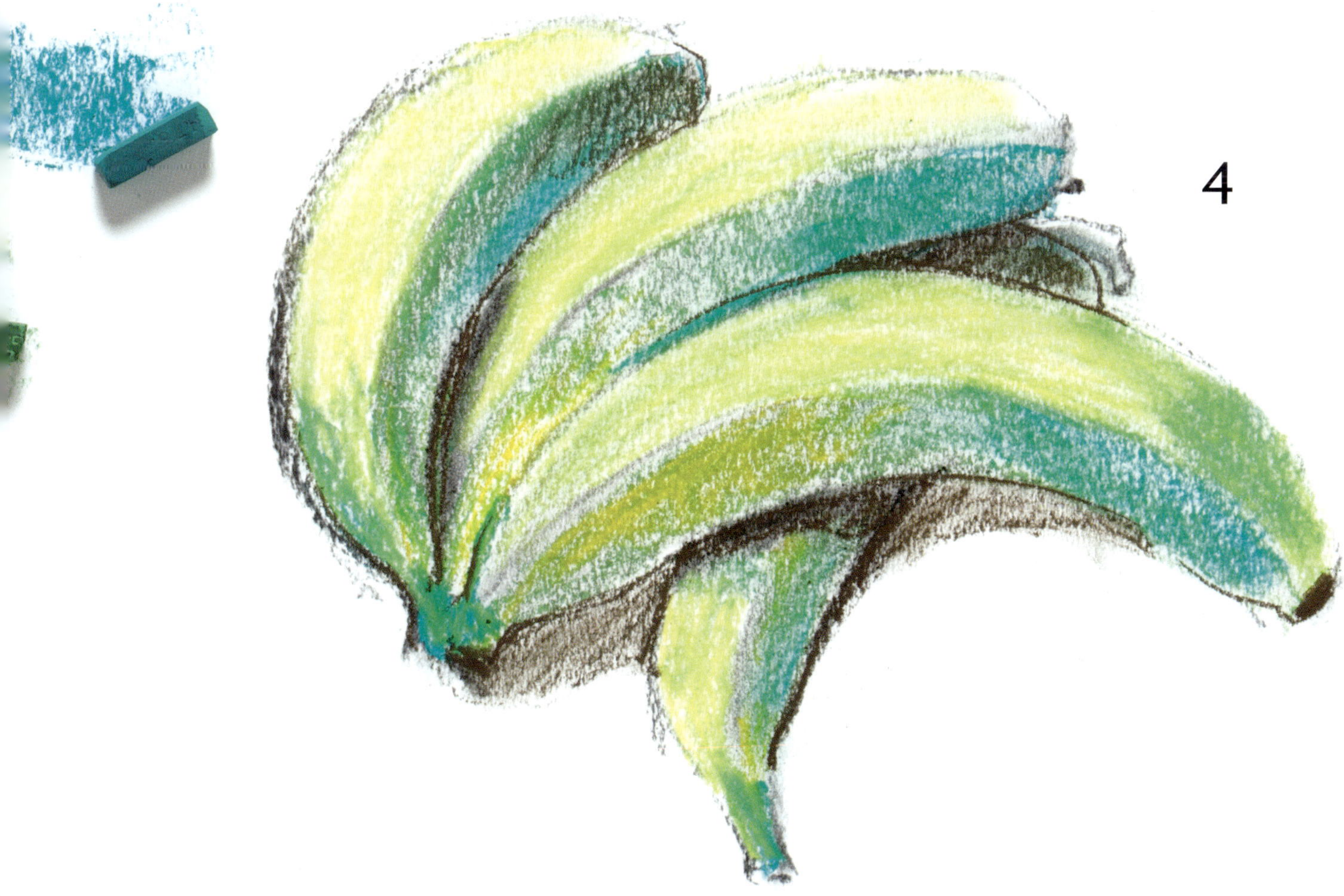

4

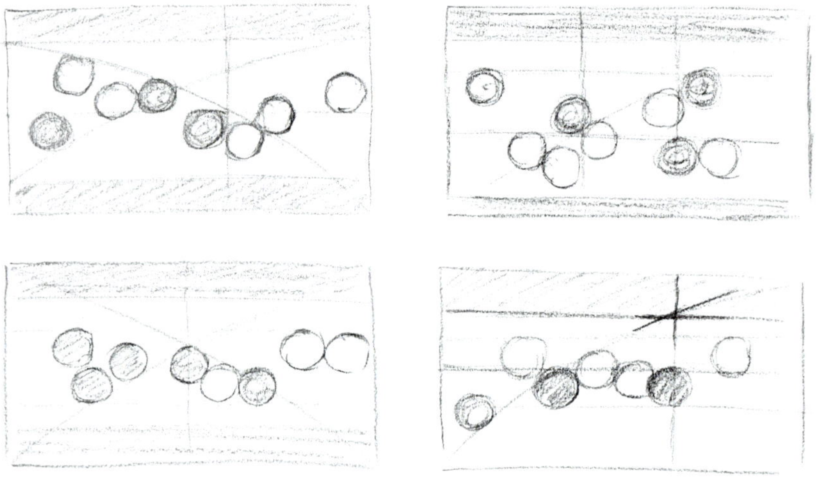

Recibe este nombre la composición cuyos elementos están colocados y ordenados a lo ancho más que en profundidad. Un friso es una composición geométrica que se genera cuando una figura o grupo de figuras se traslada sucesivamente siguiendo un vector horizontal. En esta distribución los motivos se repiten con regularidad, pero para no caer en una excesiva simetría se desplazan algunos objetos y se introducen curvaturas que hagan más interesante el conjunto. Muestra de ello es el siguiente ejercicio con carboncillo y barras de creta.

1

1- El modelo se compone de un grupo de frutas que disponemos horizontalmente, formando un friso. Estudiamos diversas posibilidades con los elementos situados a varias alturas o alineados de distinto modo.

Una composición en friso

2- Tras valorar diferentes posibilidades, distribuimos las frutas siguiendo una ligera curvatura que rompe la simetría general y unifica el conjunto sin crear demasiada dispersión.

2

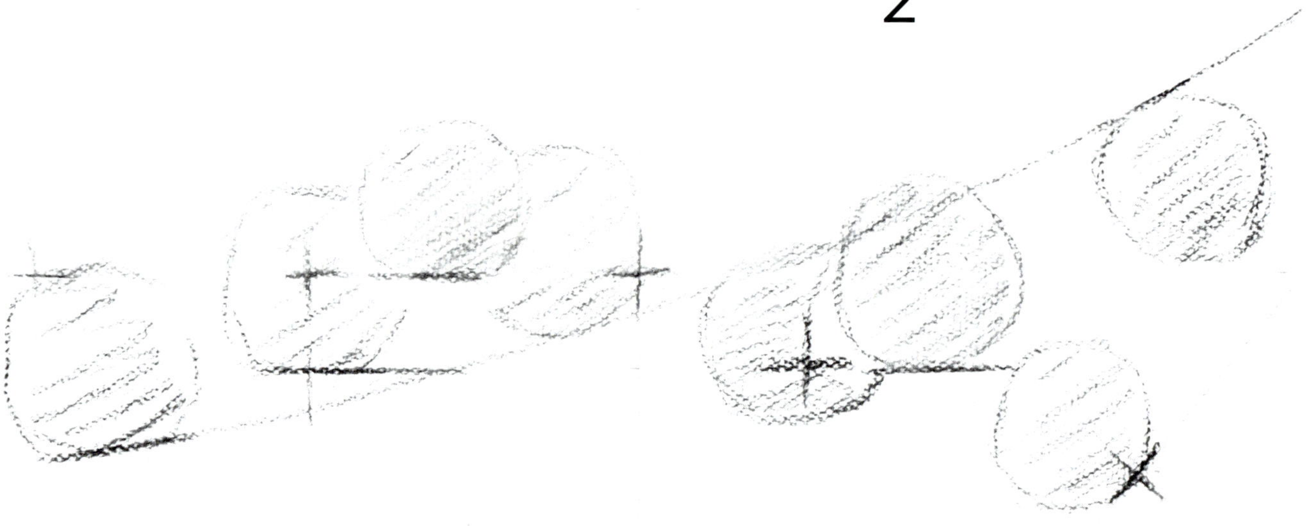

3

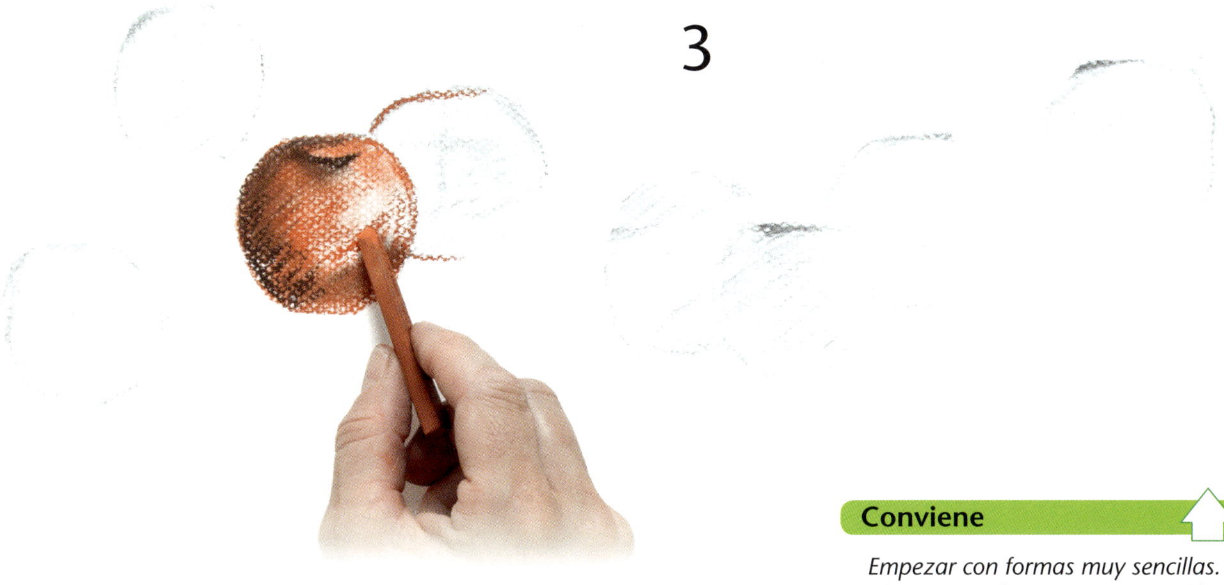

3- Sobre un primer dibujo con carboncillo la resolución es muy sencilla. Combinando varias cretas de color sanguina y negro construimos las frutas diferenciando claramente el impacto de la luz que procede de la derecha.

4- Por último, dibujamos las sombras proyectadas (que son clave para explicar el espacio y la profundidad). También representamos el borde de la mesa y el fondo oscuro, que potencia la composición en friso, destacando una banda de luz clara en el centro del papel.

Conviene

Empezar con formas muy sencillas. El atractivo de esta representación radica en una correcta distribución de los elementos.

Evita

Cualquier simetría en el dibujo. Los objetos deben estar a diferentes alturas.

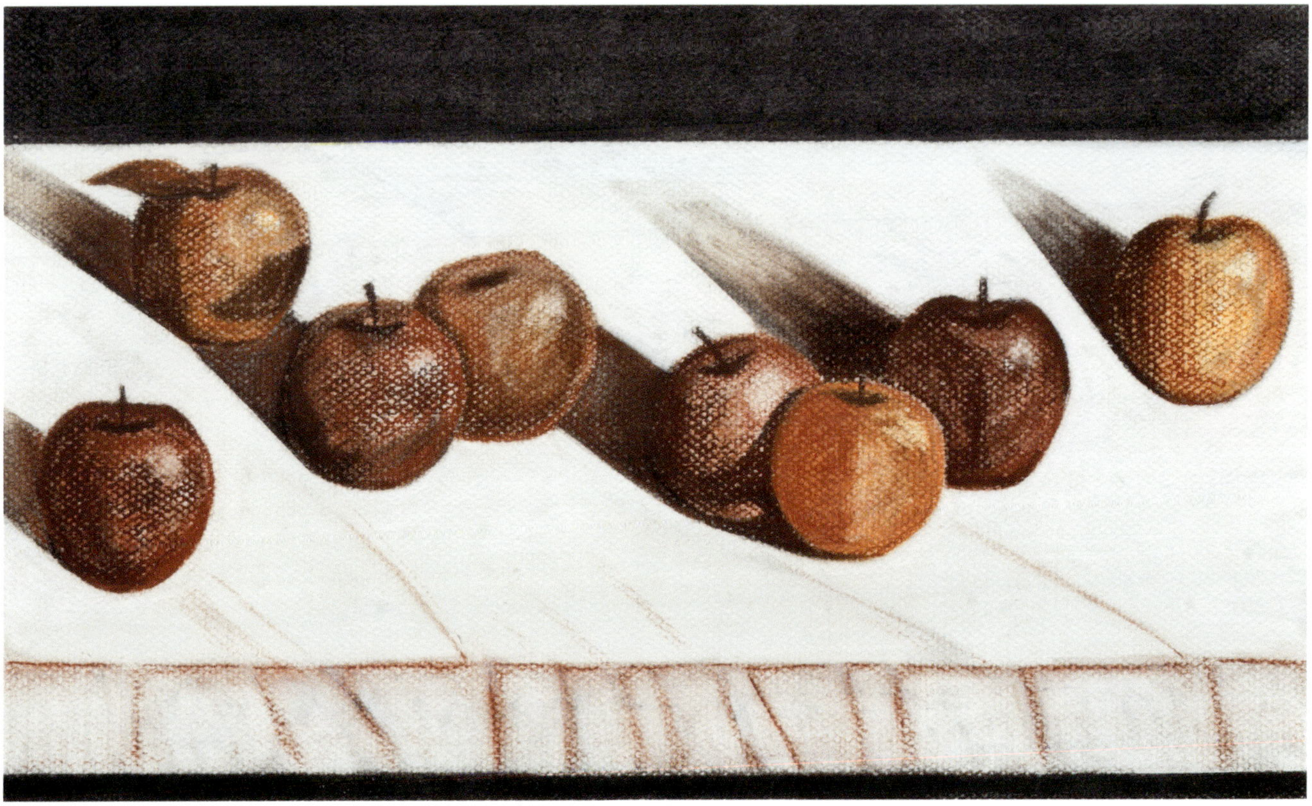

4

El efecto de la diagonal

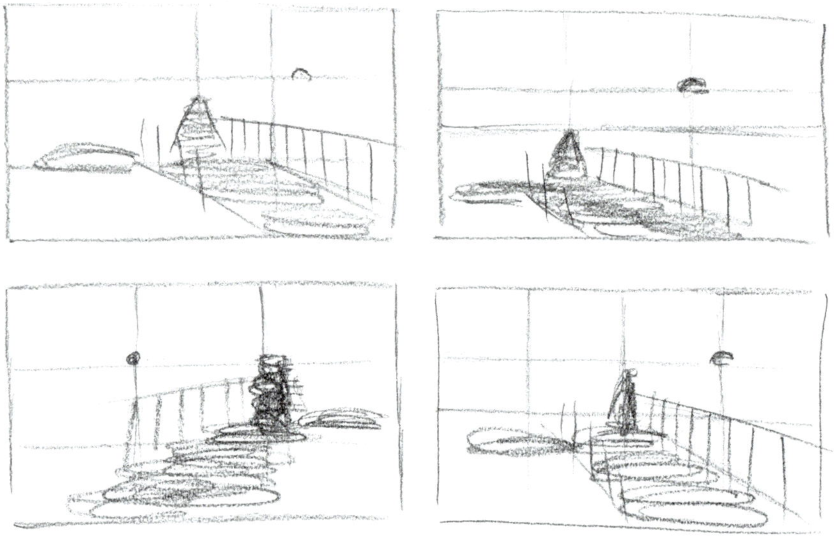

Las líneas compositivas desempeñan un papel muy importante, ya que proporcionan dinamismo y energía a los dibujos. Cuando se añaden líneas diagonales a una composición de manera correcta, el dibujo gana en profundidad y sorpresa. En este ejercicio fraccionamos la composición con una diagonal que divide el plano del cuadro en dos triángulos que rompen la simetría. Luego colocamos el elemento principal, una figura sobre el recorrido de esta diagonal, para conseguir un mayor dinamismo.

1

1- Para contrarrestar la costumbre de ver todo en horizontal o en vertical, es bueno usar las diagonales; en este caso, para representar un pequeño muelle en un lago. Hemos realizado un boceto con carbón para decidir la composición definitiva.

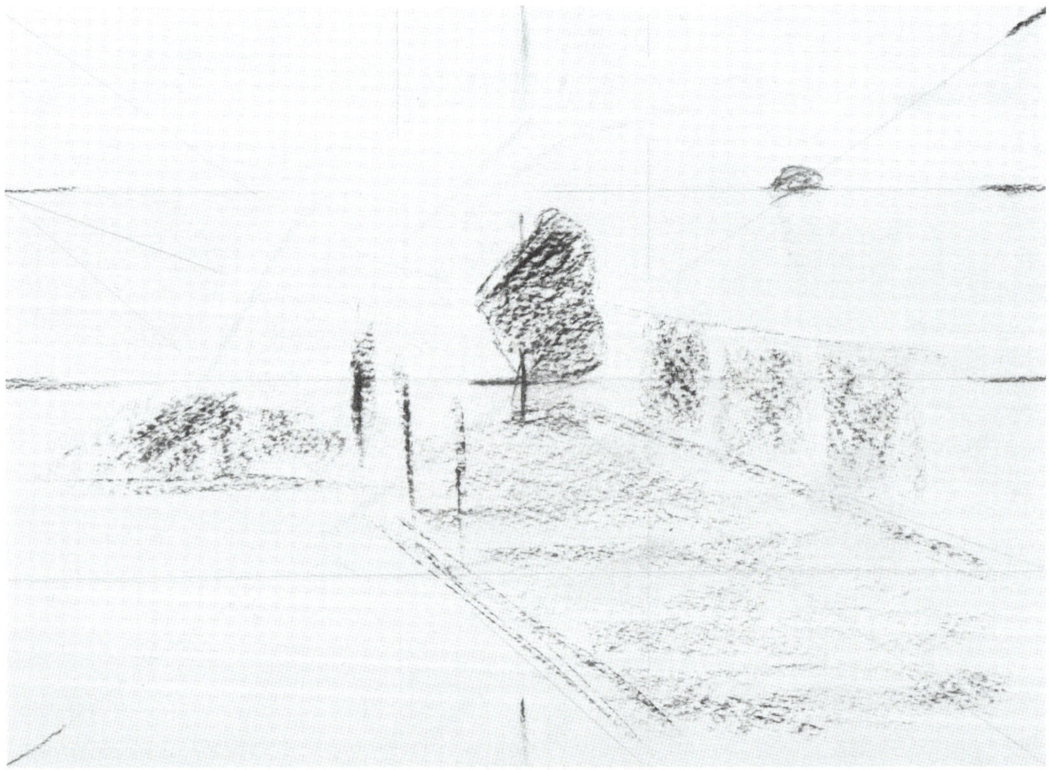

2- Las líneas diagonales proporcionan una gran tensión y fuerza visual, y además generan perspectivas interesantes. Se dice que las rectas diagonales son más recurrentes en las composiciones de los dibujantes.

2

Conviene

Saber que los puntos de interés de un dibujo se encuentran, por lo general, en las diagonales de plano del cuadro.

Evita

Forzar demasiado las diagonales o utilizarlas mal, ya que esto puede generar inestabilidad y desorientación en la imagen.

3- El esquema realizado con carbón es solo orientativo. El dibujo definitivo lo llevamos a cabo con lápices de colores. Con azul situamos la silueta de una figura a contraluz como protagonista del dibujo, y a continuación, reseguimos las líneas del pequeño muelle.

4- Matizamos las sombras con un lápiz negro. Existe una sensación de perspectiva muy marcada; es el resultado de dividir la composición con una línea diagonal que empieza en la parte superior izquierda y acaba en la inferior derecha.

3

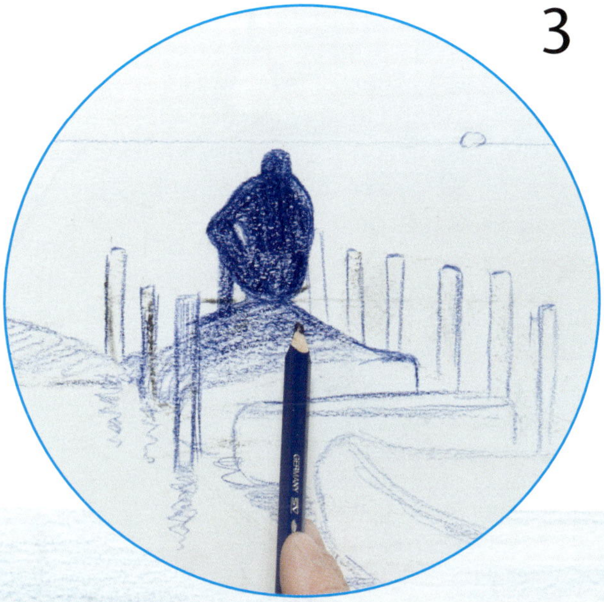

4

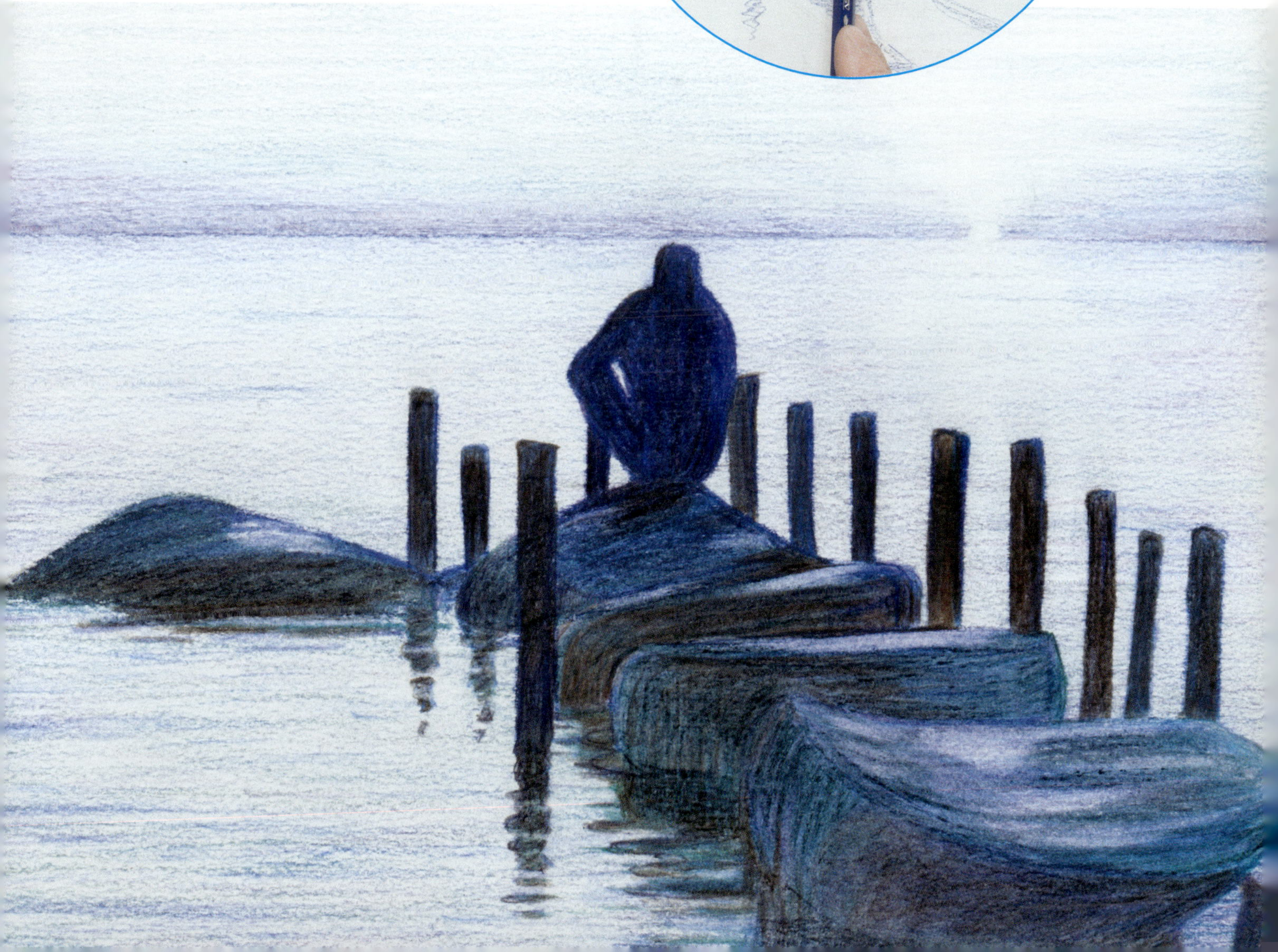

Los patrones componen

Crear ritmo mediante el uso de patrones es un recurso compositivo muy potente. El cerebro humano encuentra una satisfacción especial en los patrones, que se convierten en un argumento efectivo para organizar el espacio; son altamente ornamentales, aportan ritmo y una marcada expresión a los dibujos. Vivimos rodeados de patrones que pueden servirnos de modelos: la fachada de un edificio, la forma de algunas flores, la textura de una alfombra, las nubes, un costal de granos... Todo elemento tiene su propia textura, y a veces también sigue un patrón que nos interesa descubrir.

A- El modelo es una flor cuyo encuadre ocupa casi todo el papel. El ritmo y la repetición se esgrimen como únicos recursos compositivos que producirán una representación radial casi abstracta.

B- Con el color morado sombreamos los pétalos de la flor; empezamos por un punto central y lo expandimos desde ahí. La sensación de textura y relieve se produce enseguida.

C- A medida que los pétalos adquieren mayor tamaño, es más fácil y cómodo desarrollar un degradado. El coloreado morado lo completamos con ligeras superposiciones de tierra de Siena natural.

D- Repetimos el sombreado en el interior de cada hoja, dejando en blanco su contorno. Con ello completamos el patrón compositivo.

A

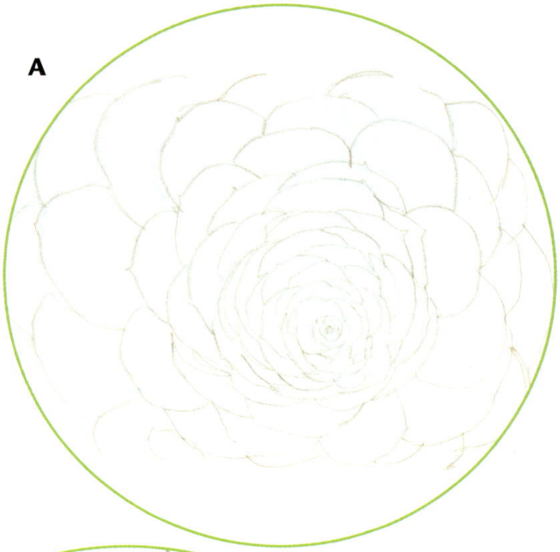

B

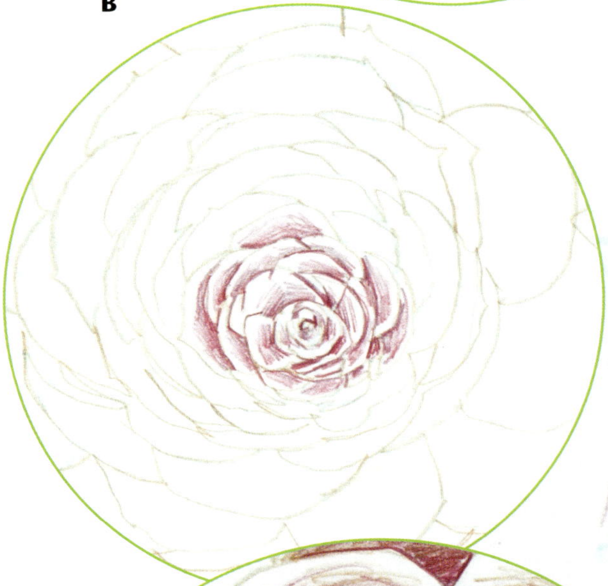

C

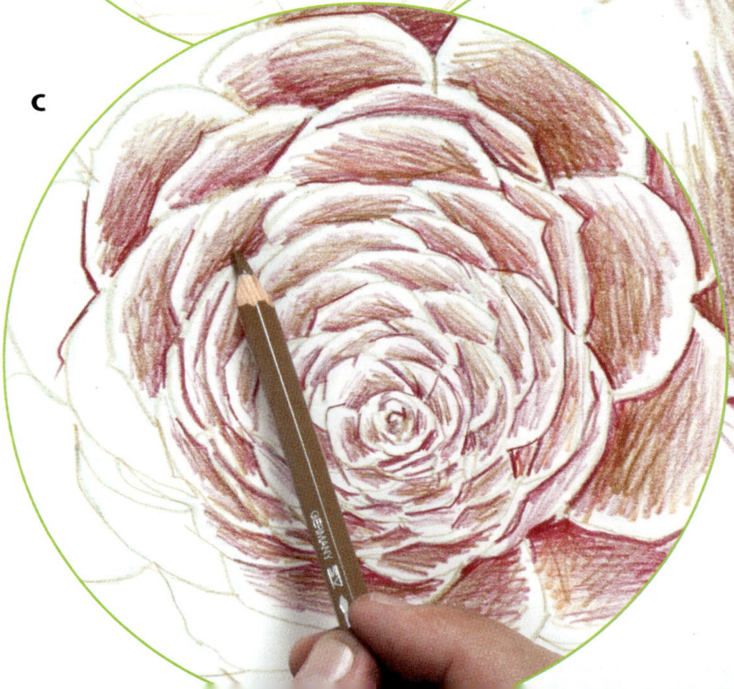

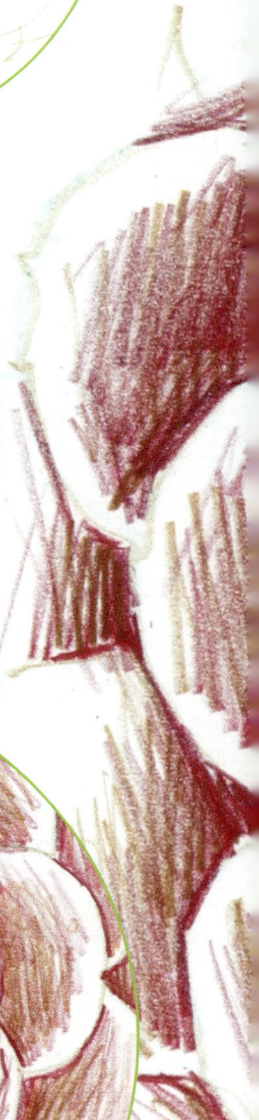

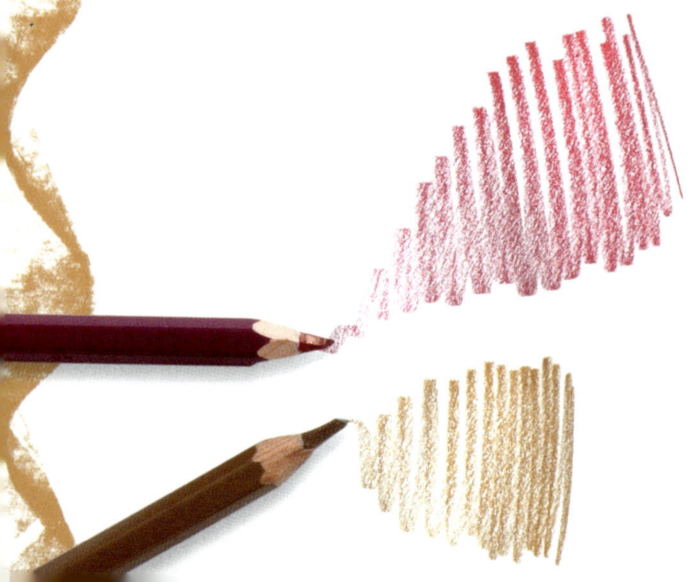

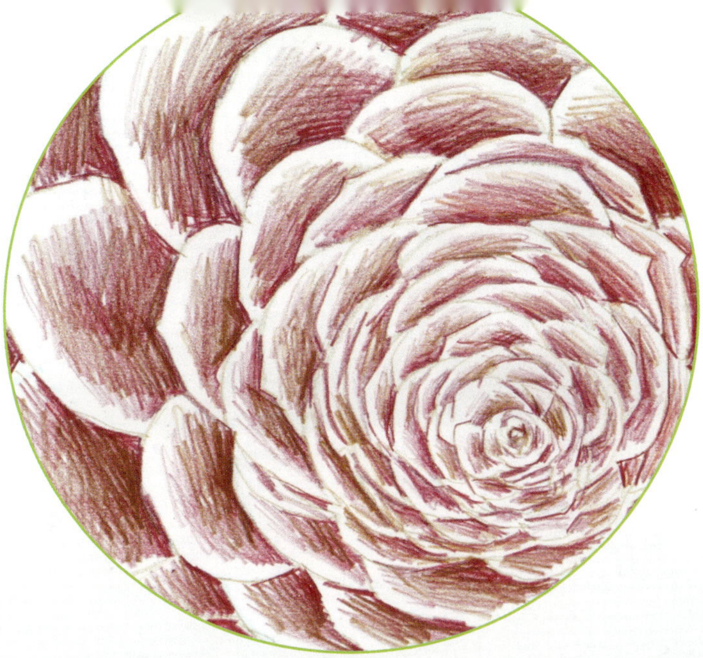

D

Te aconsejo

integrar patrones en repetición en otros dibujos más complejos. Son un buen recurso para ordenar el espacio a la vez que aportan ritmo.

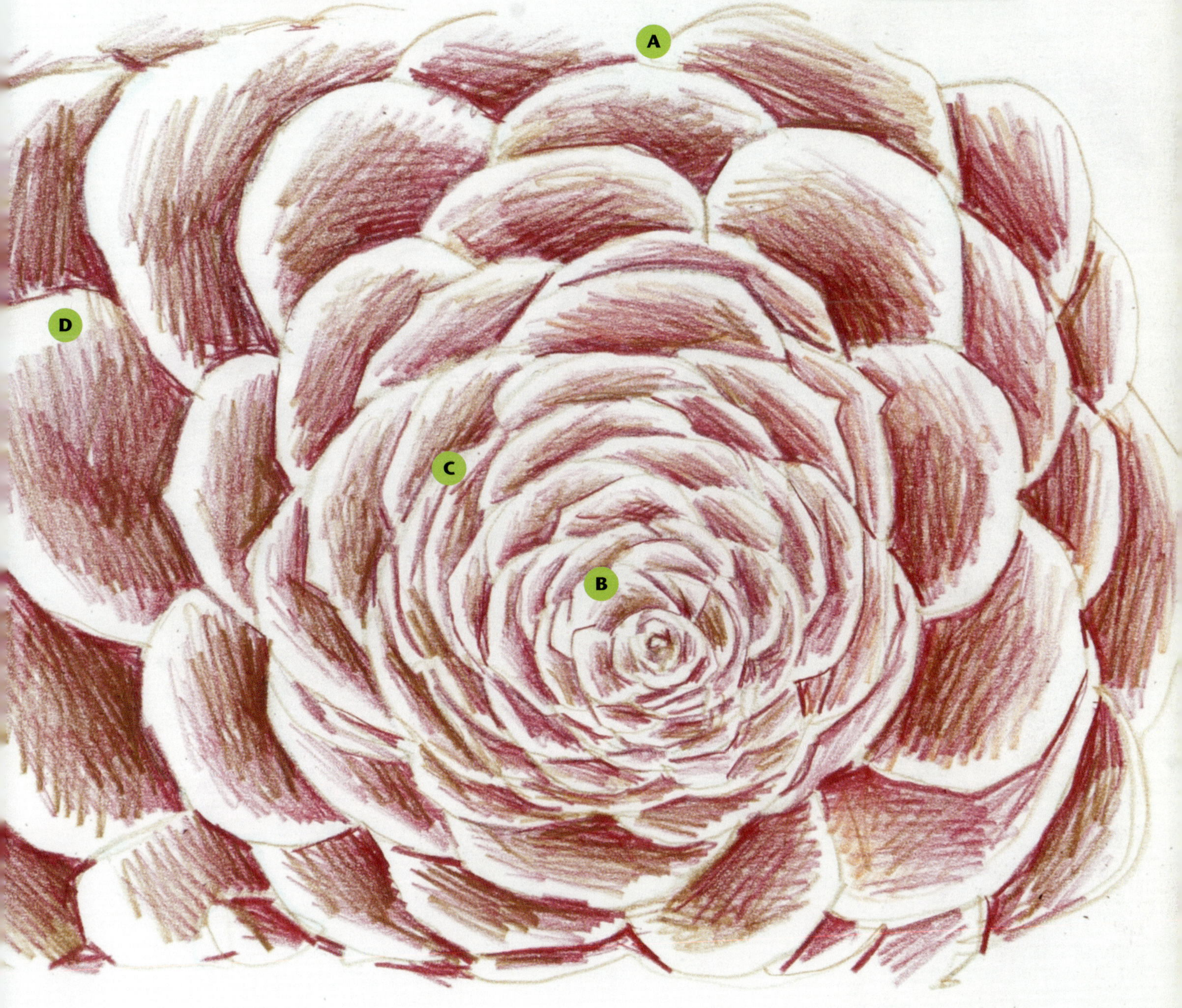

El bodegón, o naturaleza muerta, es el género que más se presta a las composiciones complejas. Si lo montamos en nuestro estudio podemos controlar el modelo: las luces, todo aquello que añadimos o quitamos, el lugar donde lo situamos..., sin dejar de lado el equilibrio de masas y el dibujo de formas geométricas, tal y como hace un verdadero artista. El objetivo del siguiente ejercicio es componer un bodegón asimétrico, repartiendo los elementos de modo desigual con respecto a uno de los ejes, ya sea el vertical o el horizontal. Lo resolvemos con lápices de colores.

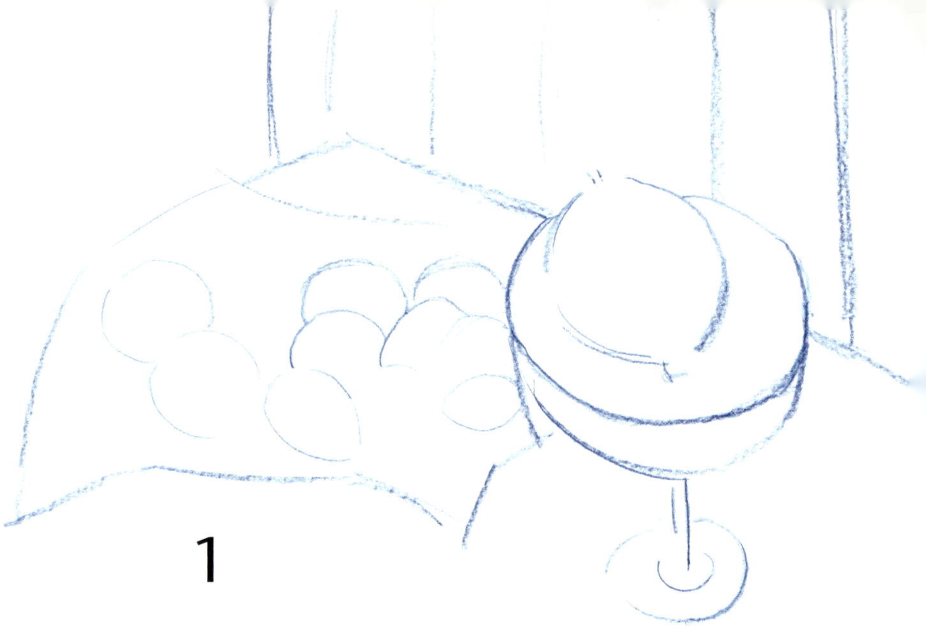

1

1- Tomamos decisiones simples, por ejemplo, dónde colocar el motivo principal, el frutero. La distribución asimétrica permite establecer juegos de equilibrio entre las masas que intervienen en la composición.

Un bodegón asimétrico con lápices de colores

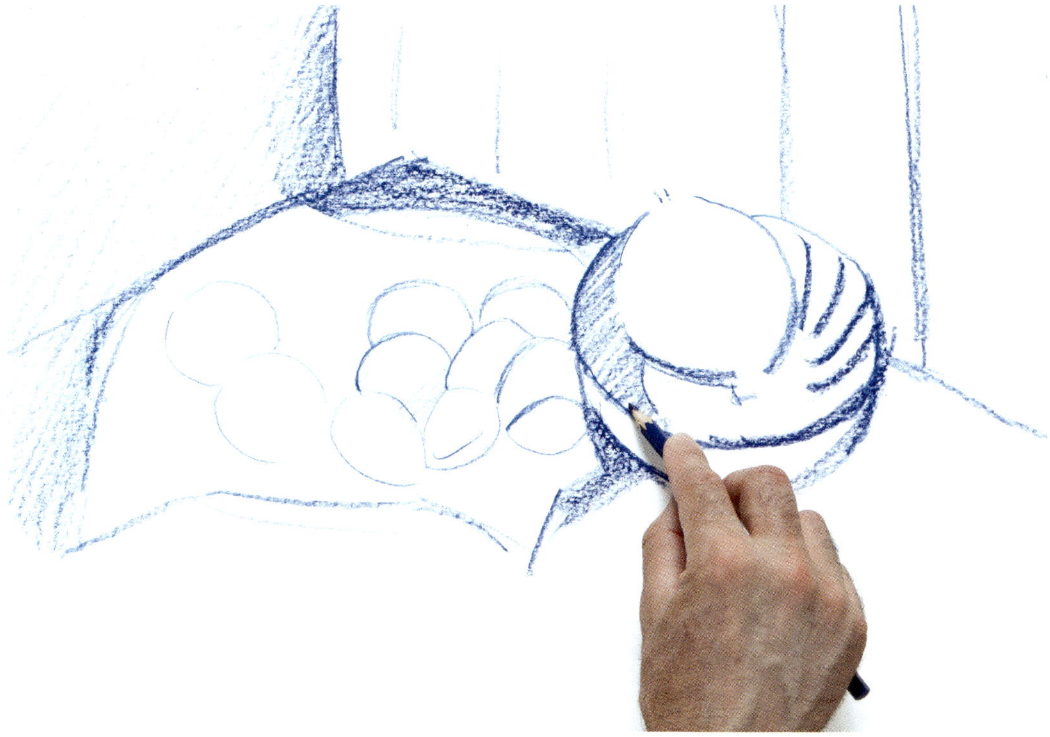

2- El frutero es el eje que organiza toda la composición. Los otros elementos, de menor tamaño, los colocamos en un plato, a la izquierda. Son significativos, pero no roban protagonismo al motivo principal.

2

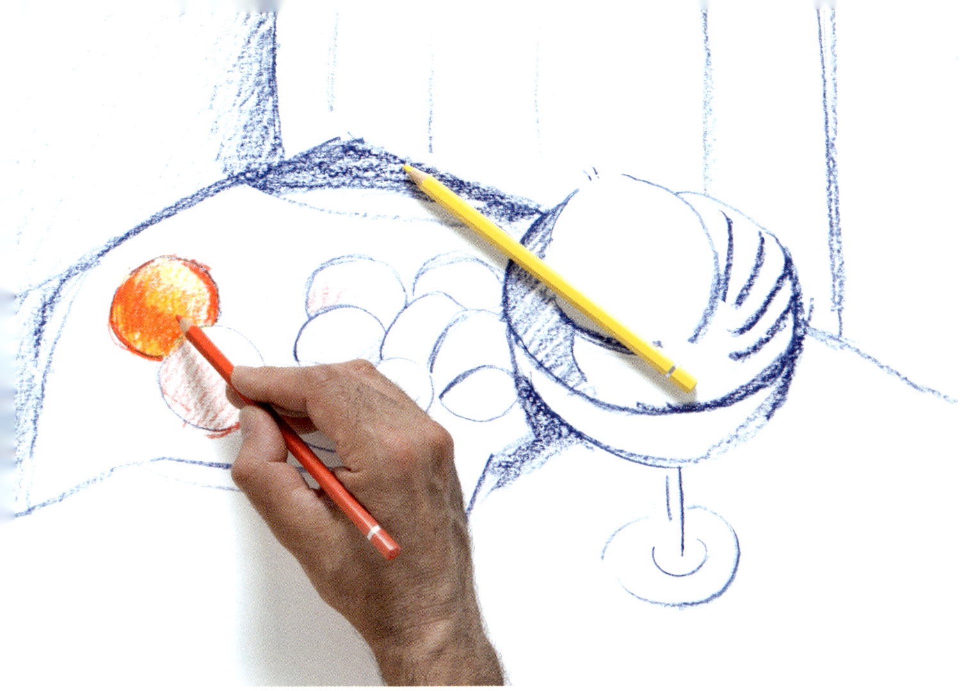

3- Con rojo y amarillo empezamos a colorear una de las frutas, comprobando, a medida que avanzamos, que es posible realizar un degradado entre ambos colores.

3

Te aconsejo
que incluyas un solo motivo principal, que sea el centro de atención, y disponga de la mejor luz, color, enfoque, textura, etc. A su alrededor puede haber temas secundarios.

4- Aplicamos los primeros sombreados en el fondo. El decorado es muy simple, abstracto, y apenas tiene protagonismo.

4

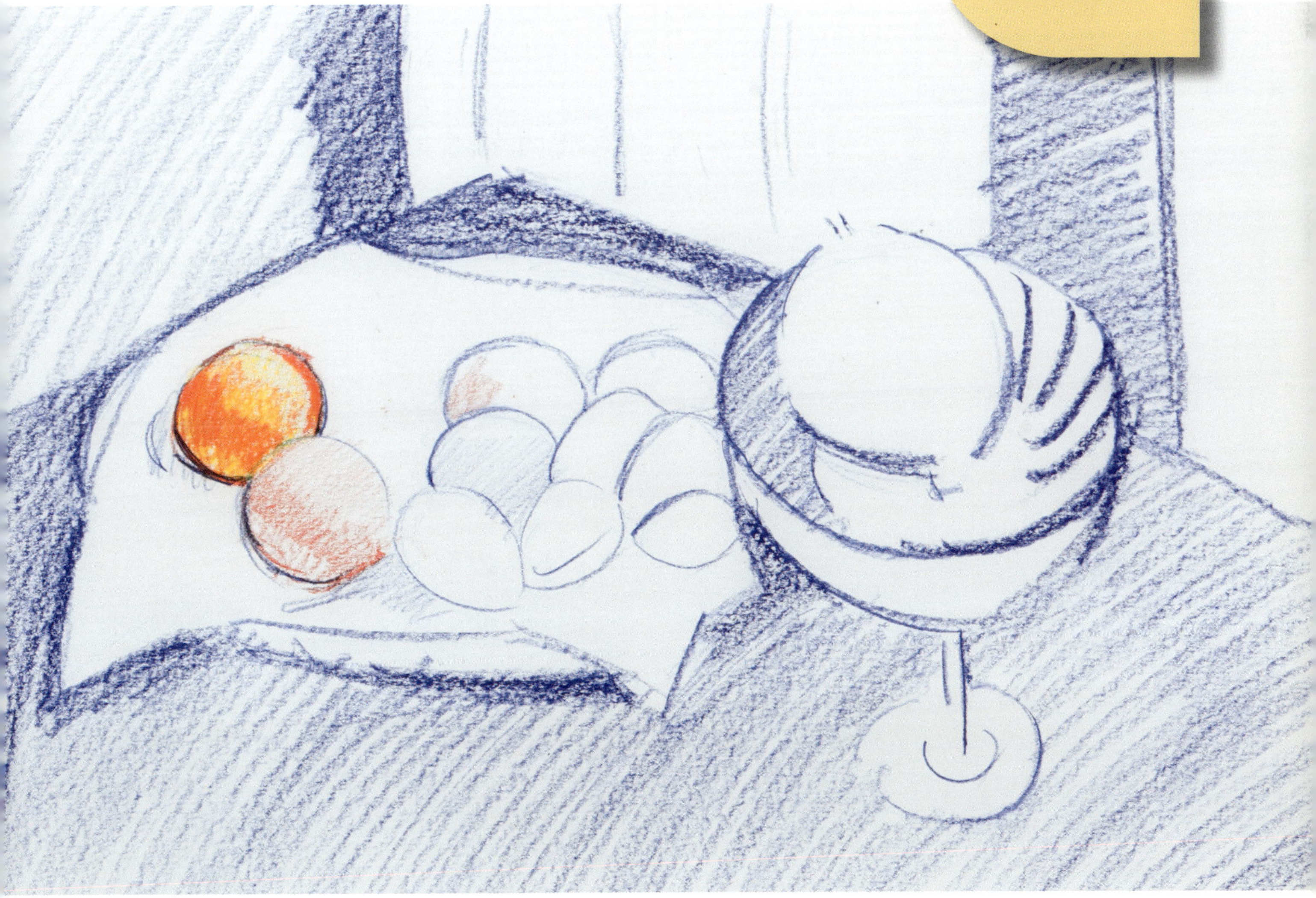

5

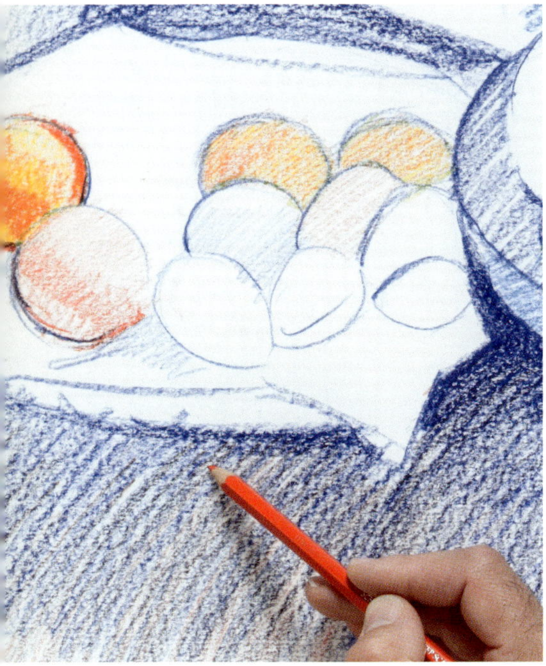

El coloreado

En un bodegón el espacio tiene una importancia menor, pero conviene que no quede plano, sino que dé la sensación de tridimensionalidad, de volumen. Eso se consigue con la aportación del coloreado. Al añadir los colores cálidos a las frutas, estas contrastan vivamente sobre un fondo de tendencia azulada.

5- Para construir el fondo del bodegón realizamos nuevas aportaciones de azules que refuerzan el contraste con los objetos. Completamos con superposiciones de color rojo que confieren al sombreado una tonalidad violácea.

6- El contraste del fondo azulado es fundamental para destacar los objetos que componen el bodegón. Las sombras son degradadas, con trazos marcados y sin detalles.

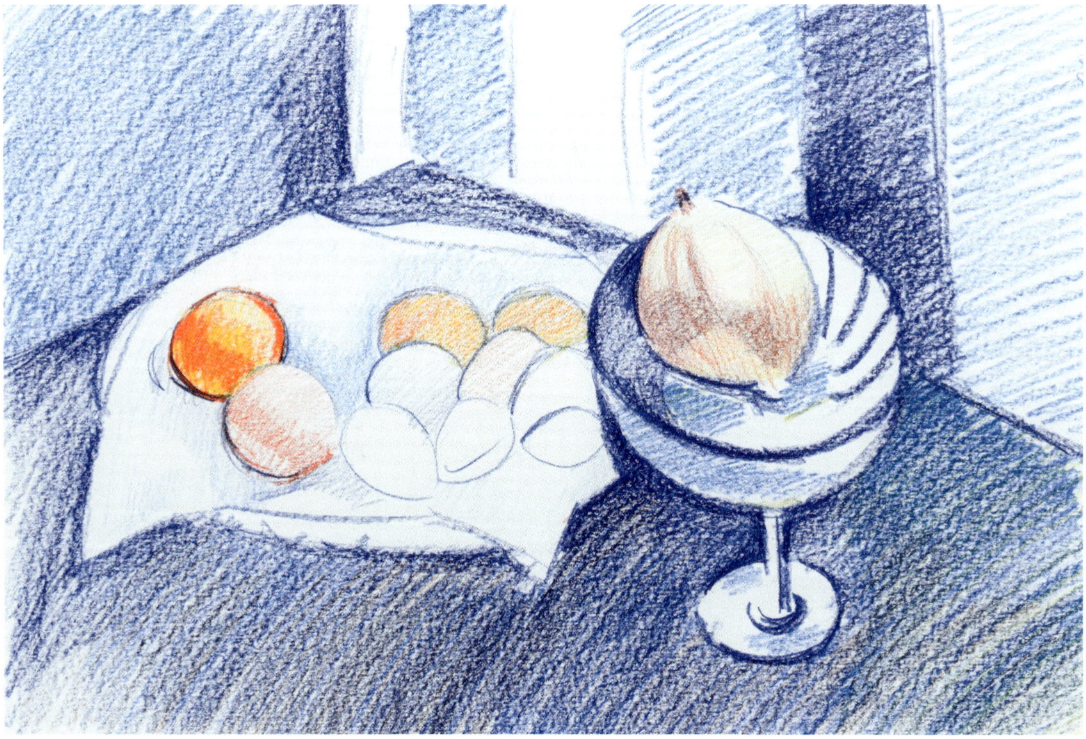

6

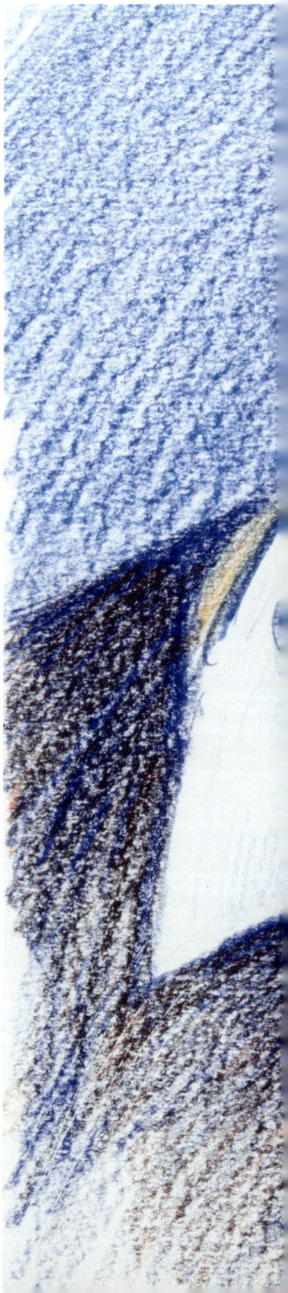

Conviene

Saber que la asimetría permite más libertad de composición y organizar jerárquicamente los elementos.

Evita

La simetría en tus composiciones, ya que, aunque implica equilibrio, también comporta inmovilidad y artificio.

7

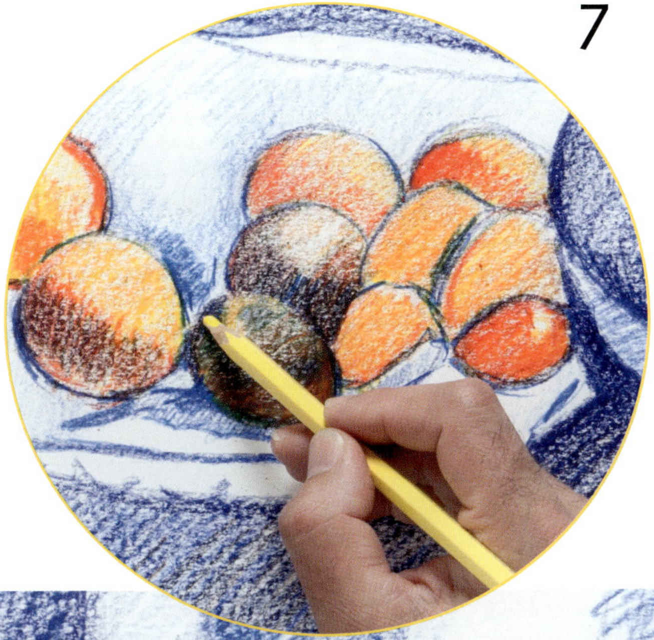

7- Es el momento de colorear todas las frutas; para ello, combinamos varios lápices de colores cálidos: amarillo, naranja, rojo y violeta. En las zonas iluminadas dejamos respirar el blanco del papel, en las sombreadas, en cambio, intensificamos los trazos.

8- En la obra terminada, observamos que la composición asimétrica permite romper la formalidad estática y representa un efecto dinámico en la composición.

8

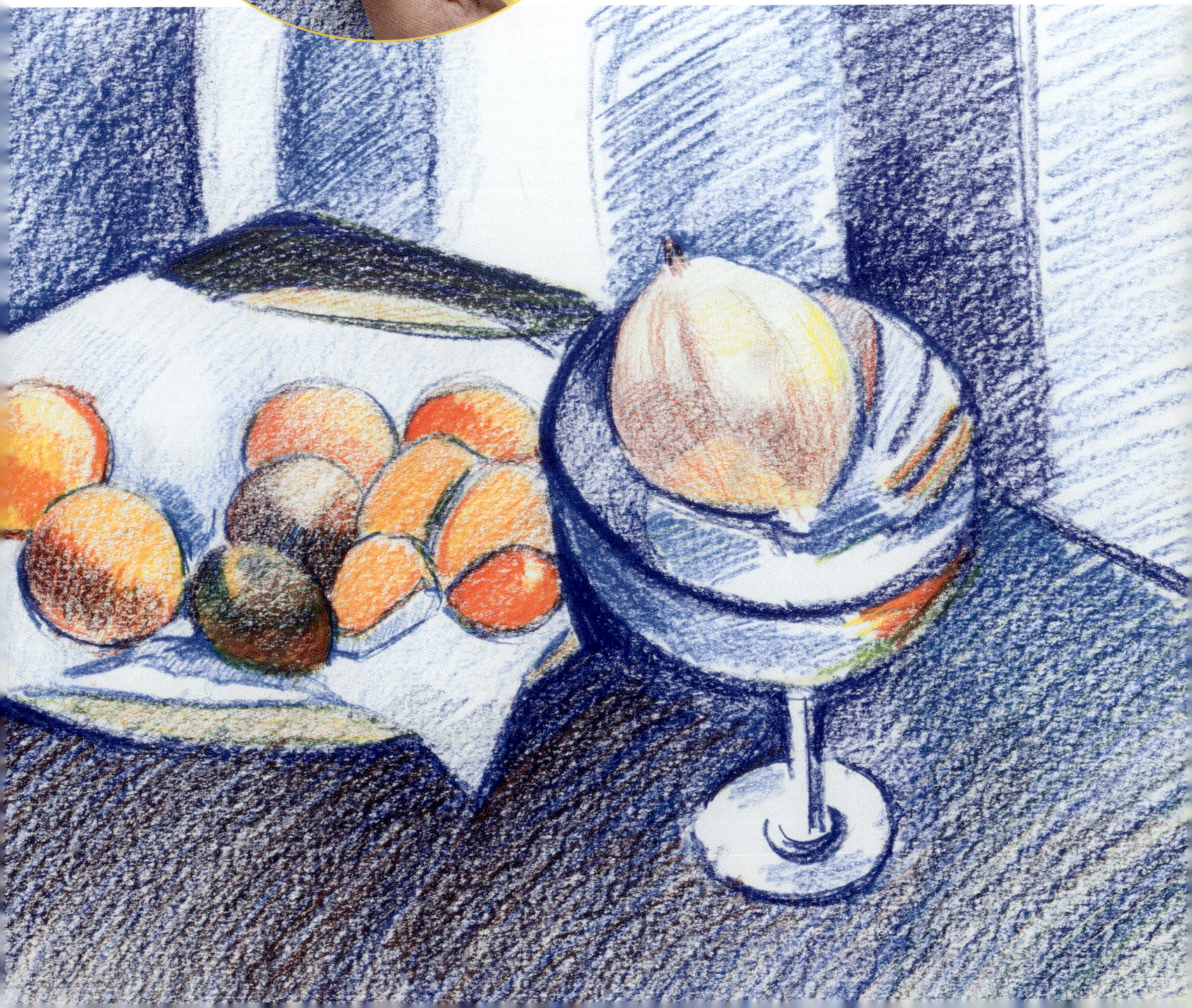

Composición con sombras

La iluminación y el despliegue de las sombras son elementos compositivos de una gran potencialidad. Hablar de luz es hablar también de sombra, pues son conceptos íntimamente ligados y que, juntos, pueden convertirse en elementos muy poderosos que contribuyan a mejorar de manera notable una composición. Las sombras refuerzan el mensaje, aportan el contraste necesario para construir y ordenar la escena; en definitiva, son un recurso compositivo que usamos con frecuencia para que el espectador preste atención a determinadas zonas en detrimento de otras.

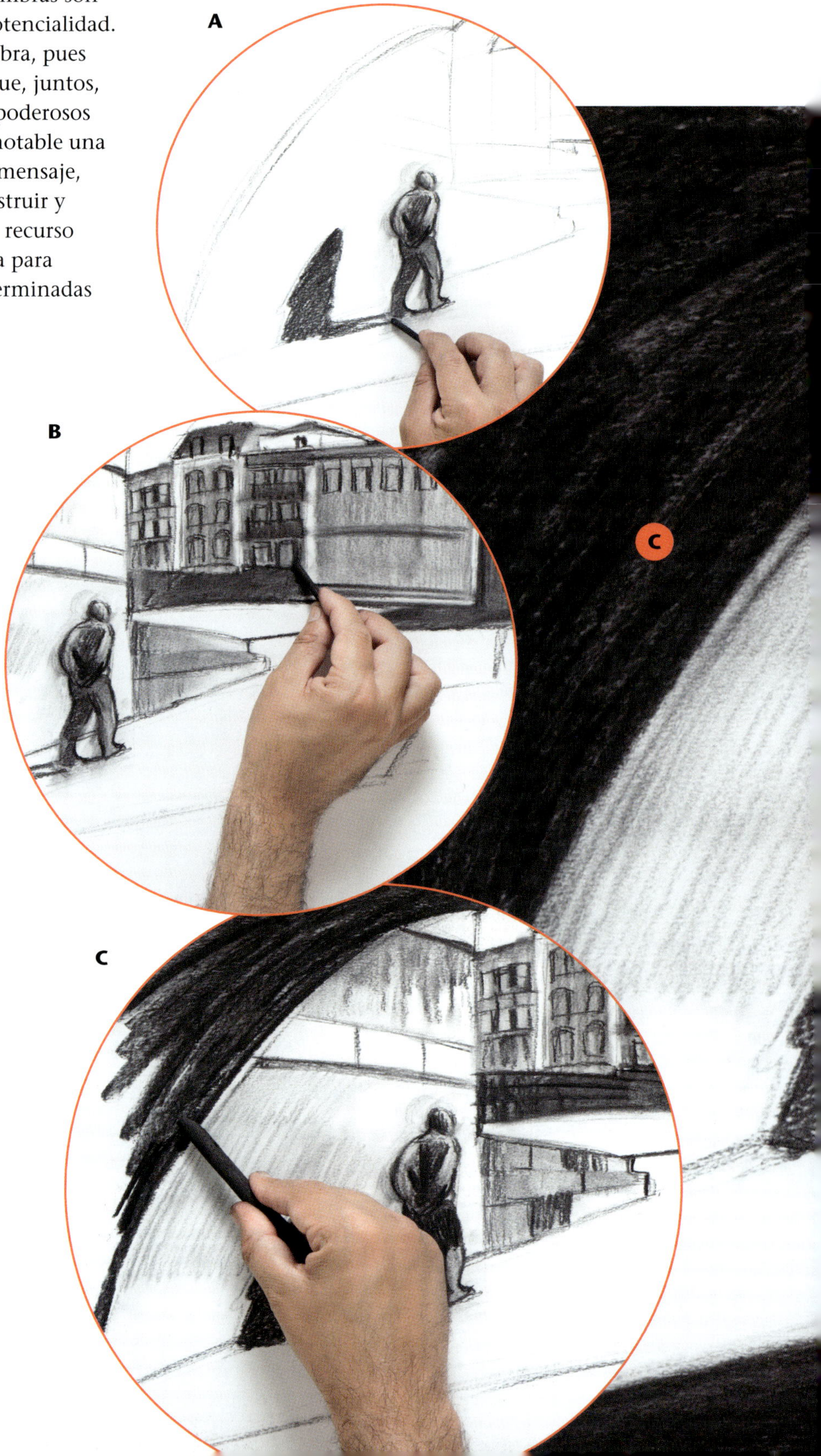

A- Una vez definido el marco espacial resolvemos el centro de atención, un personaje que pasea por la calle. Damos protagonismo al trabajo tonal y a la sombra que proyecta la figura.

B- Con una barra fina de carboncillo trazamos, de manera muy esbozada, los balcones y oberturas de las fachadas. No hace falta mucha precisión.

C- Con una barra de carbón de mayor calibre que la anterior ennegrecemos las sombras contrastadas del primer término. Conviene llegar al negro absoluto, que se obtiene presionando con fuerza con el carbón.

D- Si todo el escenario hubiera estado perfectamente iluminado, es probable que la imagen no hubiera tenido el dramatismo y la fuerza que presenta. Las sombras no sirven solo para elegir lo que es digno de ver sino también para ocultar lo que no vale la pena mostrar.

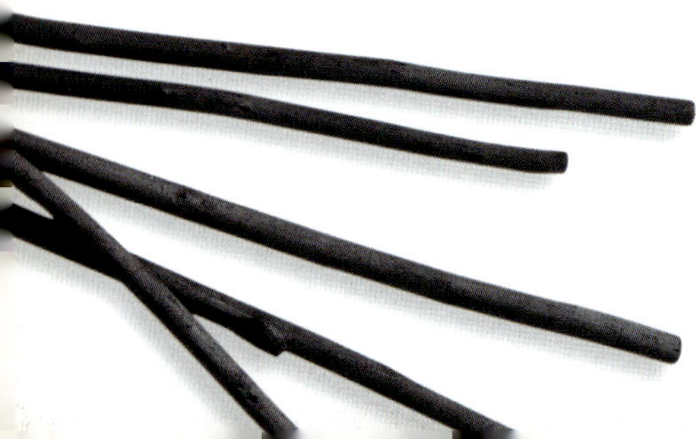

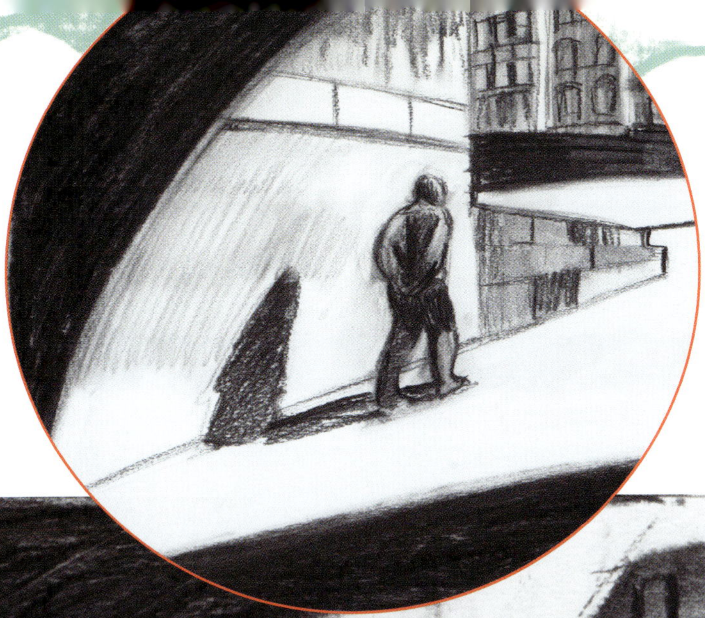

D

Te aconsejo

evitar los detalles innecesarios en las fachadas de los edificios. La barra de carboncillo no está diseñada para efectuar trazos muy precisos.

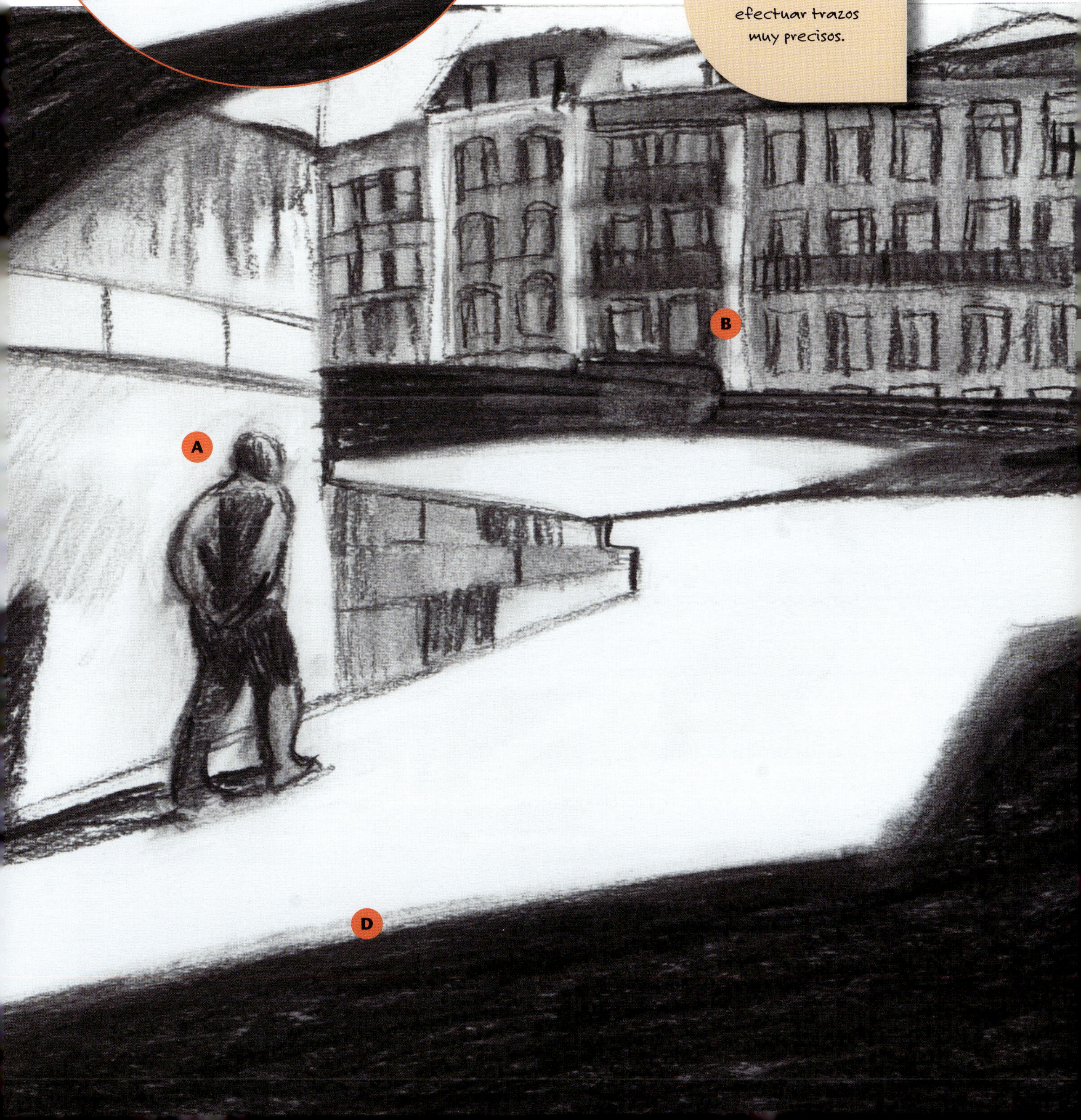

Un punto de vista poco convencional

La composición es una poderosa herramienta que permite no solo interpretar el entorno a través de la imagen, sino también transformarla y modificarla para ofrecer una representación original y, a menudo, poco convencional. El artista puede forzar puntos de vista o situaciones para conseguir representaciones sorprendentes, imposibles o simbólicas del modelo real. En este ejercicio mostramos cómo representar un modelo arquitectónico desde un punto de vista original sirviéndonos de una perspectiva muy forzada.

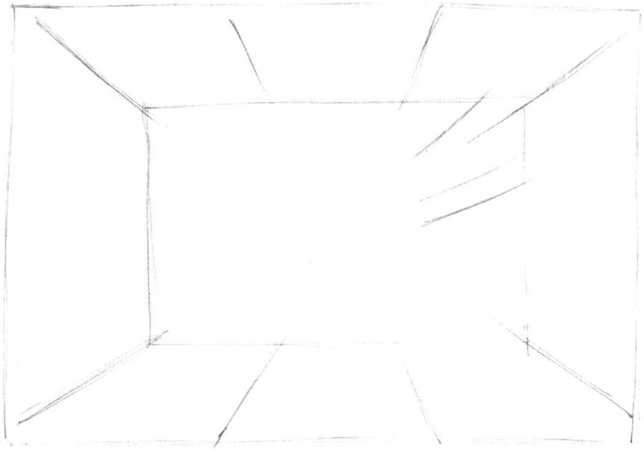

1

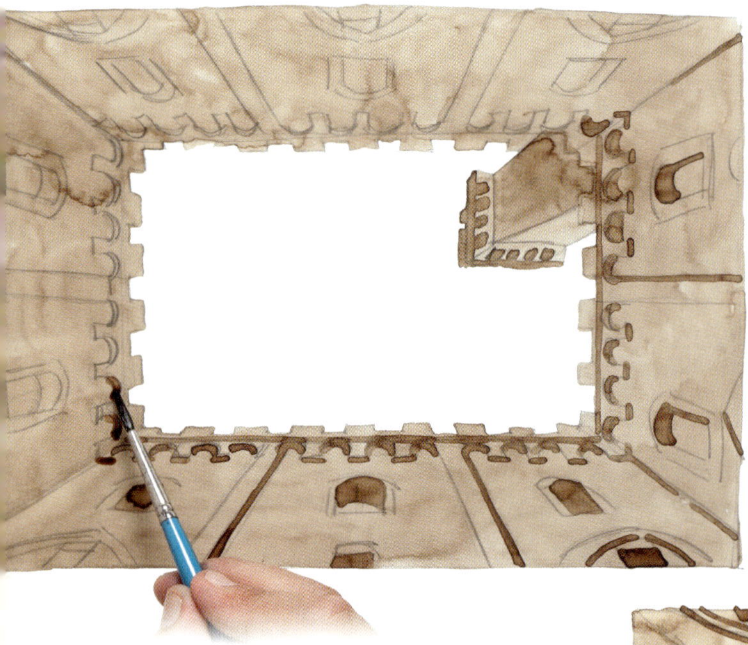

2

1- En esencia, una composición es un conjunto de líneas diagonales que convergen en un punto imaginario en el centro del encuadre.

2- Primero extendemos una aguada homogénea de tinta sepia. Luego, con un pincel fino oscurecemos la torre y los elementos estructurales de los muros, haciendo así visibles las almenas y las pilastras del edificio.

3- Con un lápiz de creta de color sepia definimos mejor los contornos de la torre, y los detalles que no podemos realizar con el pincel.

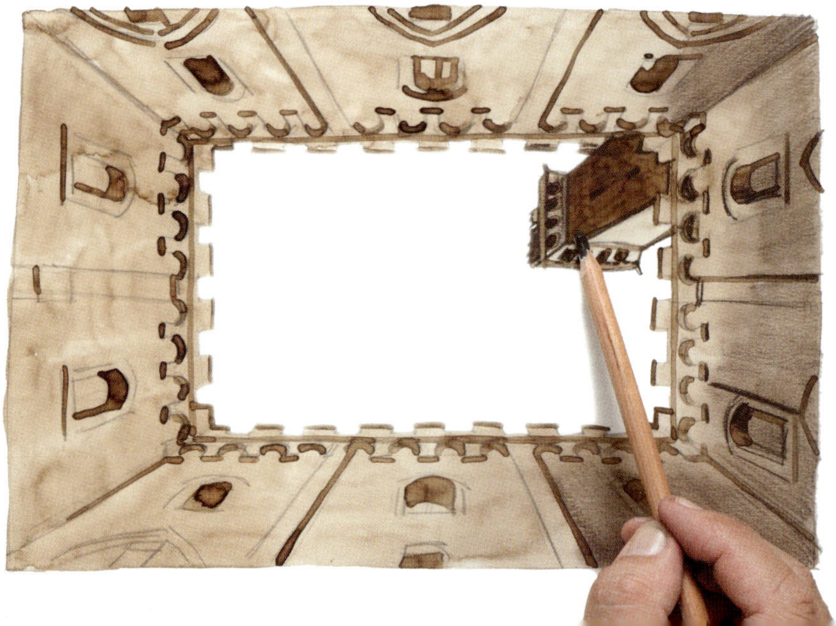

3

4

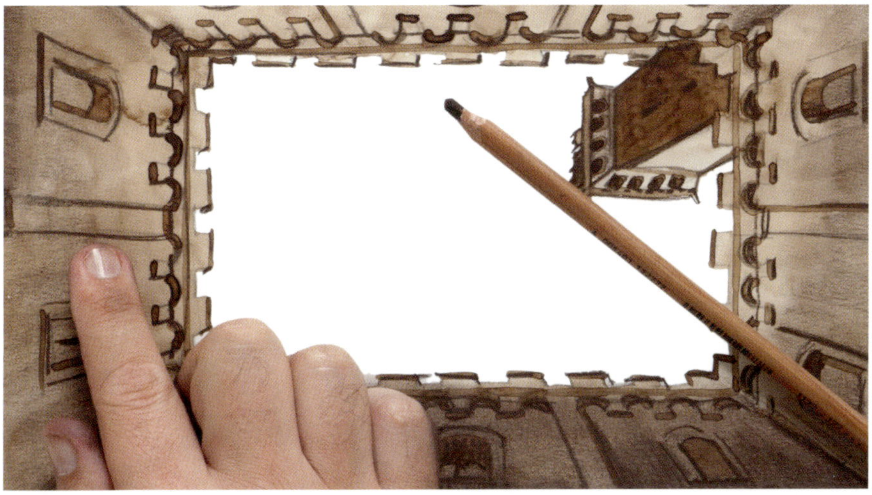

4- Con el mismo lápiz, practicamos sombreados en los muros. Para eliminar cualquier resto de trazos difuminamos el color frotando con la yema de los dedos.

5- Los degradados que proporciona la combinación de tinta y creta de color sepia refuerzan el efecto de profundidad de la escena. El resultado final es una composición que, sin duda, sorprende por su originalidad.

Conviene	**Evita**
Trabajar bien los degradados con creta para que parezca que la luz procede del centro del encuadre.	*Sombrear con la creta si el papel se encuentra todavía húmedo.*

5

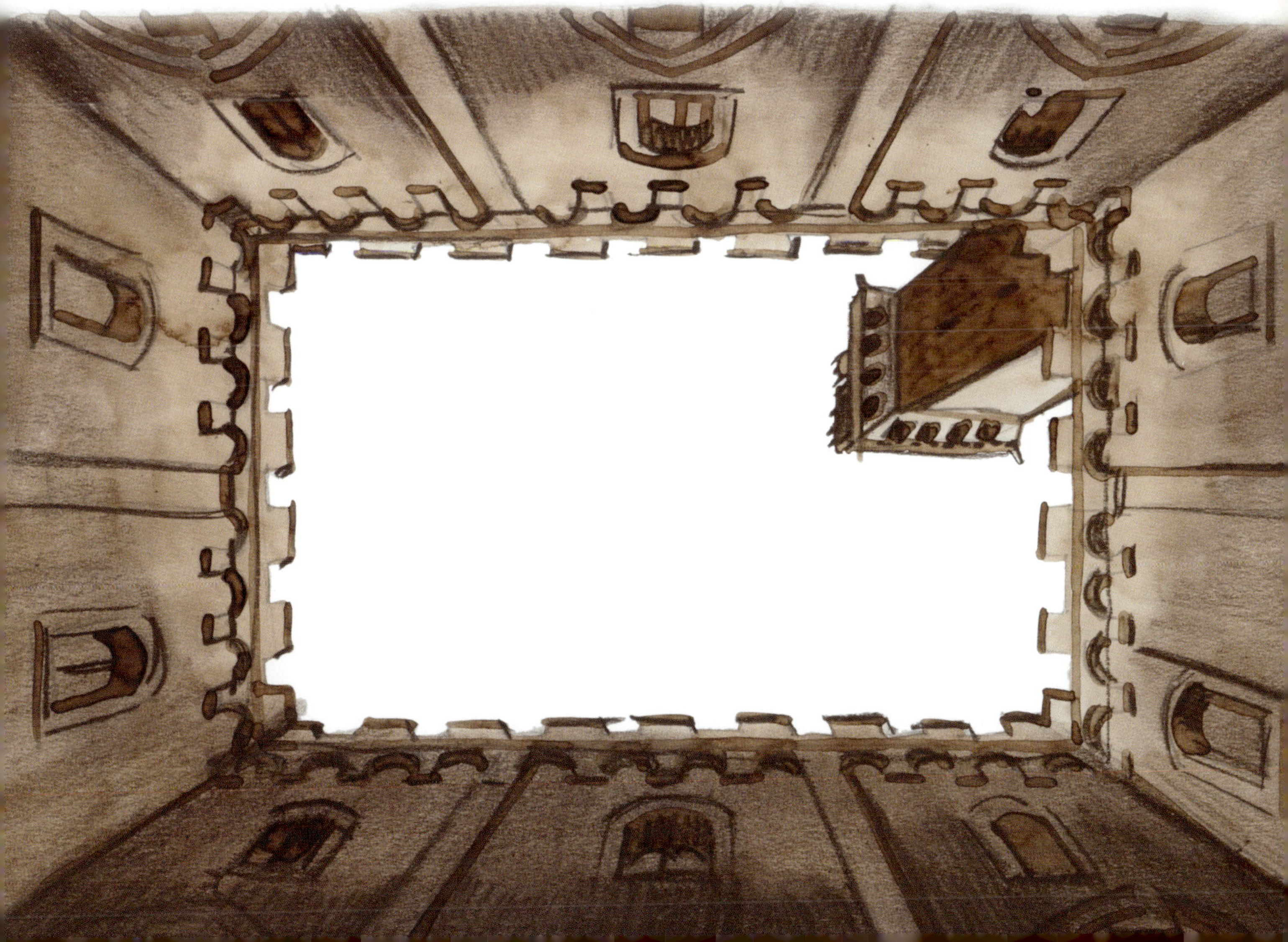

Composición con el horizonte elevado

¿Dónde debemos colocar la línea del horizonte al dibujar un paisaje? Es tan fácil como saber a qué queremos darle importancia. En este ejercicio, el horizonte se halla en el tercio superior de la imagen, en una posición mucho más elevada de lo habitual. Es un recurso compositivo para que la mirada del espectador se centre en la parte inferior del encuadre, es decir, en los elementos del primer término. Solo intervienen una barra de carbón y una goma de borrar maleable.

A

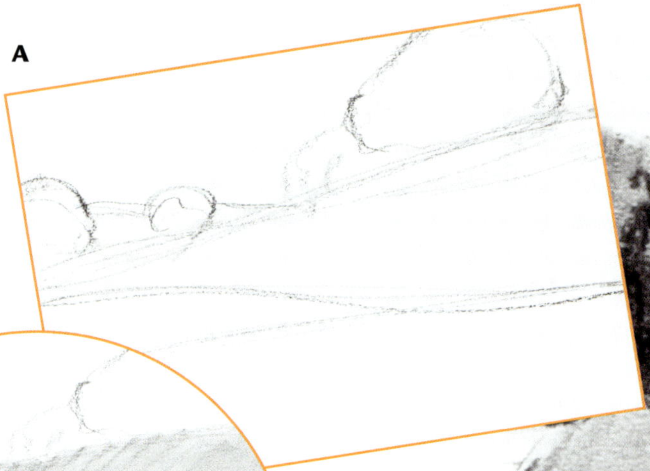

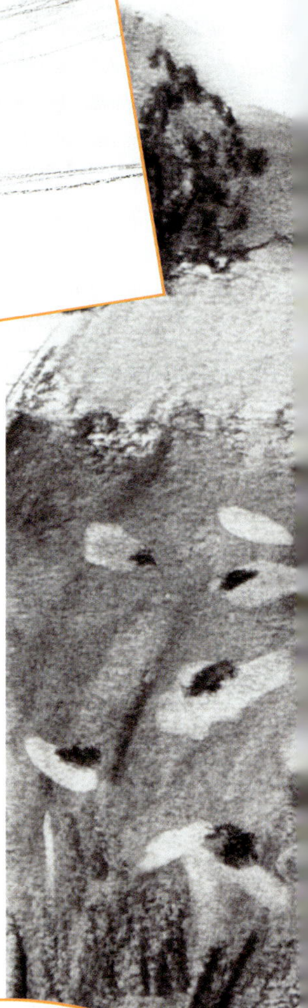

B

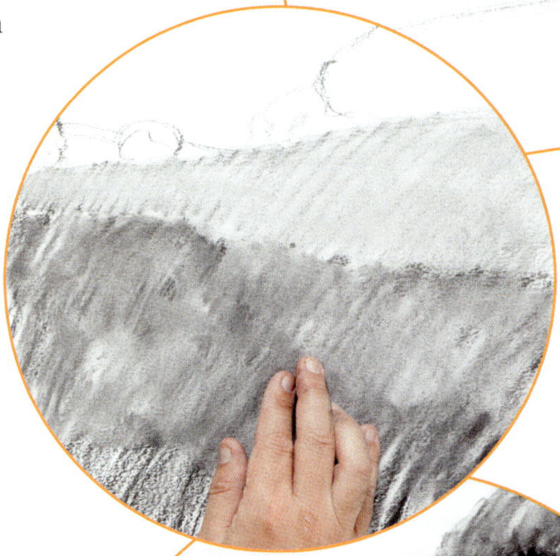

C

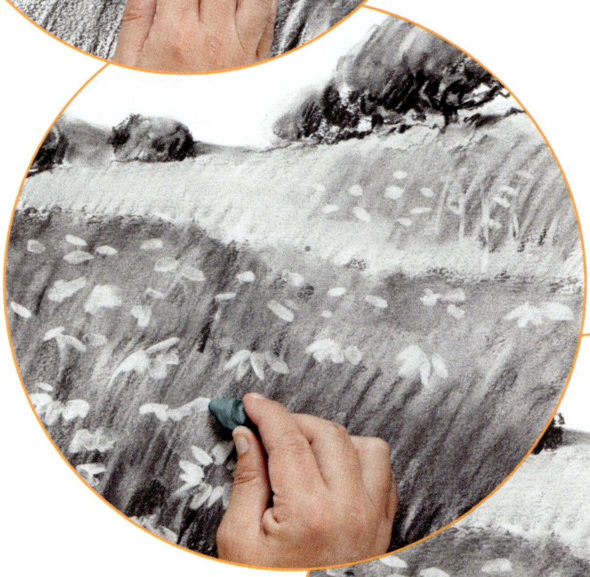

D

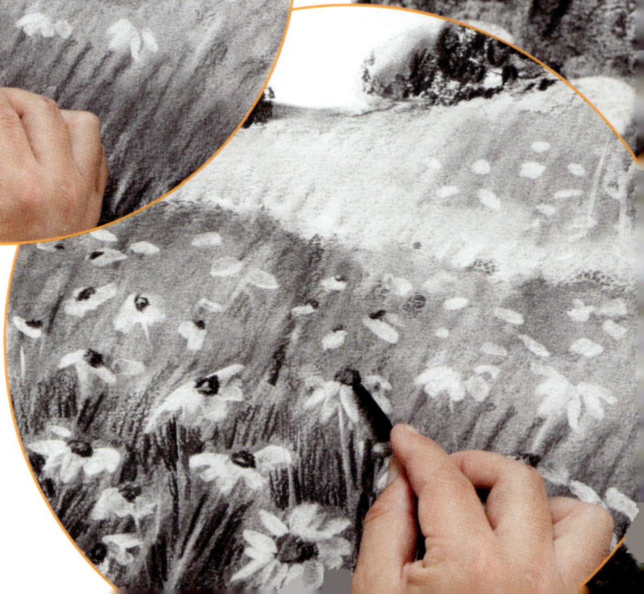

A- Al colocar el horizonte en el tercio superior, la tierra ocupará más espacio dentro del cuadro y, por lo tanto, ganará en importancia.

B- Sombreamos los términos cercanos, primero con trazados realizados con la barra de carbón y luego difuminamos frotando con la mano.

C- Para representar las flores abrimos blancos con una goma de borrar maleable. Conviene moldear previamente la goma hasta que tenga punta, para precisar con ella la forma de los pétalos.

D- Oscurecemos el centro de las flores dándoles una forma redondeada y contrastamos el fondo de la vegetación de la parte inferior del dibujo. En el dibujo terminado vale la pena determinar la posición del horizonte en función de si contamos con elementos más atractivos en el suelo.

Te aconsejo que cuanta más importancia quieras darle al primer plano, menos información contenga el cielo.

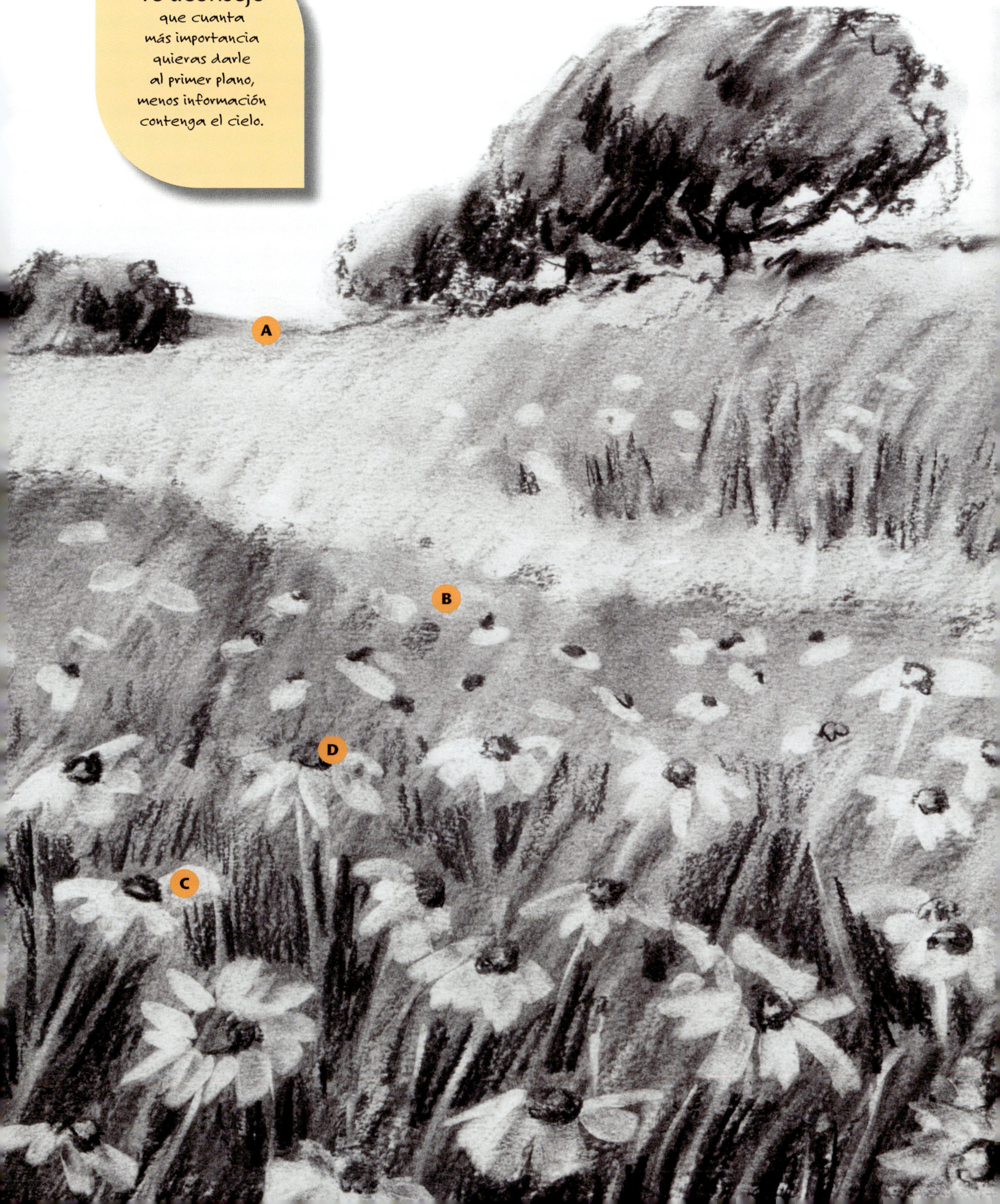

Líneas de acción en una figura

En las artes visuales, en la composición visual, se dice que una figura tiene una "disposición rítmica" cuando existe una ordenación determinada en sus líneas de movimiento. Esto se consigue potenciando las curvaturas e incluso exagerando la prominencia del contorno del cuerpo para producir una impresión rítmica más acusada, una composición mucho más atractiva. Veamos cómo es posible componer una representación muy dinámica a partir de unas simples líneas de acción, con una barra de sanguina y una creta blanca.

La barra de sanguina debe presentar una punta en bisel, que proporciona una amplia variedad de intensidades y grosores de trazos.

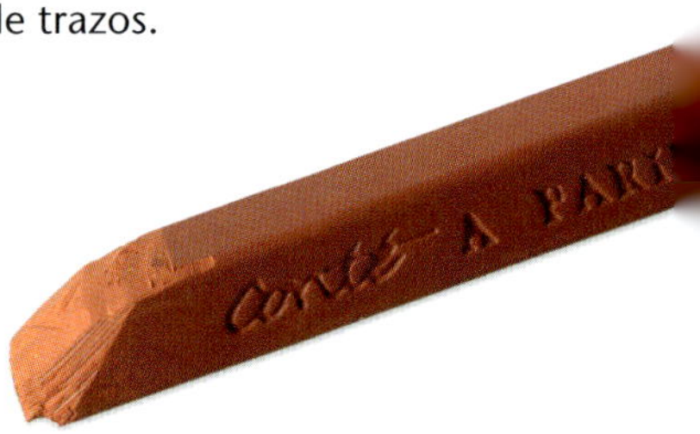

1

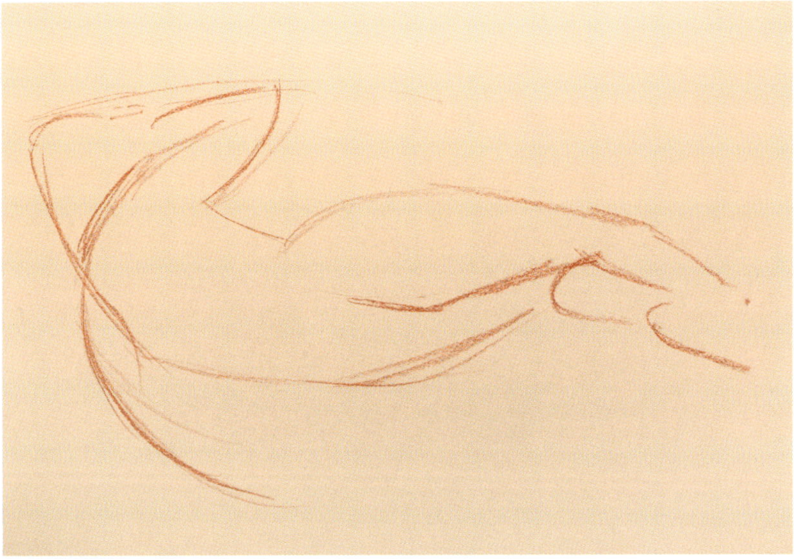

1- Los primeros trazos deben definir la posición de la espalda y de las piernas. Son líneas dinámicas que tratan de captar la acción de la pose con curvas algo más exageradas que las del modelo real.

2

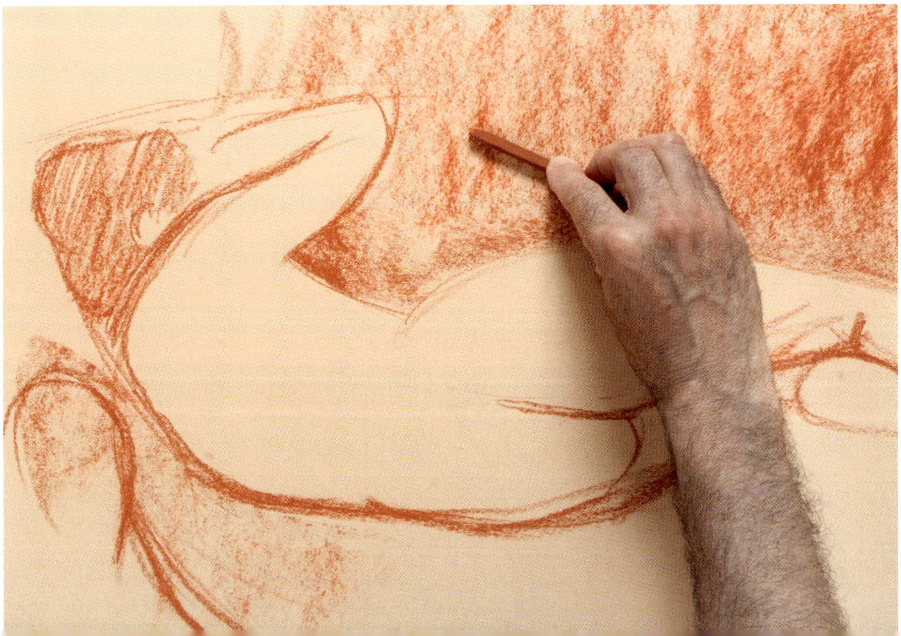

2- Estas primeras líneas de acción son la base para construir el contorno de la figura desnuda, la cual rápidamente contrasta con el fondo del papel gracias a un sombreado realizado con el lateral de la barra de sanguina.

3

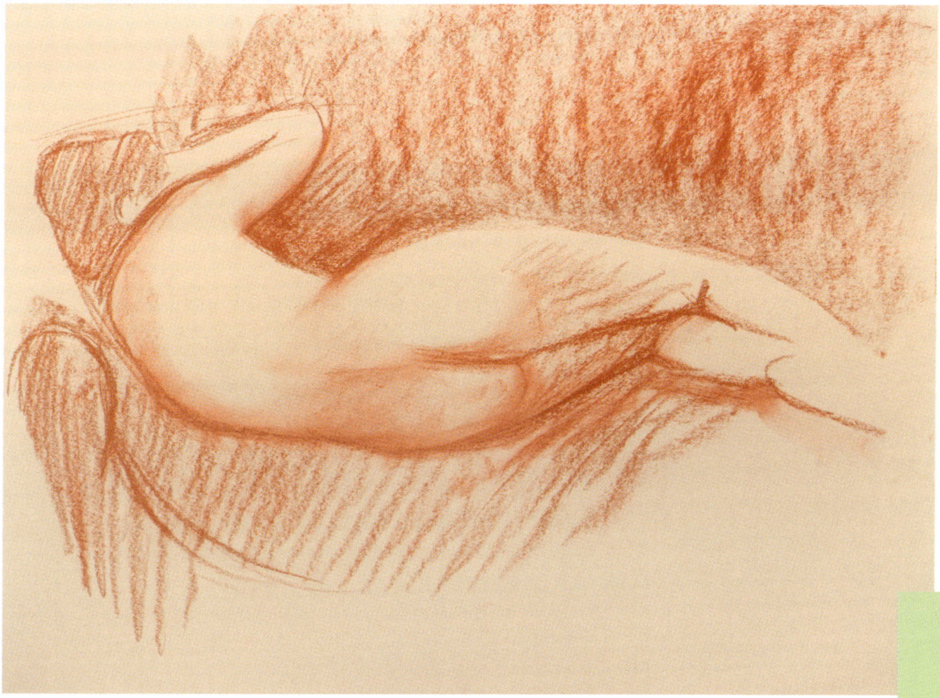

3- Reforzamos el sombreado anterior con trazos lineales que definen mejor el contorno de la figura y, acto seguido, efectuamos los primeros sombreados sobre esta, muy suaves, con la mano.

4- Densificamos las sombras, que van tomando más cuerpo con solo frotar por encima con la yema de los dedos. Dejamos del color del papel las carnaciones más iluminadas.

Te aconsejo
utilizar un papel de grano fino. Proporciona sombreados muy suaves y poco texturados.

4

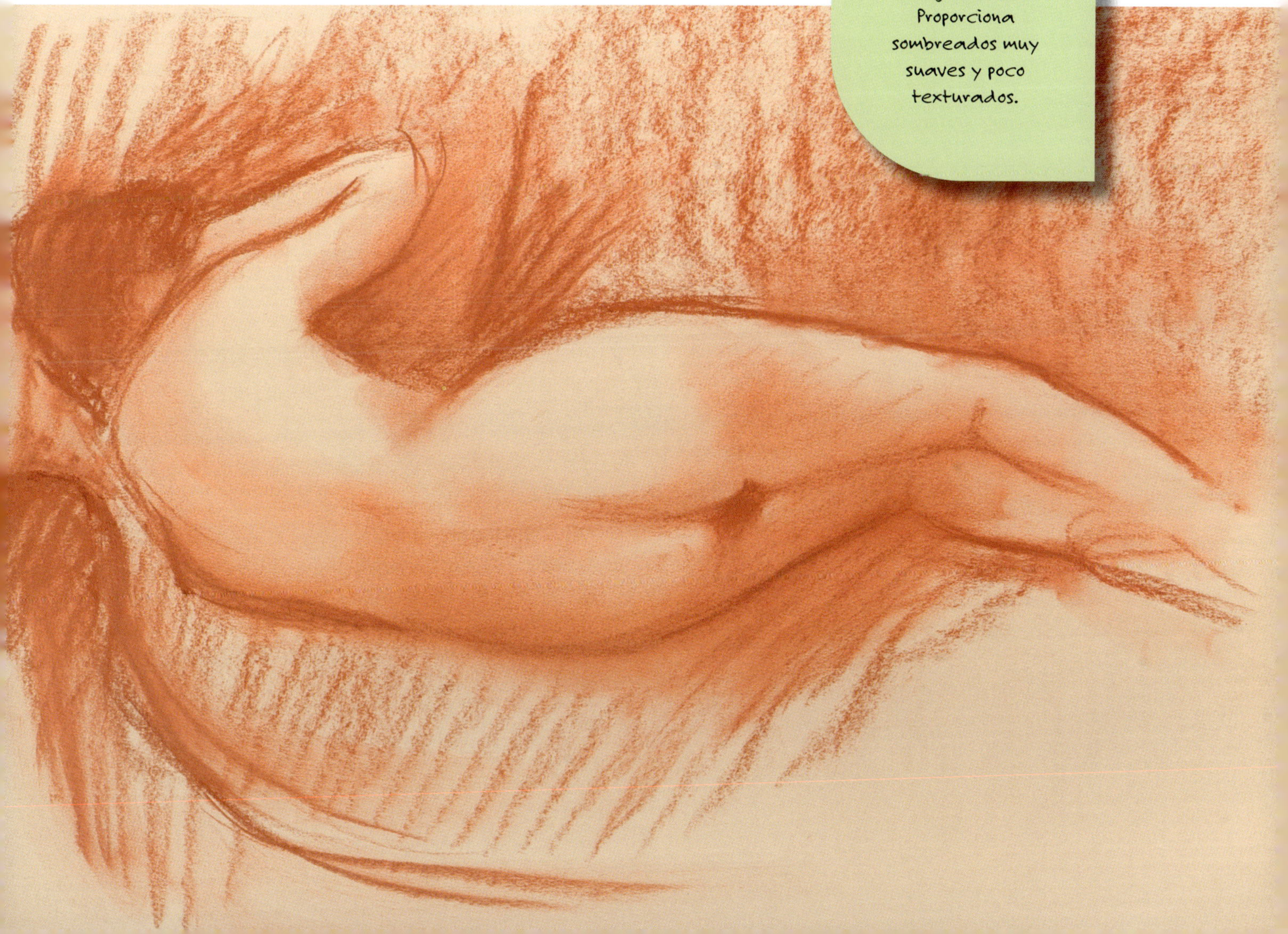

5

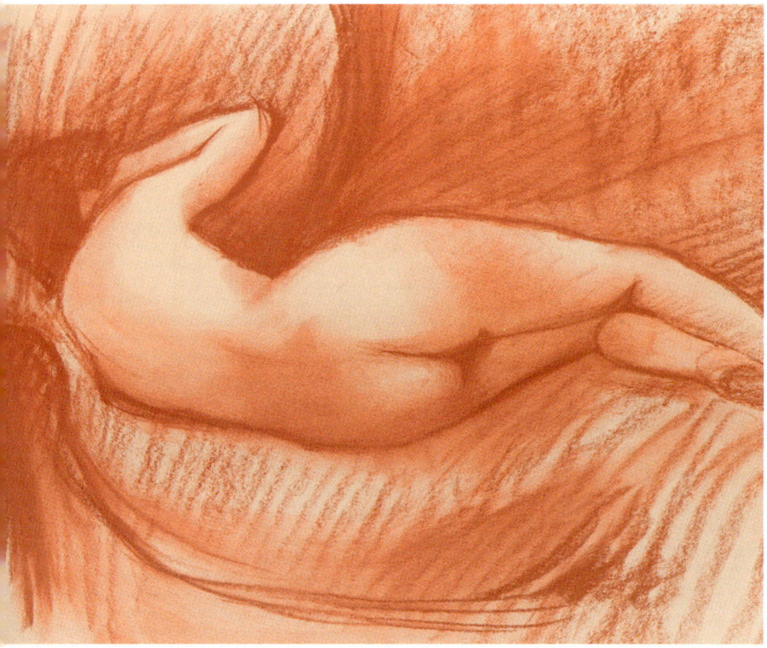

Reforzar el contraste de luz

En esta fase del dibujo trabajamos principalmente los sombreados. Las aplicaciones con la barra de sanguina se superponen a otras anteriores hasta que se acumula la cantidad de pigmento adecuada en cada caso. El objetivo es oscurecer el fondo que envuelve a la figura para que esta destaque con el realce de luz de la creta blanca.

5- Los trazos aplicados sobre el fondo son cada vez más intensos. Fundimos y disgregamos el pigmento con la mano. Poco a poco, se va identificando la forma del sofá donde descansa la modelo.

6- Aplicamos el realce de luz en el contorno superior del desnudo. Utilizamos para ello una creta blanca, la cual presionamos con fuerza para que la presencia del trazo blanqueado sea muy contrastada.

6

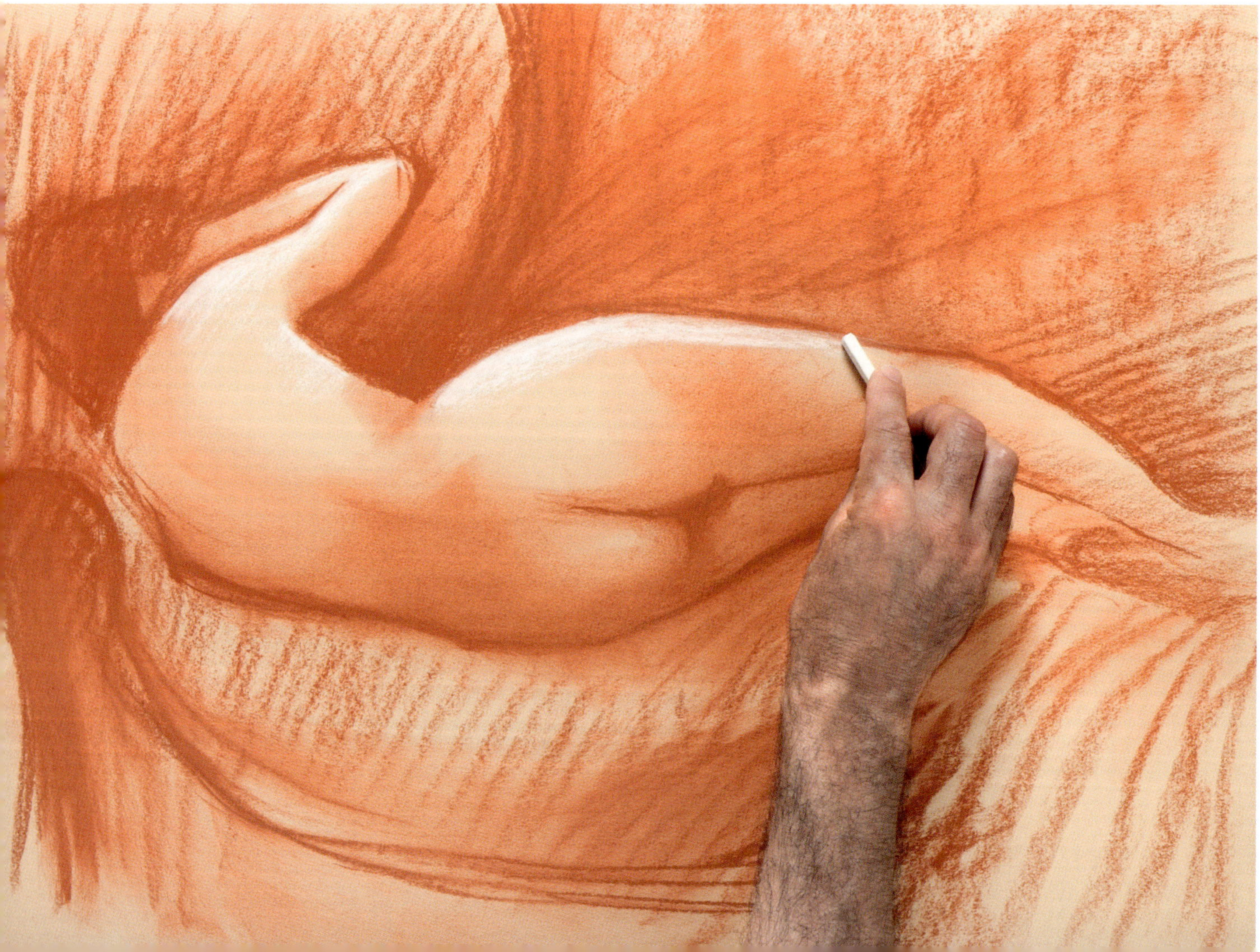

7- Añadimos blanqueados sobre las nalgas, en la espalda, que integramos con los tonos sanguina mediante un fundido con los dedos. Por último, aplicamos unos trazos muy intensos de sanguina junto a los realces. Ninguno de estos grafismos requiere ser difuminado.

7

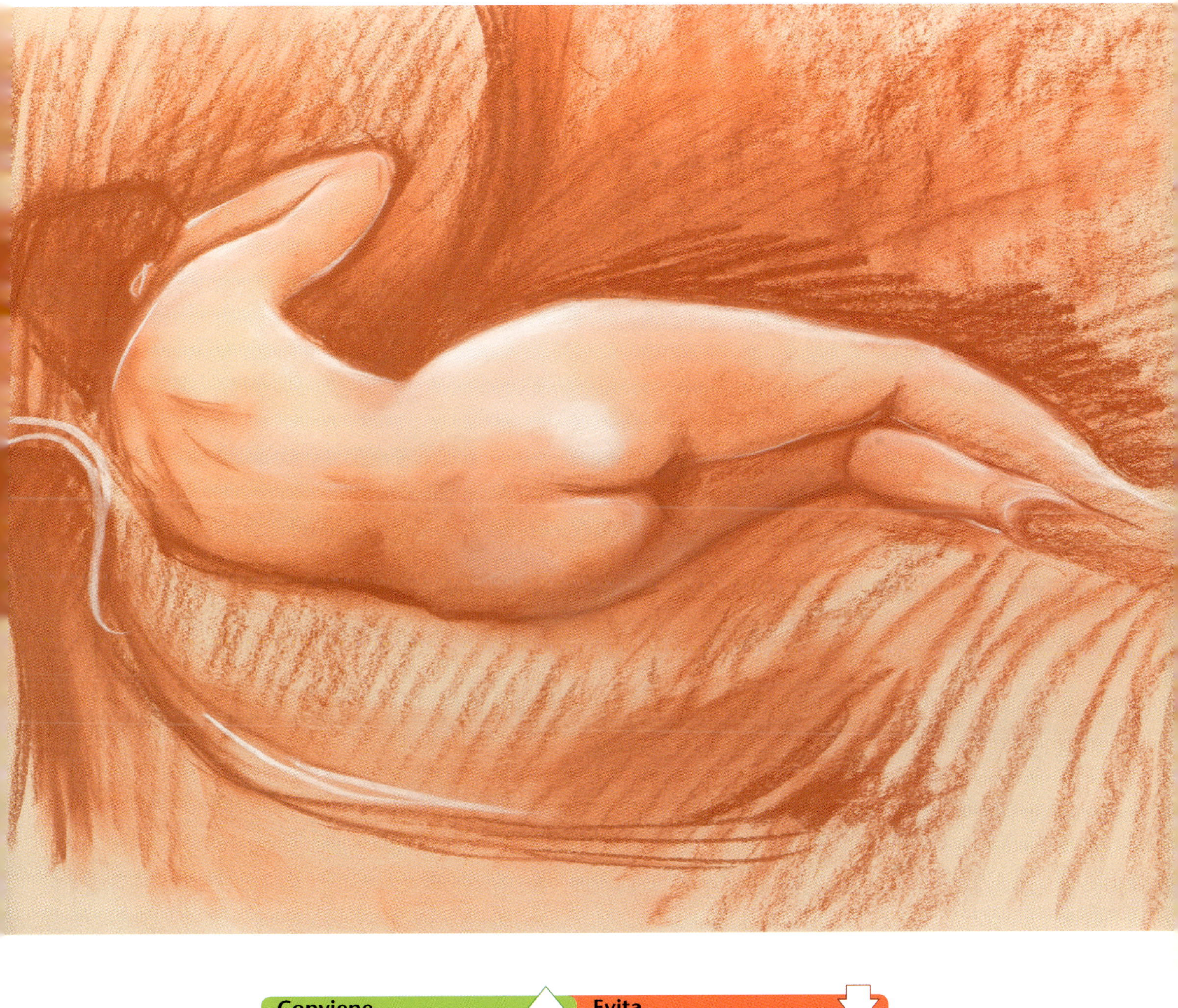

Conviene

Lavarse las manos antes de difuminar las aportaciones de creta blanca para evitar teñir este color con sanguina.

Evita

Cubrir por completo el fondo con sombras demasiado densas. El papel de dibujo debe respirar entre algunos trazados poco intensos.

Compensación de masas en un paisaje

Esta compensación no se basa en la simetría, sino en el equilibrio de los pesos visuales. El color, el tamaño y la posición de las formas son factores que posibilitan la creación de un equilibrio asimétrico. Para que una obra resulte agradable a la vista, es importante que el peso de las masas resulte equilibrado en la superficie del cuadro y eso se consigue aplicando la técnica de la balanza. La manera de proceder es compensar un elemento de gran tamaño situado en un primer término con otro de menor tamaño, aunque situado en una posición más elevada del plano del cuadro. El siguiente ejemplo lo realizamos con lápiz de grafito.

A

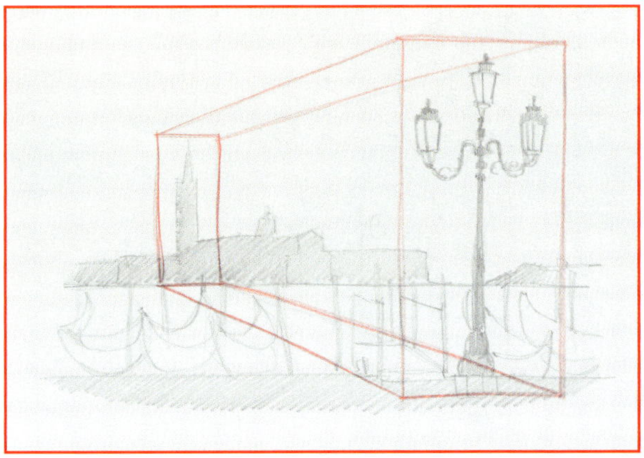

B

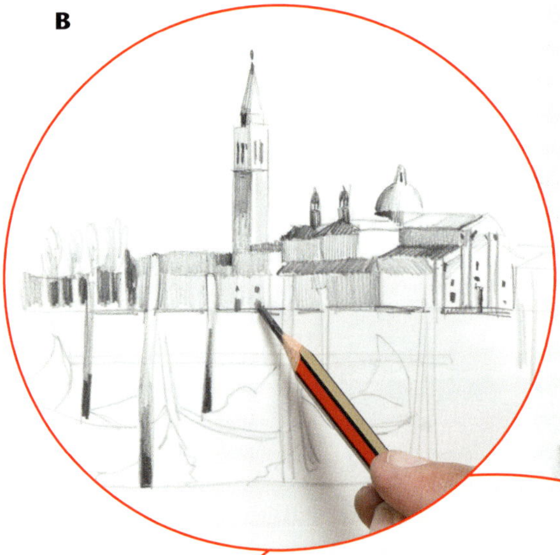

A- Observemos la compensación de masas en este boceto preparatorio. La farola del primer término encuentra su compensación en la torre del fondo, que adquiere mayor peso compositivo al tener una situación más elevada en el papel.

B- Empezamos el dibujo trabajando el fondo de izquierda a derecha para evitar ensuciar los trazos con el arrastre de la mano.

C- En el fondo predominan los grises de tono medio. En las embarcaciones del primer término los contrastes son más acusados.

D- Sobre la superficie del agua contrastamos vivamente las ondulaciones del oleaje, junto a los botes, y cubrimos con un ligero agrisado los términos más alejados. En la obra terminada constatamos que la compensación de masas permite distribuir los elementos del dibujo en función de su forma, tamaño y posición para que visualmente pesen lo mismo y no desequilibren la escena.

C

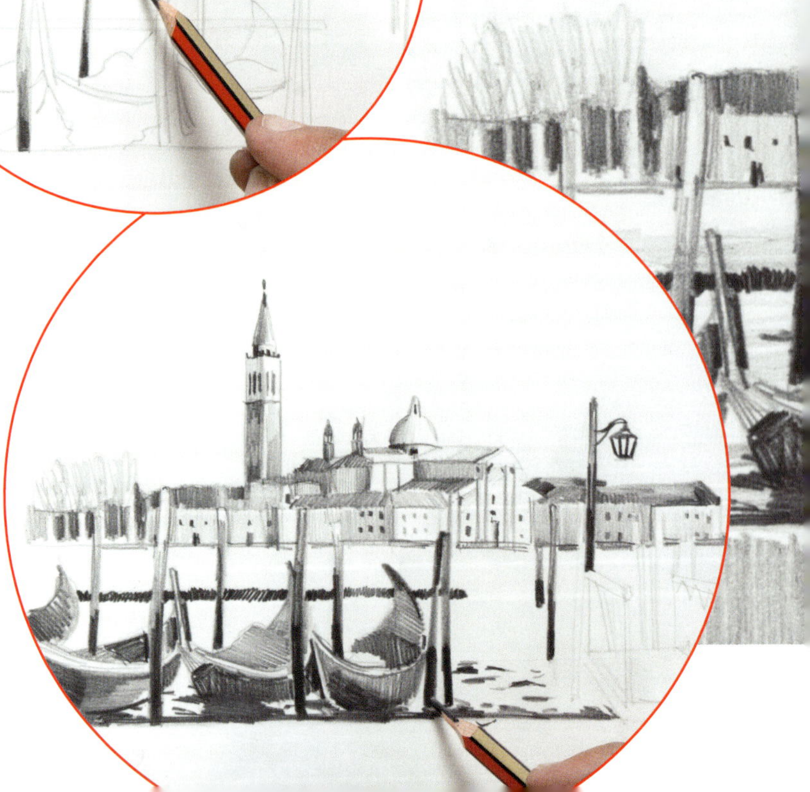

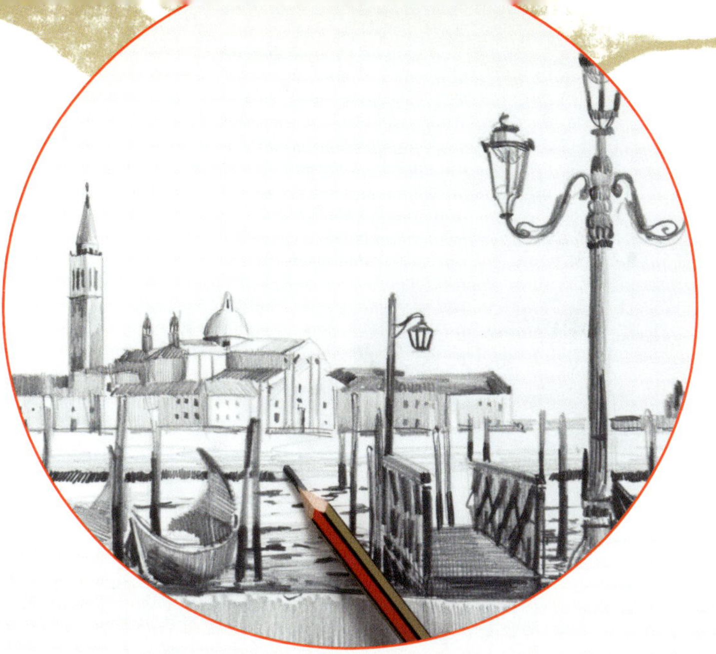

D

Te aconsejo

trabajar con cuatro o cinco tonalidades de distintos grises. Es una escala de valores lo bastante amplia como para conseguir un sombreado muy efectivo.

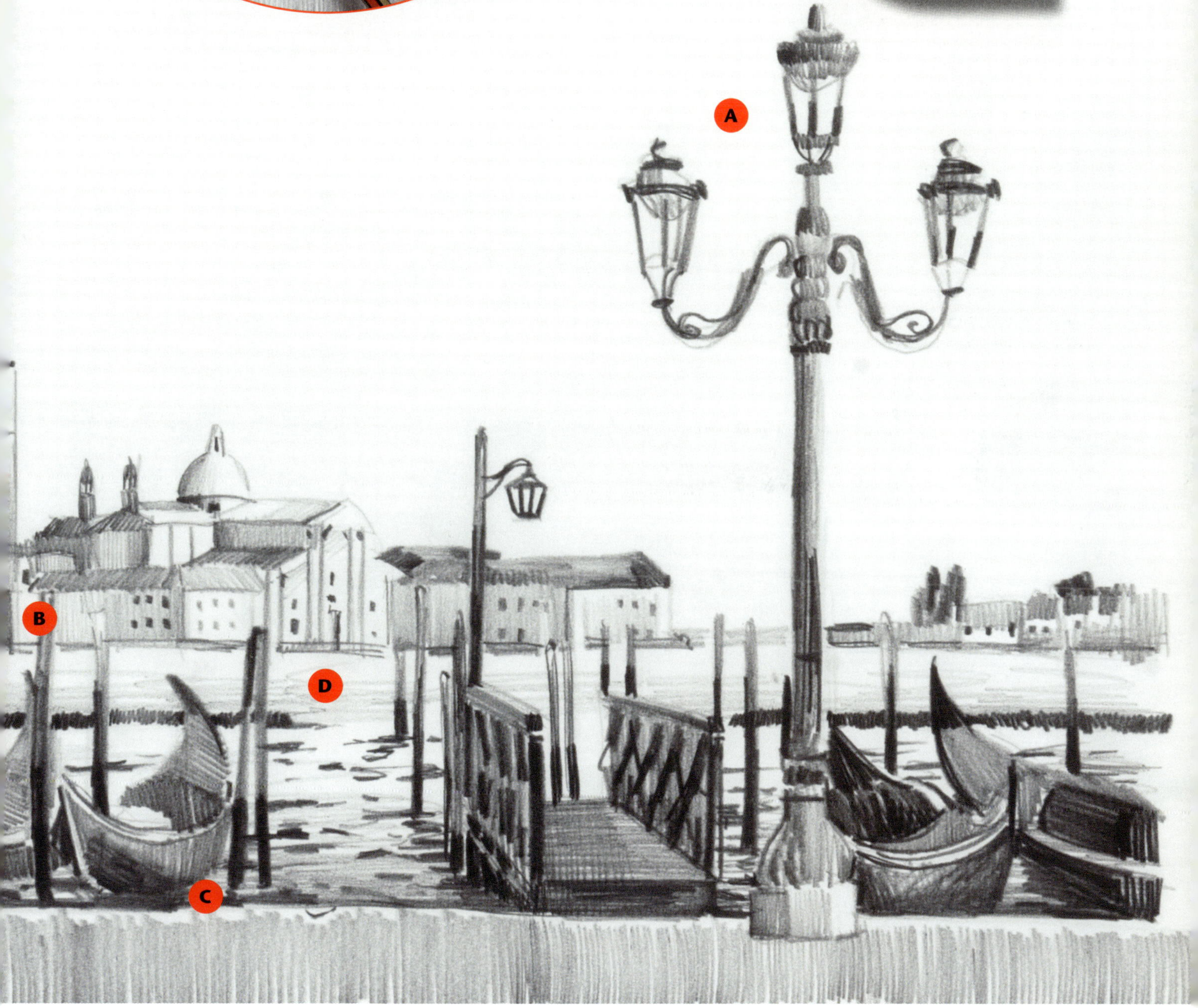

El ritmo es un componente compositivo muy interesante que tiene la capacidad de producir emociones y dirigir nuestra mirada por el dibujo casi sin darnos cuenta. Esto se consigue repitiendo elementos visuales (puntos, líneas, formas, objetos...) en el espacio de acuerdo con un determinado patrón u orden. La inclusión de repeticiones y ritmos en el plano del cuadro proporciona composiciones muy dinámicas y de gran interés visual. Veamos un ejemplo realizado con lápiz de grafito.

1

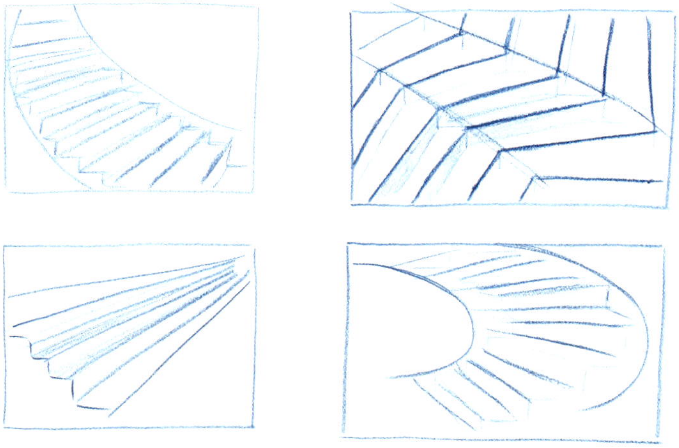

1- Realizar varios esquemas compositivos sobre un cuaderno, sirve de gran ayuda para decidir la composición definitiva y la forma que va a adoptar la repetición rítmica.

El ritmo como recurso compositivo

2

3

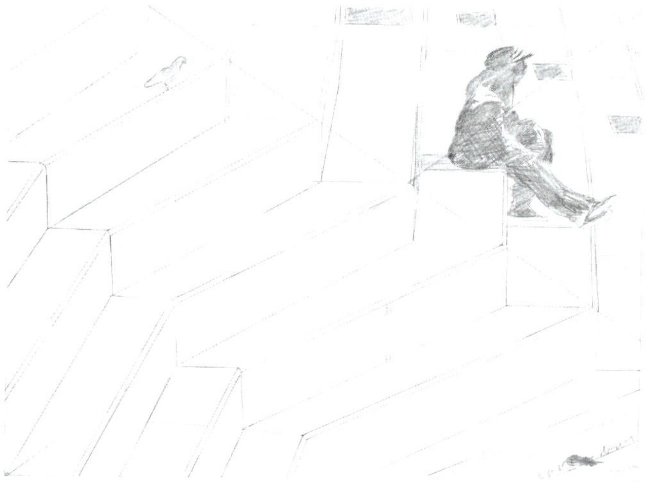

2- Optamos por proyectar unas escaleras que distribuimos formando una sucesión de líneas quebradas.

3- Trasladamos el esquema compositivo anterior sobre el soporte definitivo, dibujando con cuidado con un lápiz de grafito y la ayuda de una regla. En la parte superior situamos una figura que va a ser un referente visual.

4- El dibujo terminado es muy placentero para el ojo humano. Ese efecto tranquilizante y equilibrado es el que debemos tratar de transmitir cuando buscamos el ritmo dentro de una composición.

4

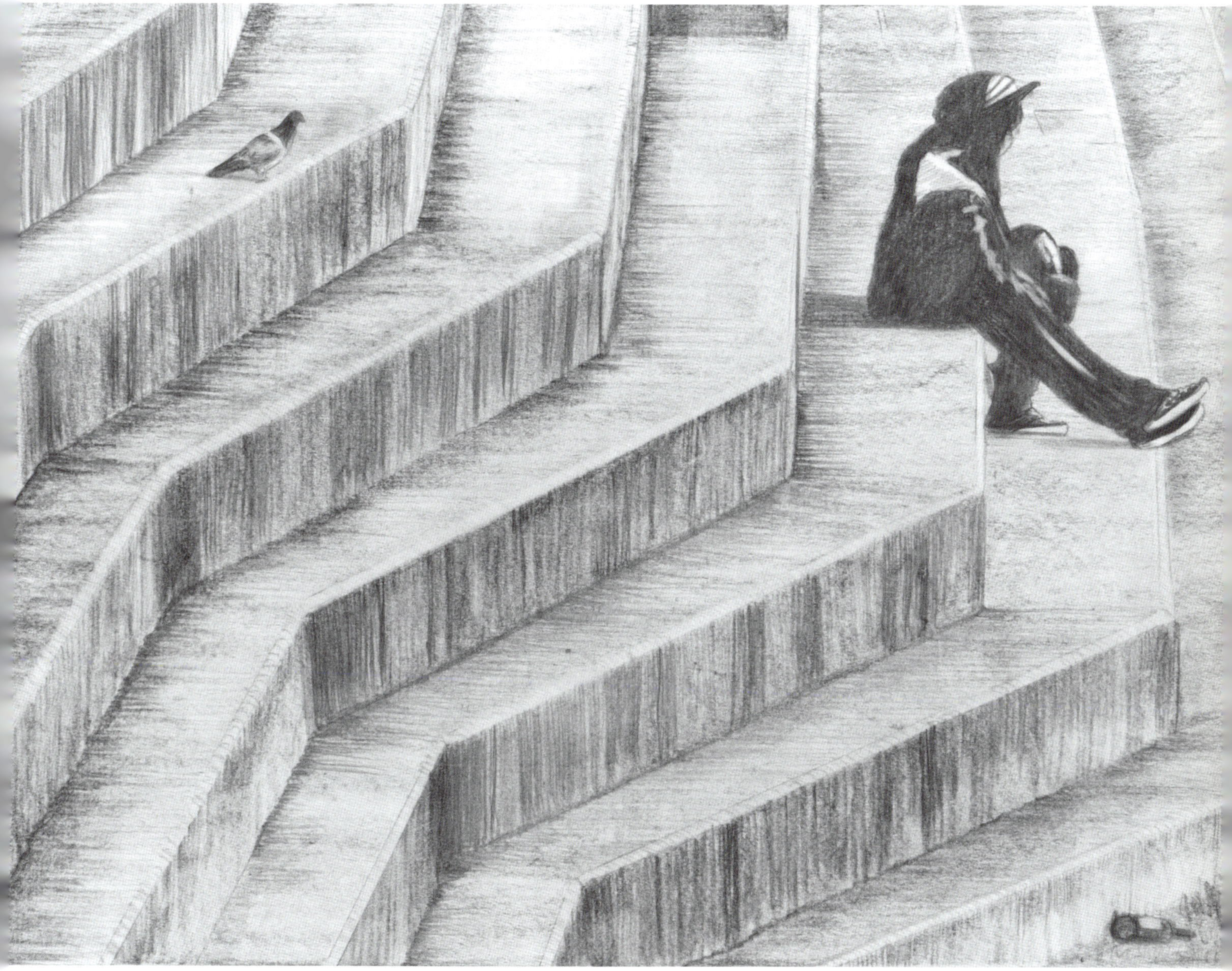

Conviene

Sombrear bien los escalones. La alternancia de luces y de sombras es fundamental para explicar el volumen de este elemento.

Evita

Detallar la figura humana, debe actuar solo como un referente visual que permita entender que la escena reproduce unas escaleras.

Composición con curvas

Las curvas en forma de “S” son un elemento muy recurrente en la composición del dibujo. Ordenan la escena, transmiten movimiento y ayudan a que la mirada del espectador se adentre en el espacio. En modelos naturales hay muchos recursos que permiten aplicar estas curvas: una carretera, un camino, el curso de un río, un grupo de árboles... Son elementos visuales muy potentes que dan interés a la composición. En este ejercicio mostramos cómo utilizar estos recursos para conseguir una representación más estimulante dibujando con barras de creta.

1

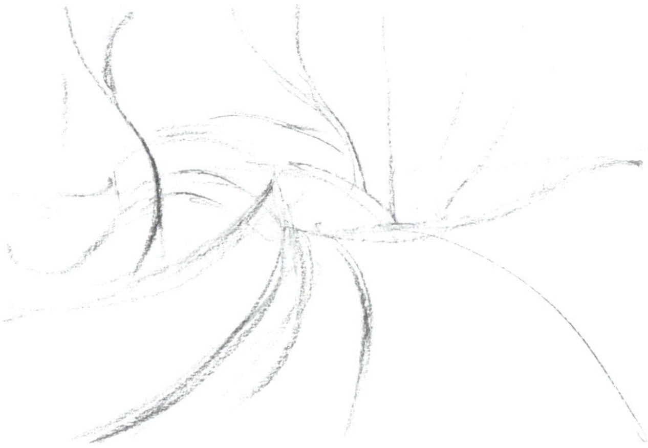

1- El boceto preparatorio representa un camino que cruza un puente en medio del bosque; ese camino funciona como un carril que guía lo que vemos.

2- Con una barra de sanguina reforzamos las curvas del camino, el vallado y el puente. Estas líneas ayudan a dirigir la mirada del espectador y a transmitir mayor dinamismo.

2

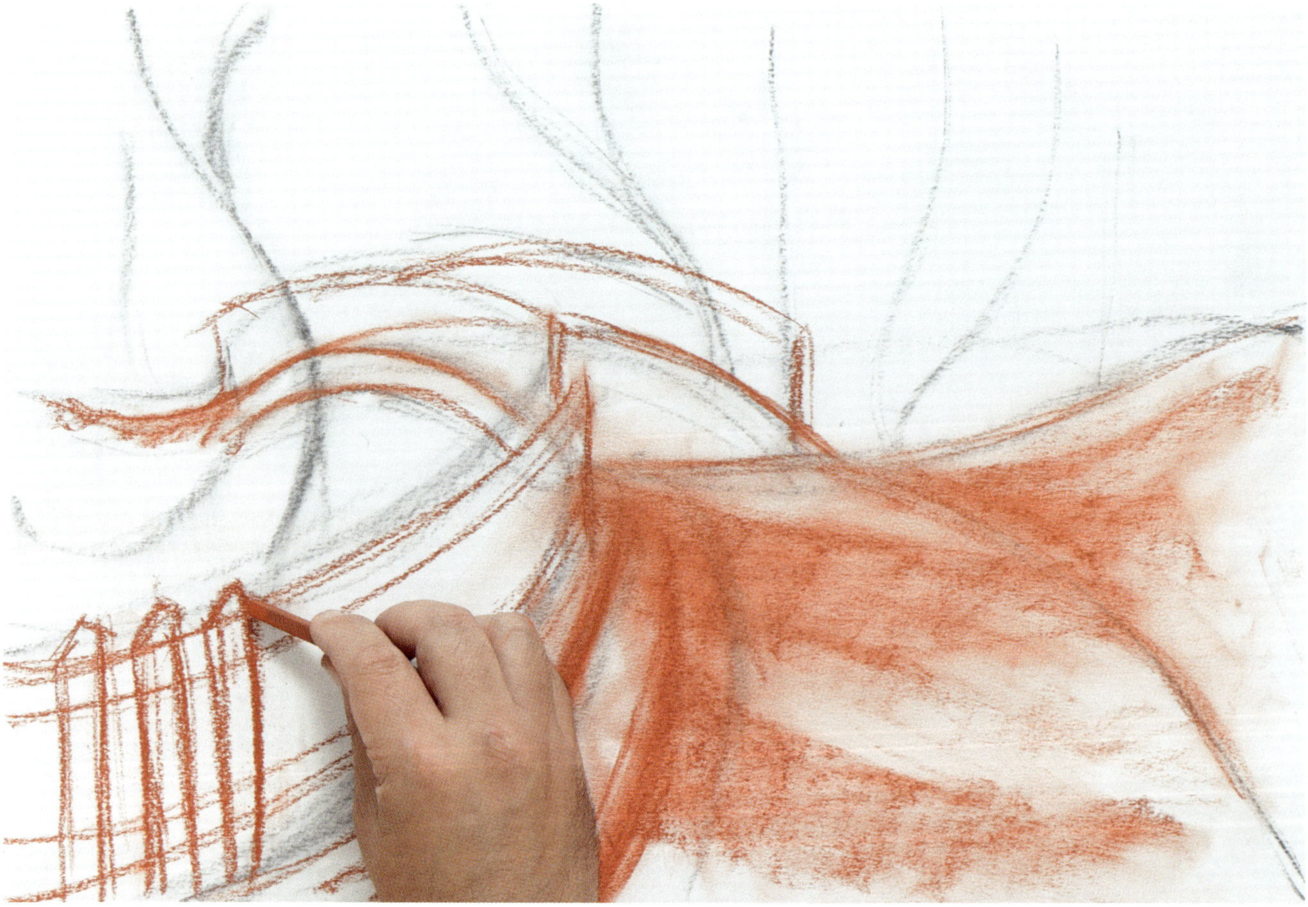

3

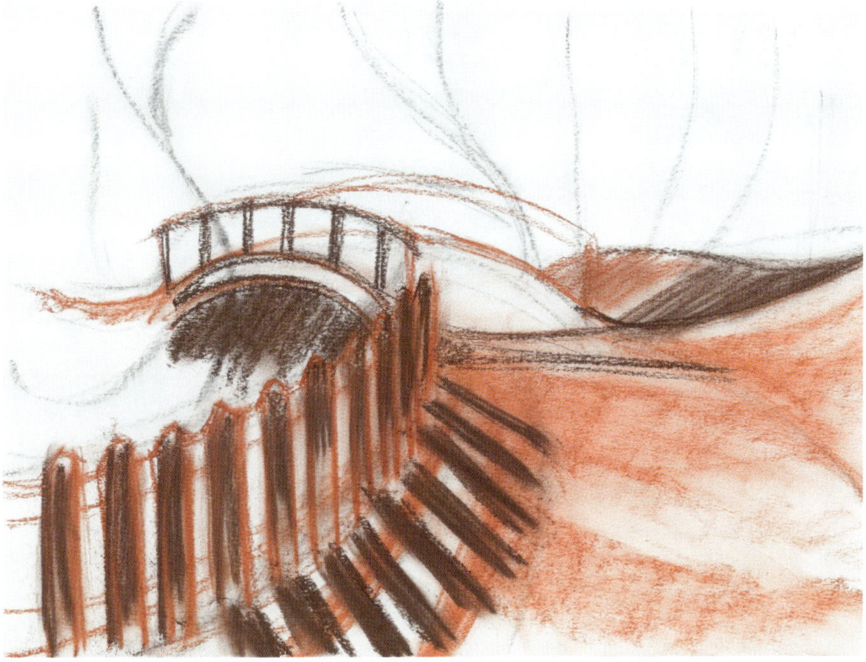

3- Con una creta de color tierra de sombra tostada oscurecemos las sombras del puente y reforzamos el contraste en la valla de madera.

4- Vamos oscureciendo las sombras progresivamente. Con la barra de creta negra reforzamos las curvas en "S" que describen los troncos de los árboles.

Te aconsejo

recordar que las líneas son, con frecuencia, la base de una composición. Aunque en muchas ocasiones el ojo inexperto no las vea, están ahí para guiarle al interior de las fotografías.

4

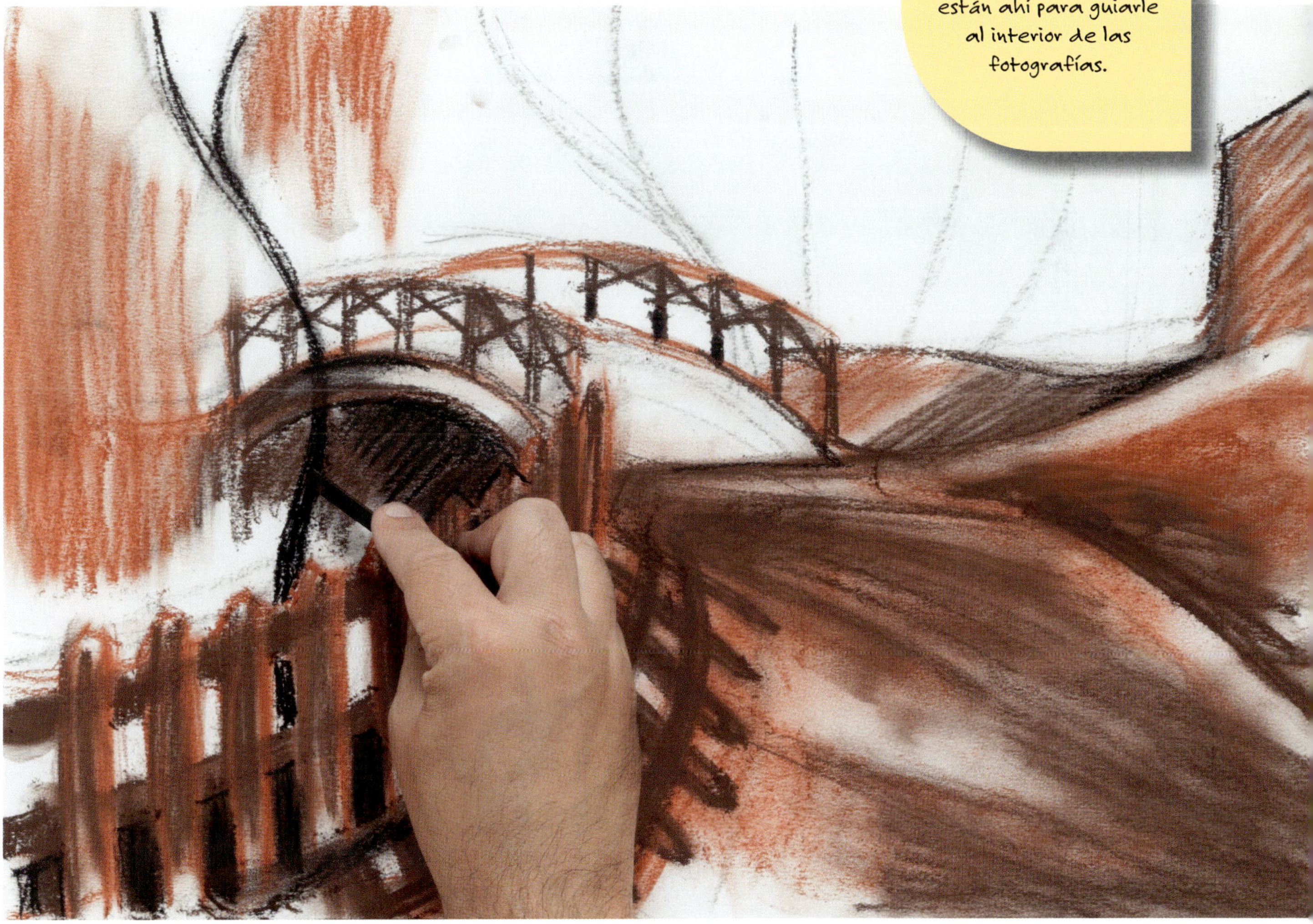

Un sombreado con fuerza

El objetivo de este dibujo es lograr una representación con sombras muy contrastadas, poco precisas y capaces de transmitir una gran expresividad. Esto obliga al artista a trazar con fuerza y arrastrar enérgicamente el pigmento con la yema de los dedos.

5

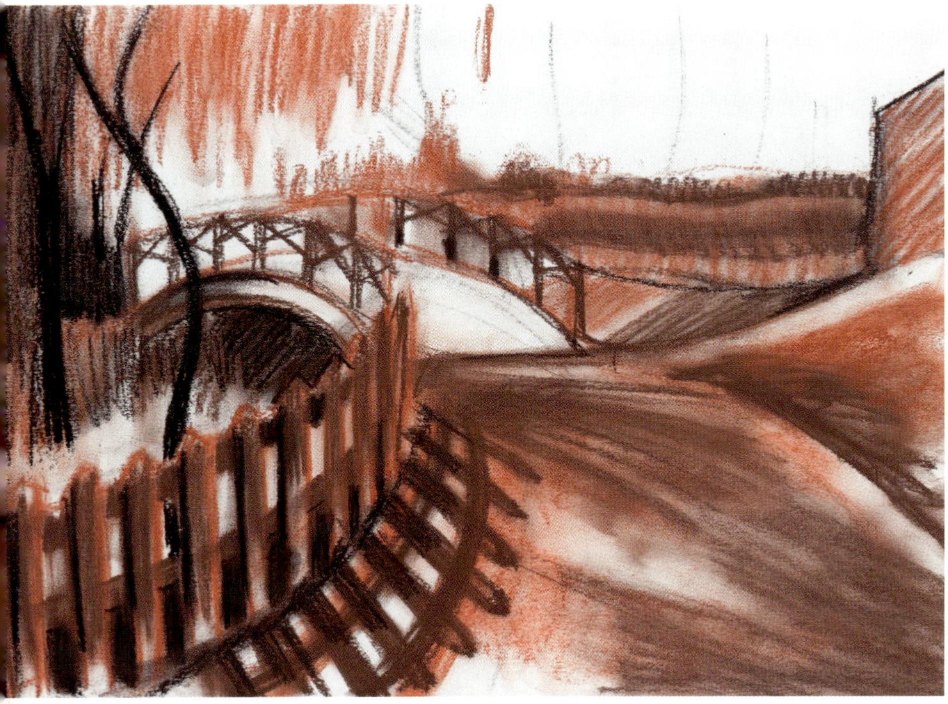

5- Con trazos negros gruesos e intensos reforzamos las vallas de la izquierda. Las copas de los árboles las construimos superponiendo tramas de trazos verticales de color sanguina y negro.

6- Dibujamos los troncos de la arboleda con trazos sinuosos, curvos y resueltos con un trazado de color negro. El sombreado se densifica cuando frotamos con el dedo.

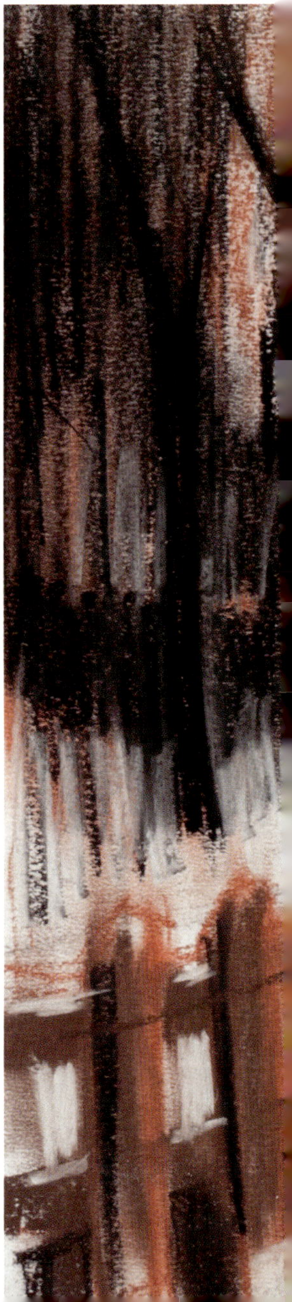

6

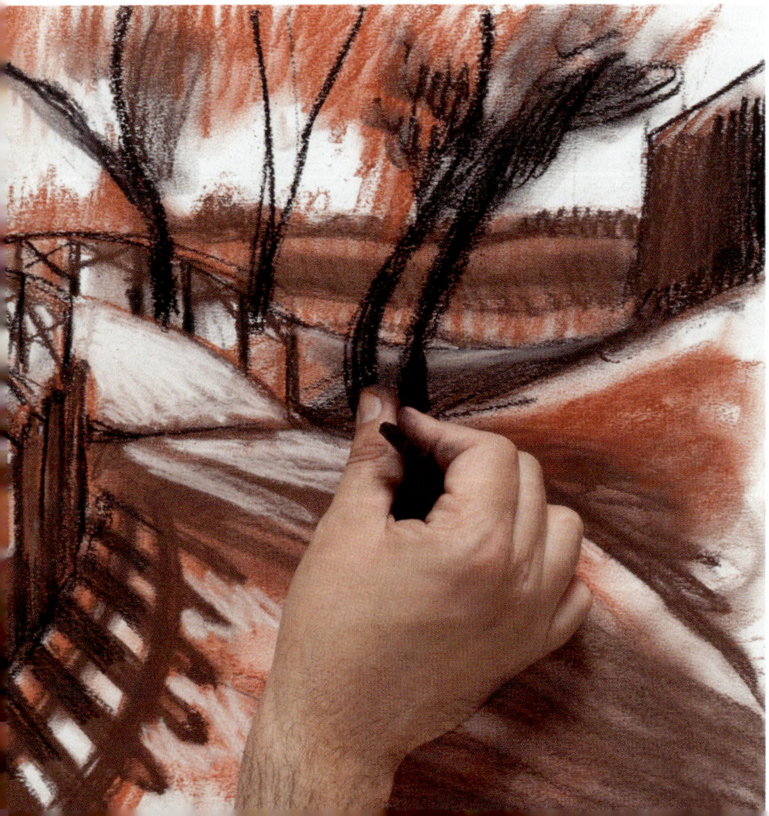

Conviene

Exagerar las curvaturas cuando realizamos el encaje para que la composición sea algo más dinámica.

Evita

Difuminar en exceso. Las masas de color deben mostrar vivos contrastes.

7

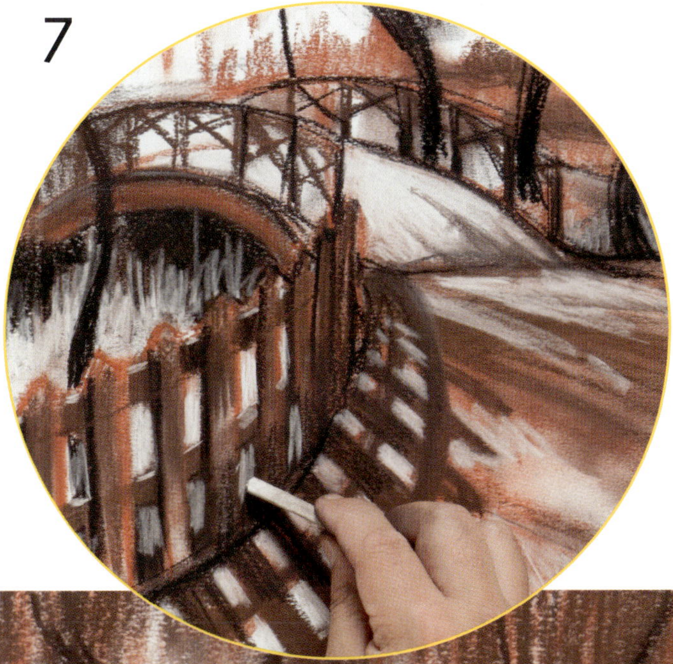

7- Con la creta blanca abrimos algunos claros de luz en las zonas de sombra. También aclaramos el puente e insertamos realces entre el vallado.

8- En el dibujo final comprobamos que las líneas curvas ayudan a dirigir la mirada del espectador a través del paisaje y transmiten una leve agitación. El intenso sombreado y los contrastes son los responsables del efecto expresivo.

8

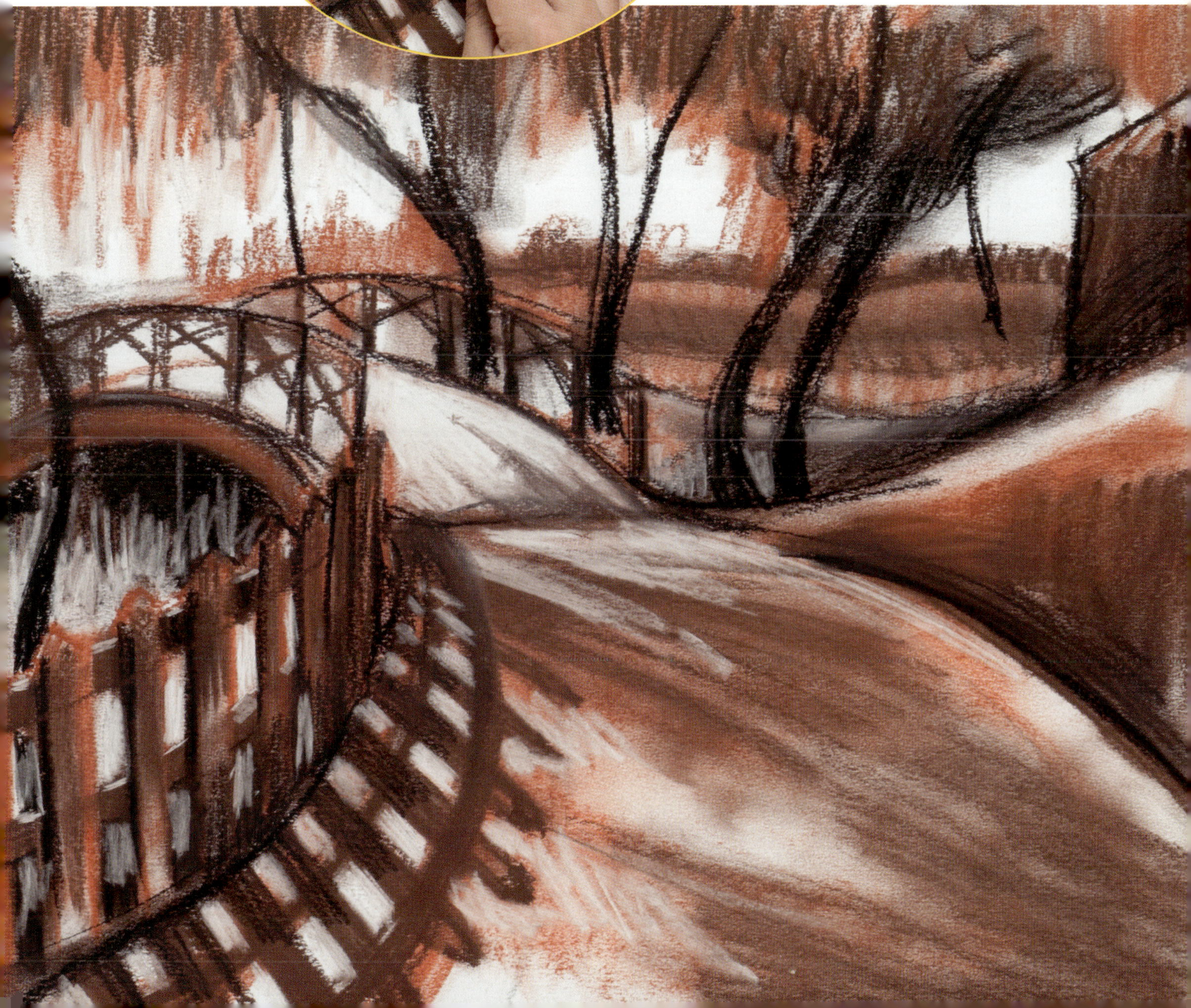

Aspectos compositivos del espacio negativo

En ocasiones, la composición se basa en la percepción de espacios en negativo para resolver la forma. El espacio en negativo propone una visión distinta a la habitual, en lugar de dibujar el objeto, se propone representar los espacios vacíos que lo rodean, ya que comparten los mismos contornos. La idea es que, si se dibujan los contornos de los espacios, también se dibujan los objetos, porque estos comparten el límite exterior de la forma. La intención de este ejercicio, realizado con lápices de colores, es reestablecer la capacidad para captar la unidad de espacios y formas en la composición.

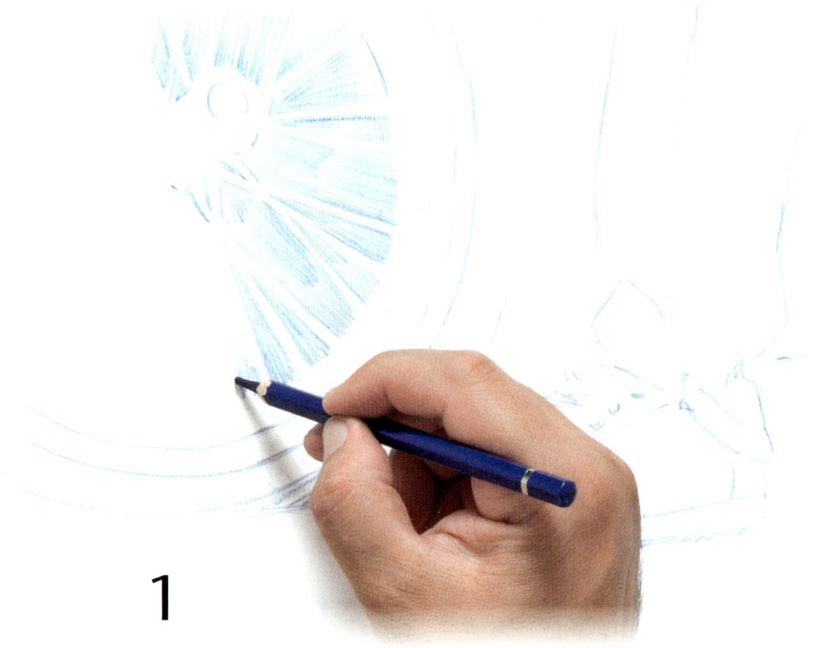

1

1- Primero dibujamos con un lápiz de grafito, ya que resulta más fácil de borrar. A continuación, con un lápiz de color azul rellenamos los espacios negativos del interior de la rueda.

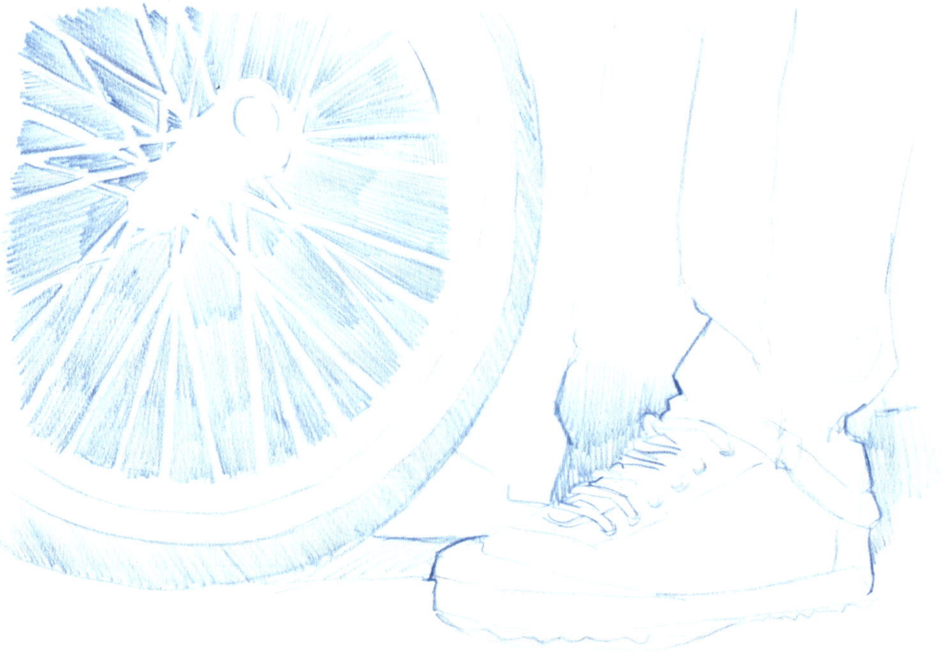

2

2- Los radios de la rueda aparecen de color blanco por efecto del contraste. Procedemos igual alrededor de las deportivas, extendiendo un sombreado muy ligero.

3

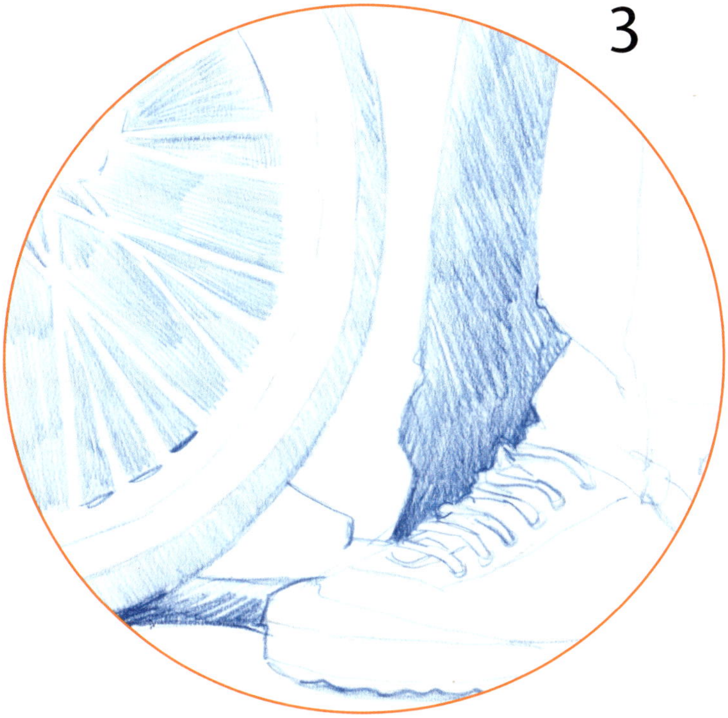

3- El sombreado del espacio que envuelve a los elementos destaca la forma de estos por contraste. La rueda y las piernas son el espacio en positivo, todavía sin trabajar, mientras que el aire intermedio que las rodea es el espacio en negativo.

4- El objetivo de esta primera fase del dibujo es conseguir que los espacios se conviertan en algo real, proporcionando un nuevo modo de ver y de componer.

Te aconsejo

no ver siempre las formas en positivo, también resulta interesante darle protagonismo al espacio que envuelve al objeto.

4

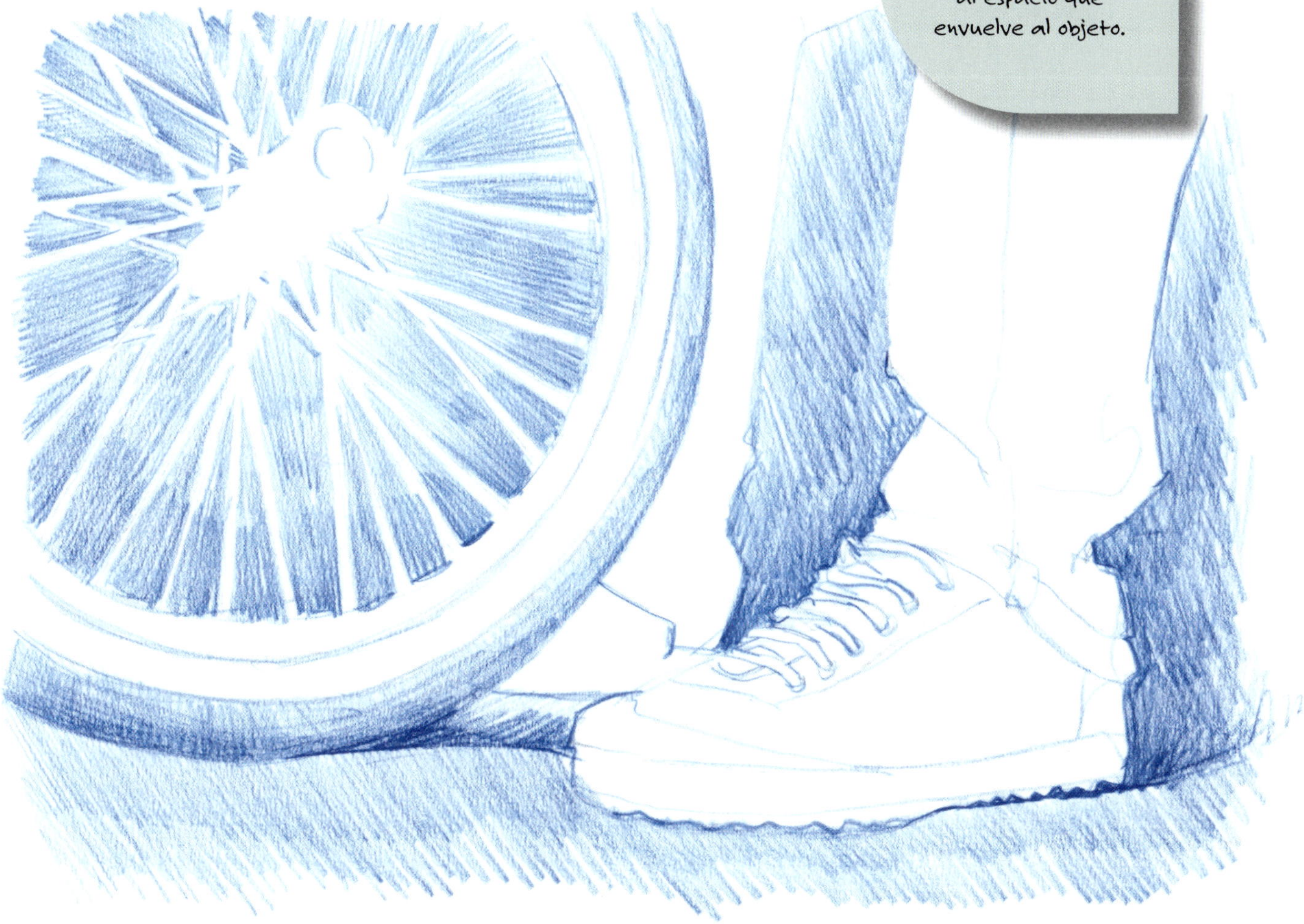

5

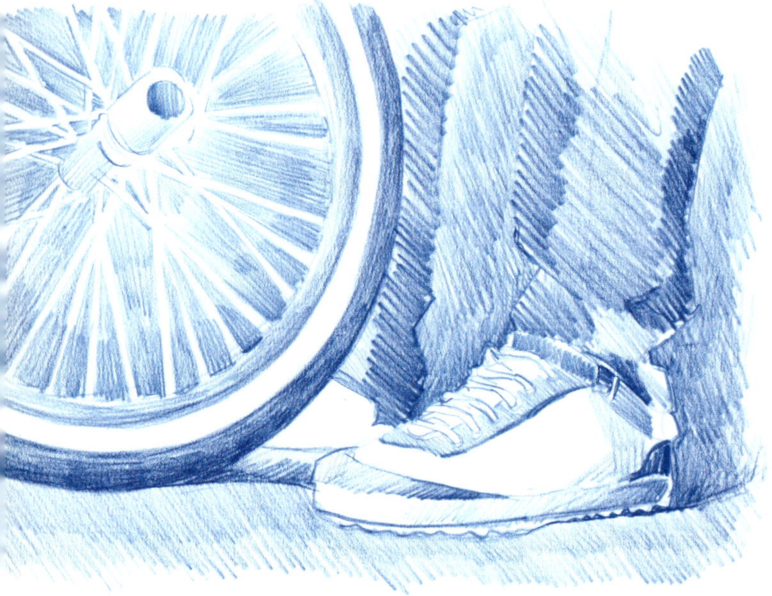

Menos líneas de las que parecen

Aplicar la tinta con caña es un procedimiento claramente lineal, sin embargo, aquí el desarrollo del dibujo ofrece la aportación de pocas líneas bien marcadas que apenas sugieren las facciones del rostro, los límites de la ropa y poco más. El resto del paso a paso está elaborado con suaves tramas de trazos muy apretadas, en algunos casos, muy suaves y diluidas con el pincel.

5- Practicamos los primeros trazados sobre el pantalón y las deportivas. Son sombreados rápidos que ofrecen una primera intencionalidad tonal.

6- A medida que avanza el trabajo vamos presionando cada vez más con el lápiz, matizando los valores de las distintas zonas para que se entiendan bien los dobleces del tejido.

Conviene

Sacar punta al lápiz de vez en cuando, ya que se erosiona con facilidad.

Evita

Incidir demasiado con la punta del lápiz. Como mínimo debe mantener una inclinación de unos 45°.

6

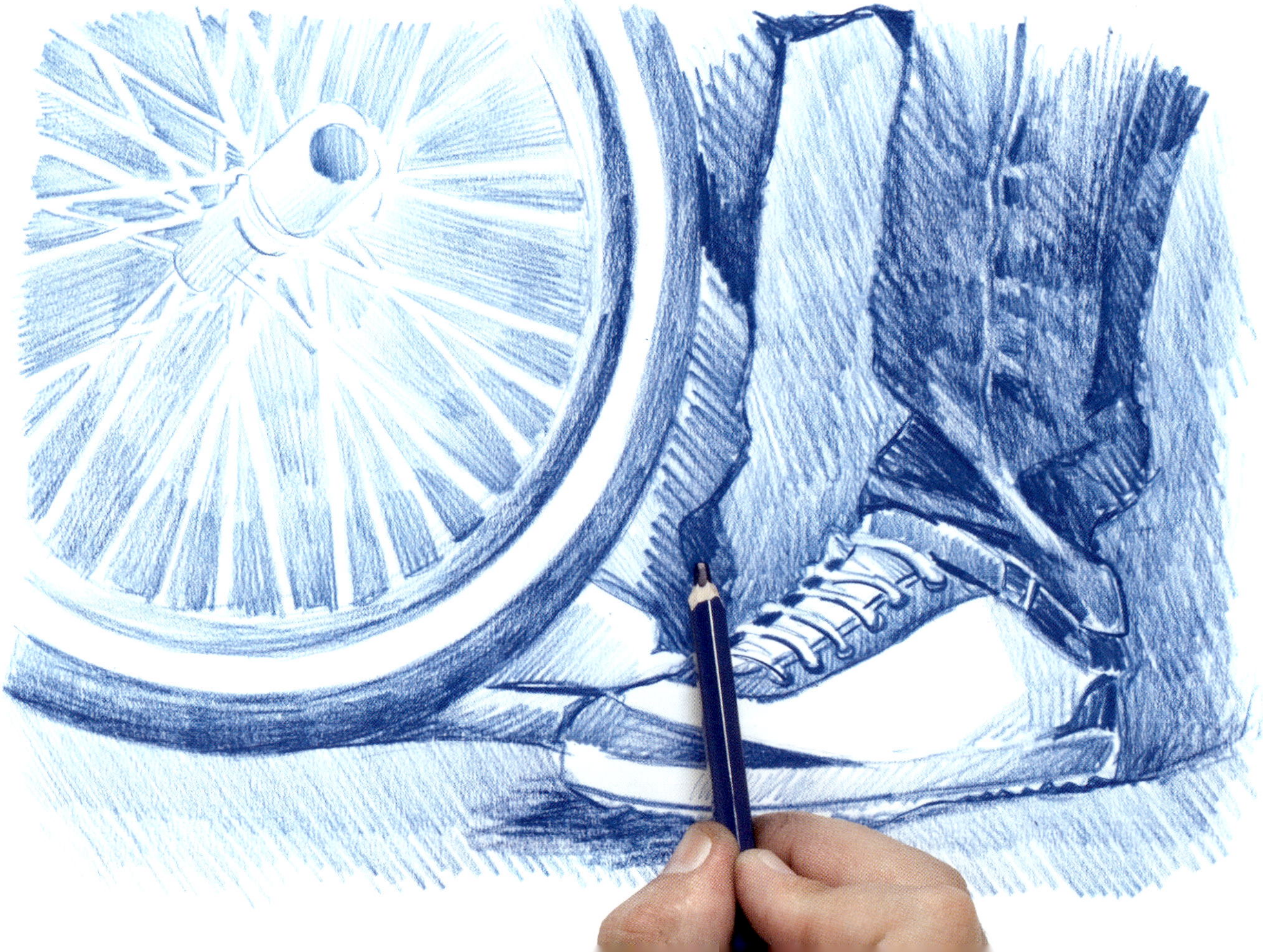

7

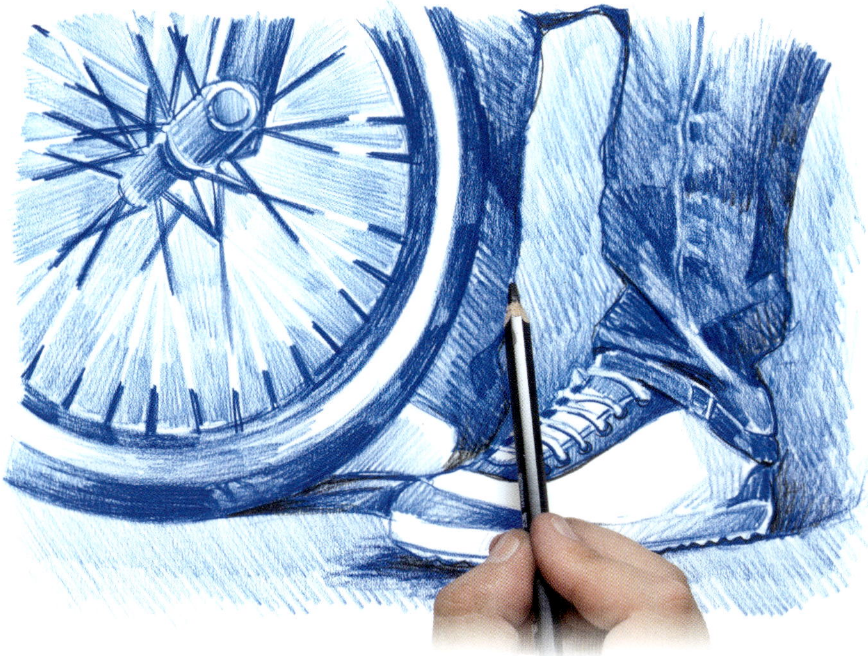

7- Oscurecemos los radios de la bicicleta con el lápiz azul. Las últimas intervenciones las realizamos con negro para recuperar algún contorno o insistir sobre alguna sombra más oscura.

8- Cuando damos la misma importancia a los espacios en negativo que a las formas en positivo, todas las partes del dibujo parecen interesantes y se complementan para formar una imagen unificada.

8

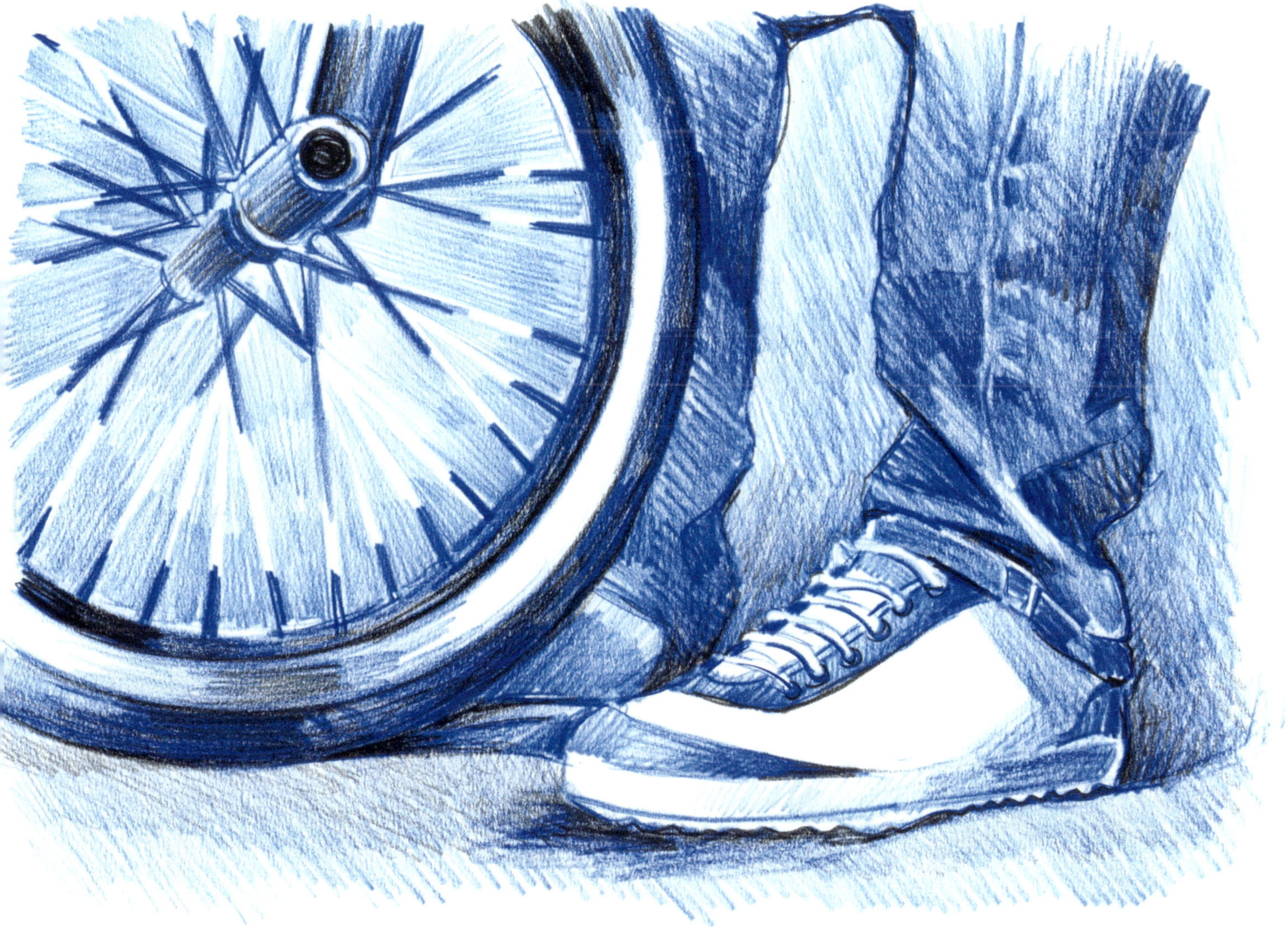

1

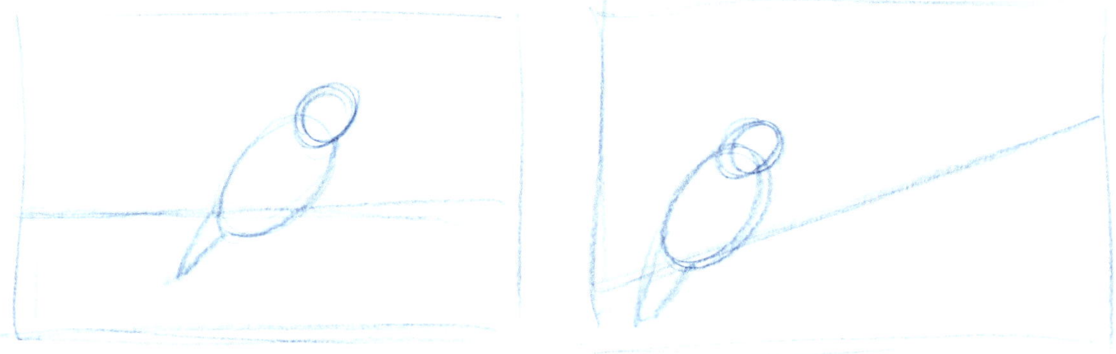

El dibujo es una representación óptica, y la óptica, en tanto que disciplina, tiene un legado amplio a propósito de la teoría del color. En este ejercicio, la composición sigue los principios de la combinación de colores, si bien algunos armonizan bien entre sí y otros son disonantes. Los colores no solo ordenan el dibujo sino que remarcan los puntos donde debe dirigirse la mirada del espectador. Proponemos un contrapunto cromático de color rojo sobre un fondo dominado por tonos verdes.

1- En esta composición de un pájaro posado sobre una rama optamos por una línea diagonal que divide la escena en lugar de una recta. A su vez, el tema principal aparece escorado a la izquierda.

La composición con colores

2

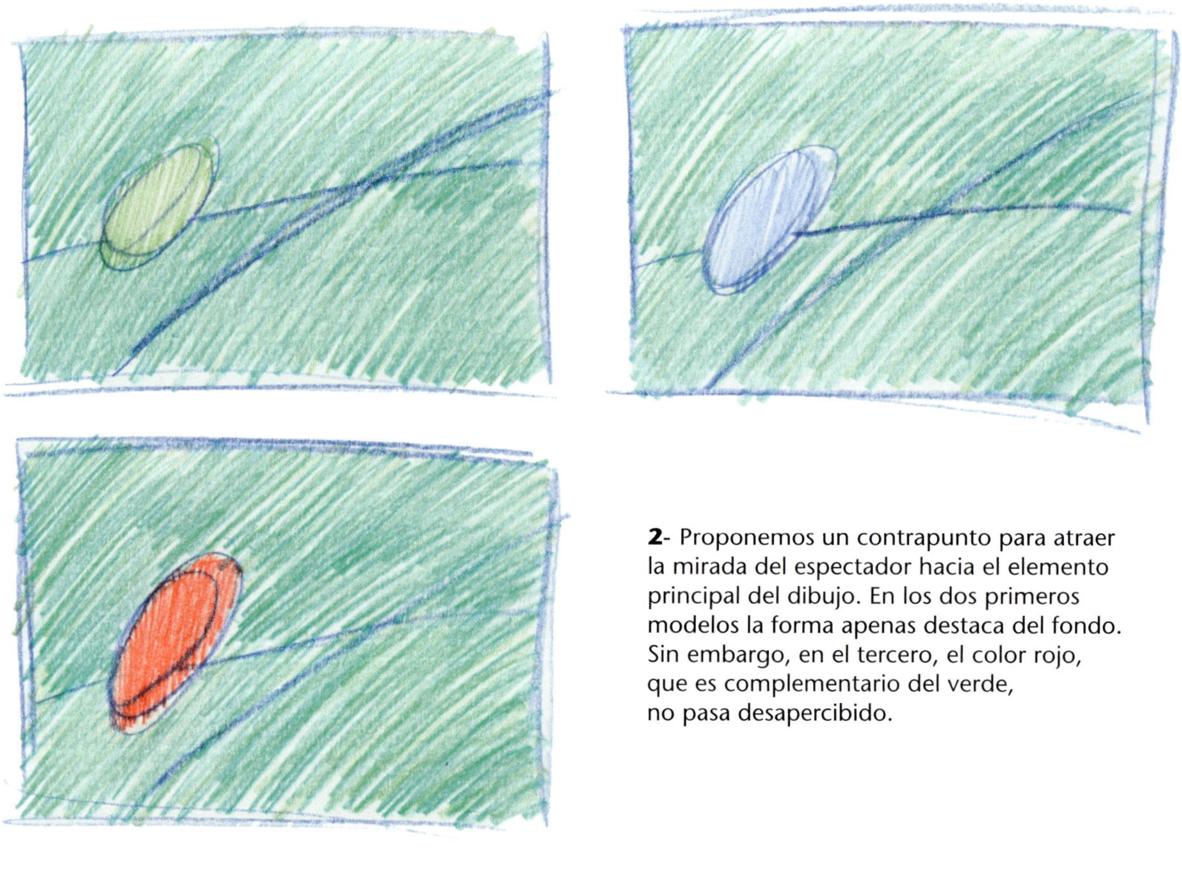

2- Proponemos un contrapunto para atraer la mirada del espectador hacia el elemento principal del dibujo. En los dos primeros modelos la forma apenas destaca del fondo. Sin embargo, en el tercero, el color rojo, que es complementario del verde, no pasa desapercibido.

3

3- Tras los bocetos preliminares componemos el tema. Lo construimos con dos diagonales paralelas y una tercera algo divergente donde situaremos el pájaro. El tratamiento es muy geométrico.

4- Sobre el esquema compositivo dibujamos el contorno del ave y las ramas con un trazado lineal muy cuidadoso, con un lápiz de grafito bien afilado.

4

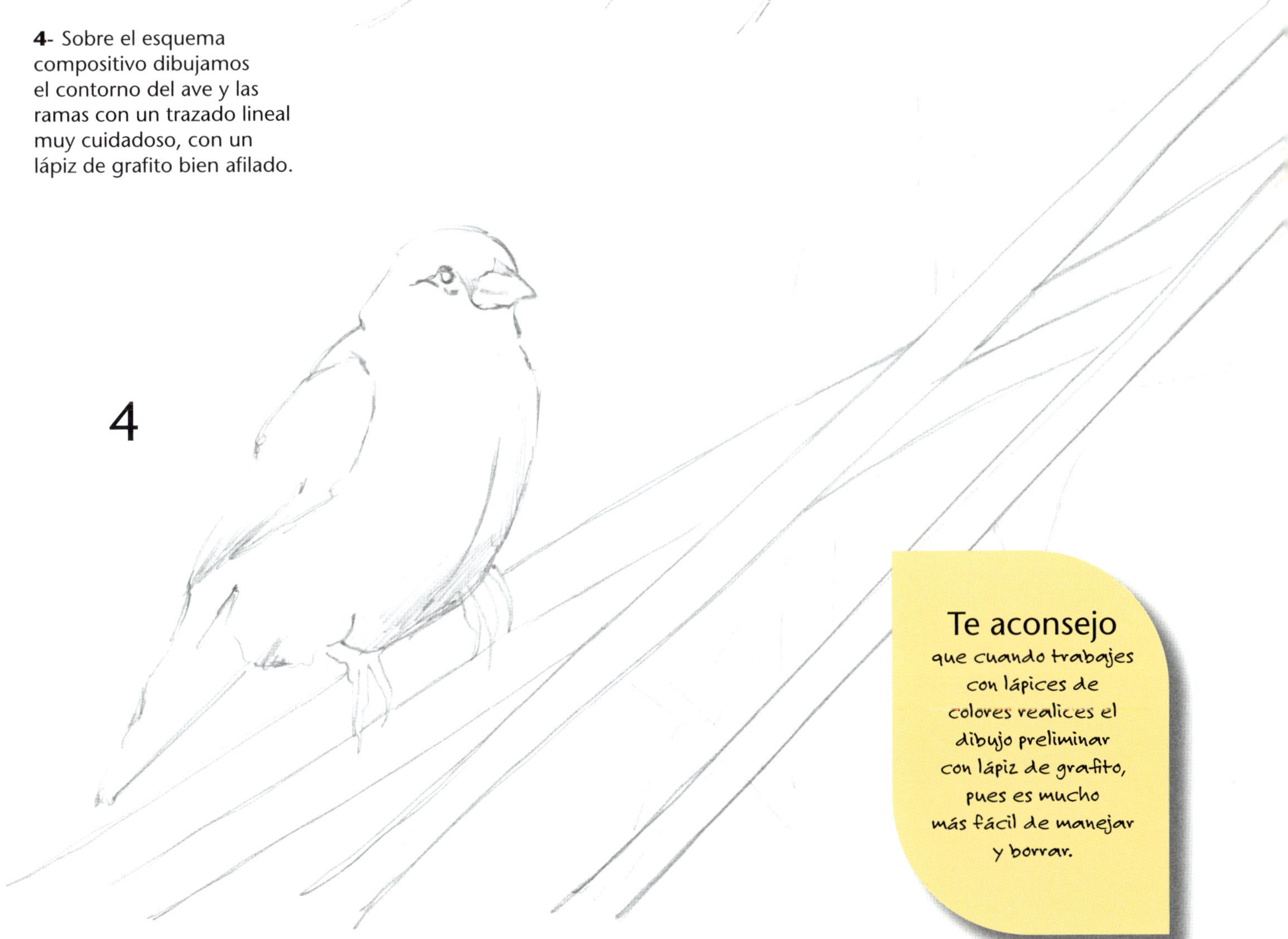

Te aconsejo
que cuando trabajes con lápices de colores realices el dibujo preliminar con lápiz de grafito, pues es mucho más fácil de manejar y borrar.

El color dirige la mirada

El fondo del dibujo lo trabajamos exclusivamente con distintos tonos de verde para que el color del ave contraste vivamente y atraiga, casi de inmediato, la mirada del espectador. Las diagonales de las ramas aportan dinamismo, asimetría y cierto grado de desequilibrio que añade mayor interés a la escena.

5- Para colorear el fondo combinamos dos tonos de verde. Los trazados realizados con uno y otro lápiz se superponen y entrecruzan.

6- Dejamos respirar el blanco del soporte en las ramas más claras del fondo; en cambio, reforzamos el contraste del verde con azul oscuro en las que cruzan diagonalmente el encuadre.

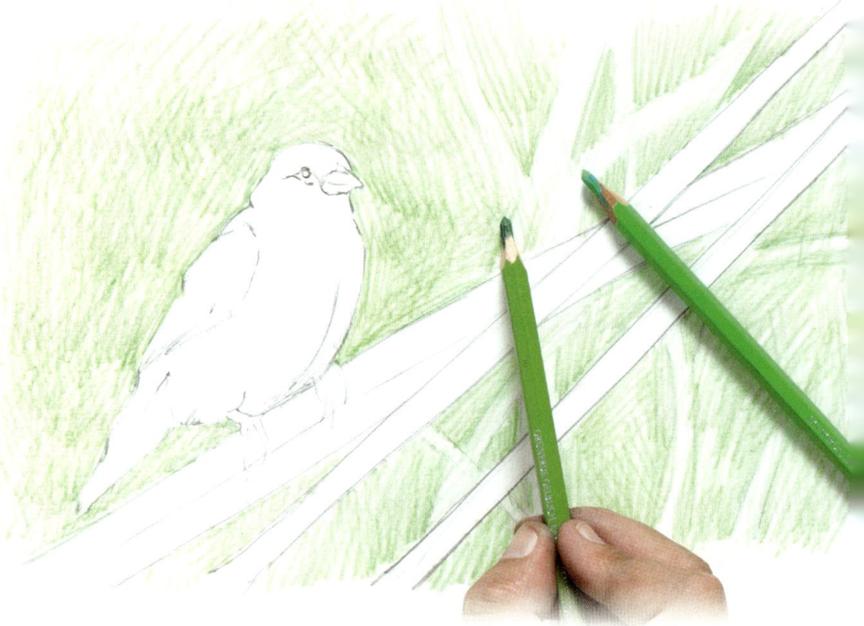

5

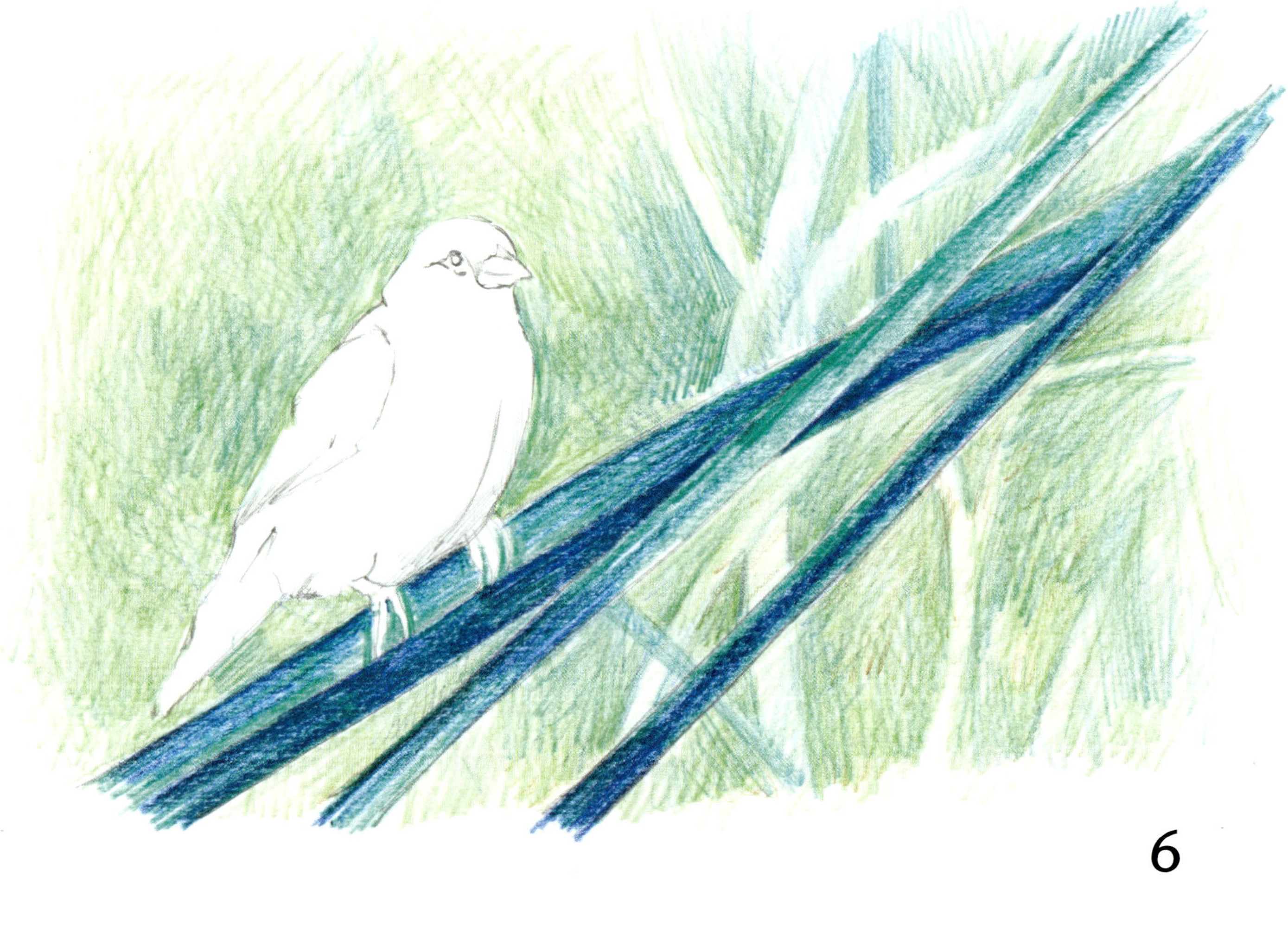

6

7

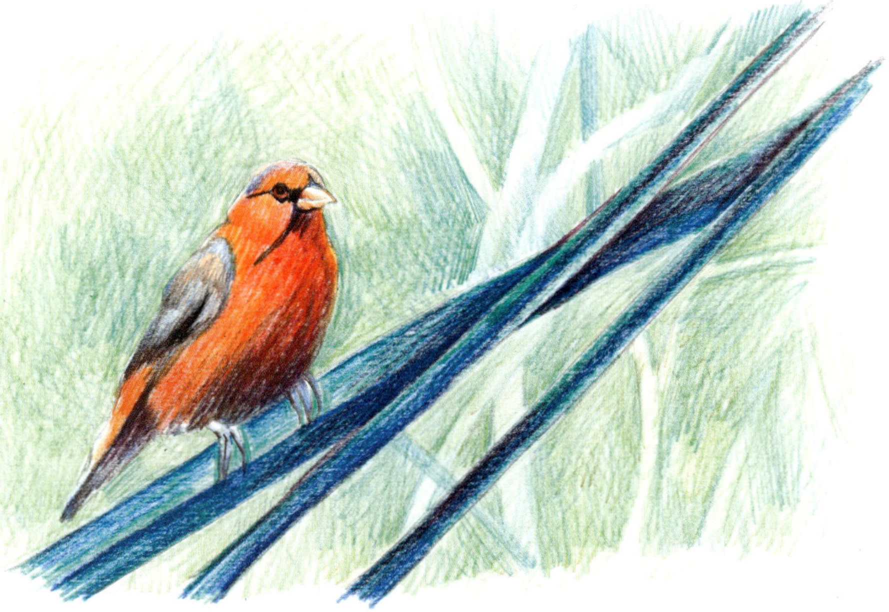

Conviene

Planificar las composiciones cromáticas antes de empezar a dibujar y no dejar la decisión de los colores a la improvisación.

Evita

Situar varios contrapuntos en un mismo dibujo. Genera desconcierto y el espectador no sabría a cuál mirar primero.

7- Coloreamos el cuerpo del pájaro con una mezcla de rojo, naranja y violeta. Los detalles de la cabeza y las alas los reforzamos con contrastes realizados con un lápiz negro.

8- El contraste verde-azul de las primeras ramas las diferencia claramente del fondo. El impactante color rojizo del ave actúa como un intenso contrapunto al verde y atrae con fuerza la mirada del espectador.

8

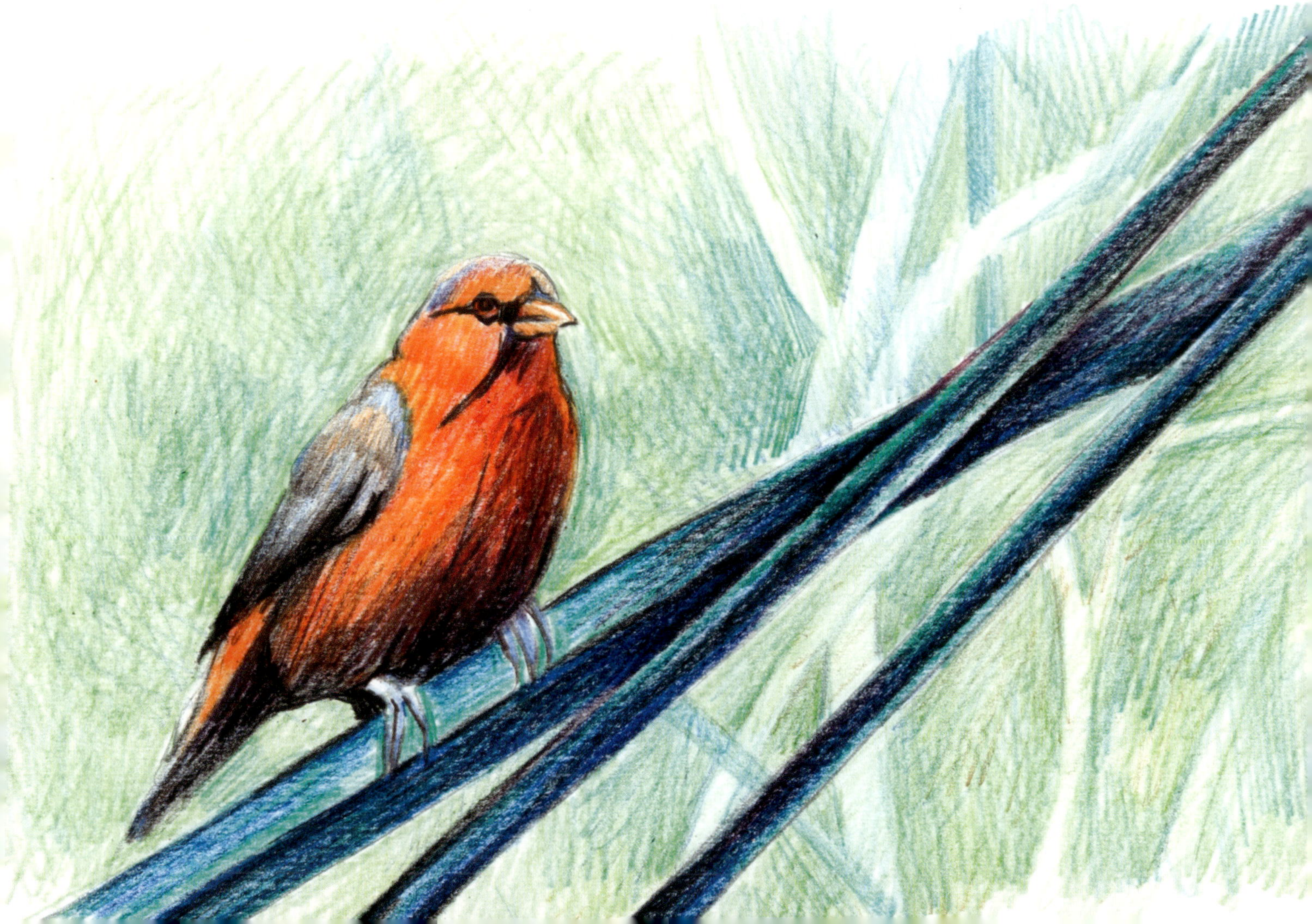

Espacio interior con tintas de colores

Para representar el espacio a través del dibujo, la composición desempeña un papel importante y subordina la acertada combinación de líneas y colores. La forma en que se disponen los muebles, las ventanas e incluso los personajes en un salón es fundamental para conseguir una buena composición. A esto hay que añadir la armonía de formas y los colores con que se dibujan los interiores, que nos transmiten un conjunto de sensaciones agradables que percibimos incluso de manera inconsciente. El siguiente ejercicio se ha elaborado con aguadas de tintas de colores del tipo anilinas.

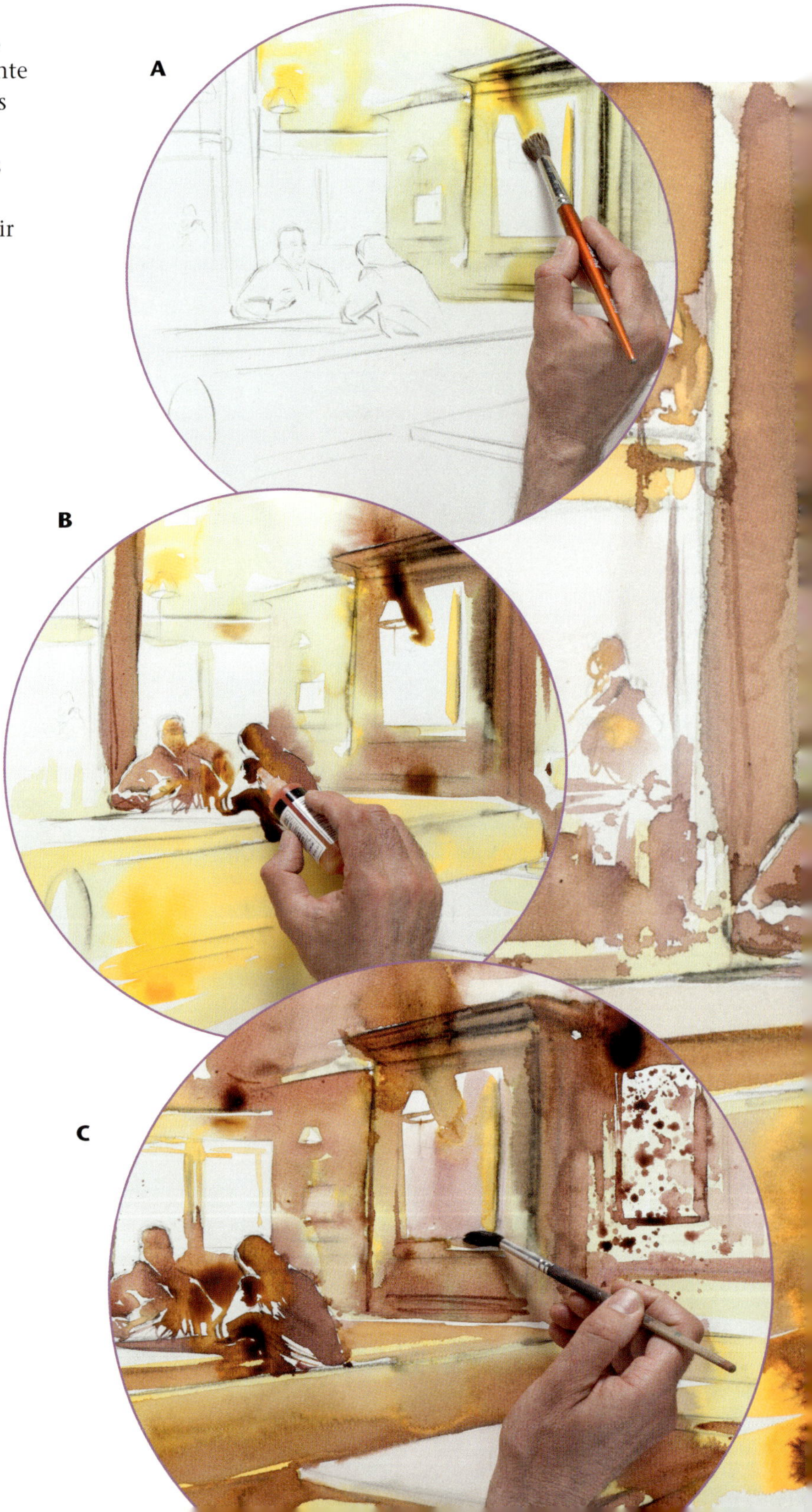

A

B

C

A- Trazamos líneas intensas sobre los plafones del fondo con un lápiz negro acuarelable. Acto seguido, aplicamos las primeras aguadas con tinta amarilla diluida, deshaciendo ligeramente las líneas negras.

B- Las figuras muestran sombras intensas y contornos muy marcados que resolvemos dibujando directamente con la boquilla del frasco de la anilina de color pardo.

C- La mayor parte del sombreado la ejecutamos con un pincel: fundiendo los colores, efectuando lavados, degradados o incluso aplicando rociados que dejan salpicaduras y que dan a la obra una clara apariencia de apunte.

D- El dibujo terminado ofrece una interesante composición. En el primer término, el espacio vacío de gente dirige la mirada hacia el fondo del local, donde sucede la acción, y donde aparecen algunos elementos más detallados.

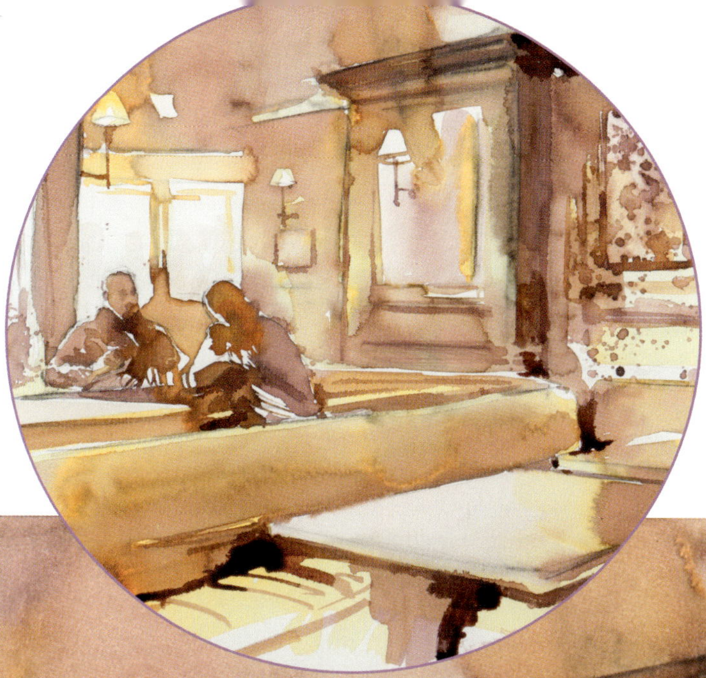

D

Te aconsejo
no borrar las líneas preliminares a lápiz, sino integrarlas en las aguadas.

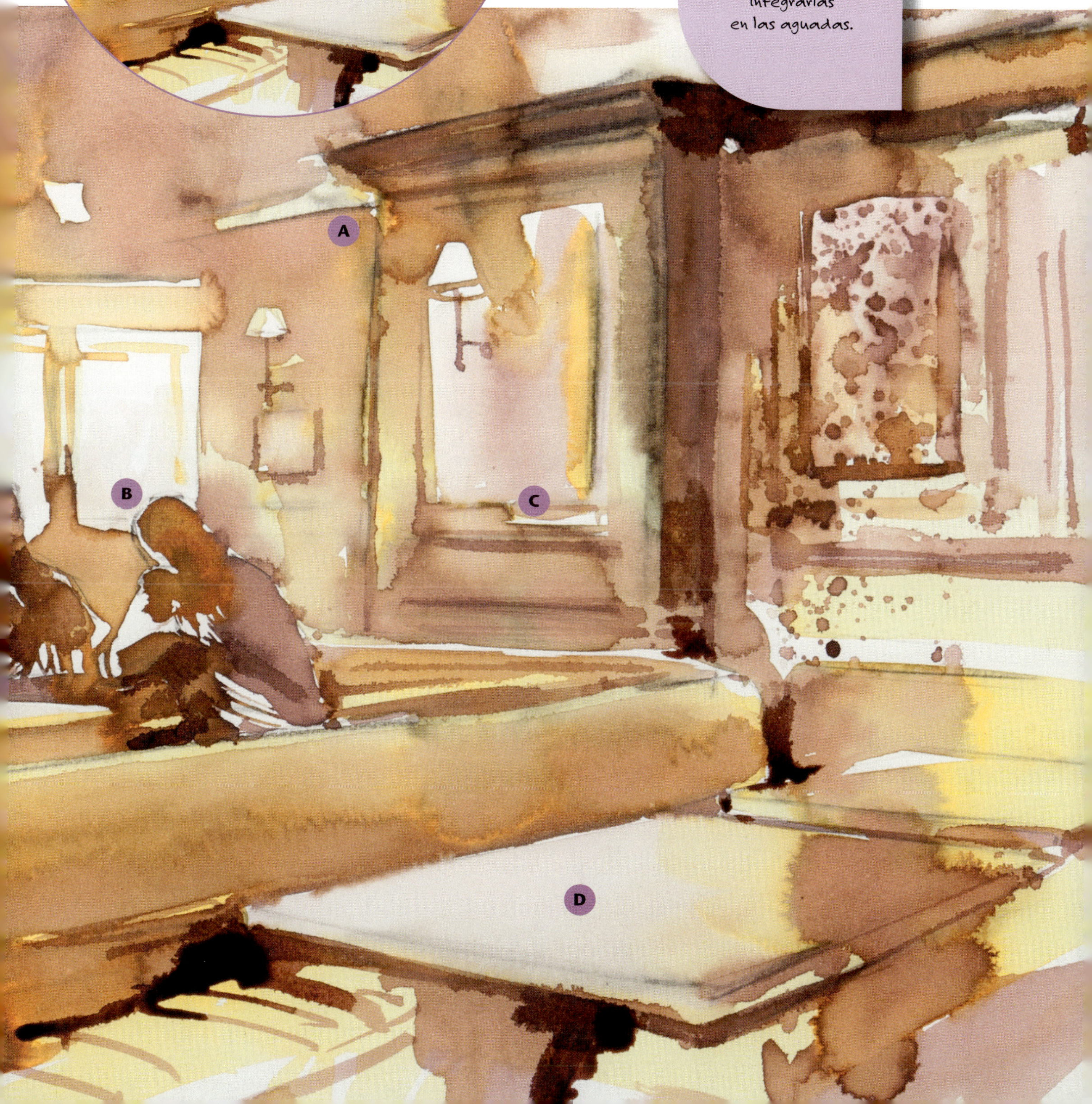

Es un recurso de composición que consiste en dejar un amplio espacio sin rellenar, sin información relevante ni detalles que llamen la atención. Aunque no tenga información gráfica, el espacio vacío forma parte del dibujo y, por lo tanto, hay que saber cuándo usarlo para dotar de más interés y belleza a la representación. El espacio vacío confiere mayor protagonismo al sujeto principal, que no tiene que competir con otros elementos. Este concepto resulta muy útil para componer dibujos minimalistas que destaquen por su simplicidad.

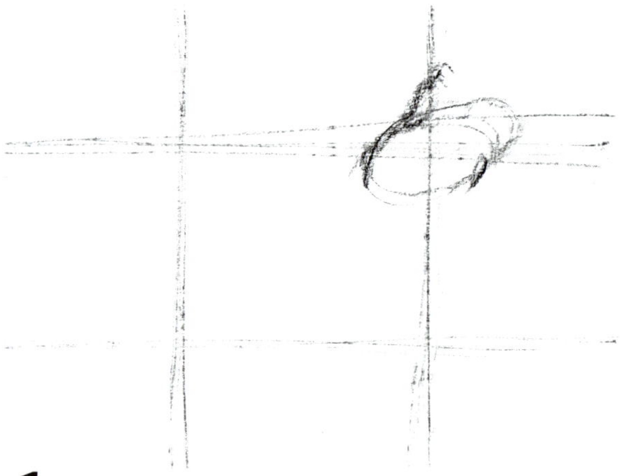

1

Crear grandes espacios vacíos

1- Para crear un espacio vacío, es preciso que el motivo principal esté aislado. Con ayuda de la regla de dos tercios lo situamos en la parte superior derecha del papel.

2- Antes de dibujar practicamos una aguada con tinta de color sepia, dejando que se formen algunos chorretones. Una vez que el papel está seco esbozamos con carboncillo la forma de un jinete a caballo.

2

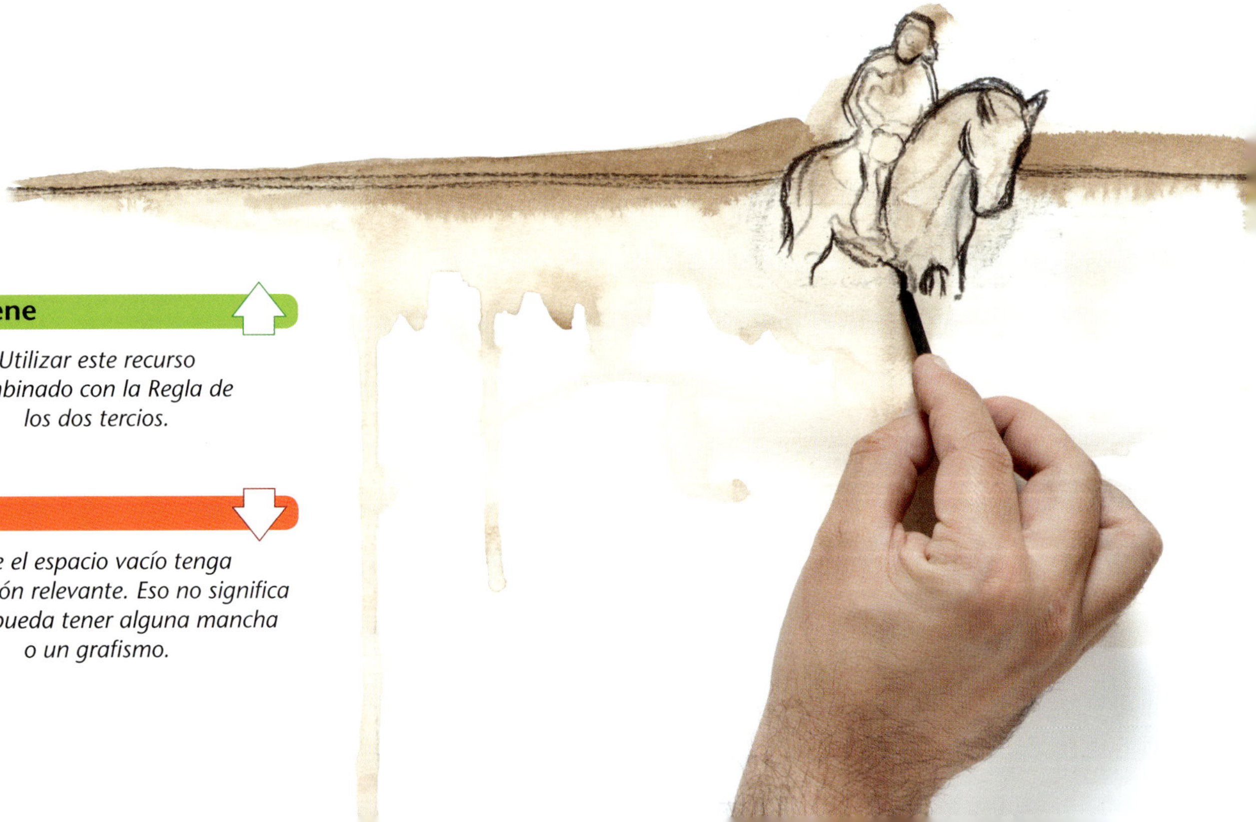

Conviene

Utilizar este recurso combinado con la Regla de los dos tercios.

Evita

Que el espacio vacío tenga información relevante. Eso no significa que no pueda tener alguna mancha o un grafismo.

3

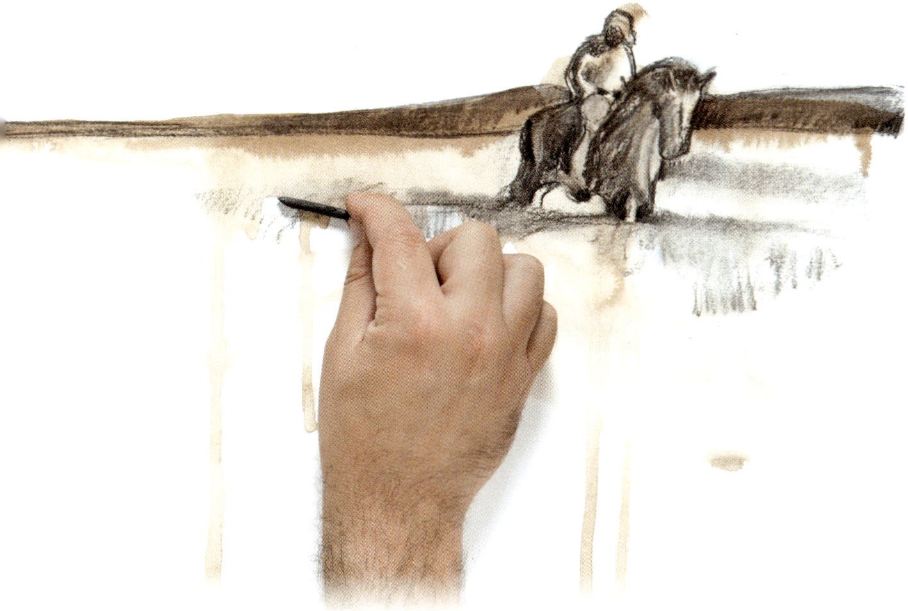

3- Alrededor del caballo practicamos algunos sombreados. Dejamos el espacio vacío por debajo del animal, así parecerá que "flota". Ese espacio vacío regala una sensación de menor pesadez.

4- El espacio vacío es un elemento con mucha fuerza visual, y usado correctamente, refuerza el mensaje del dibujo. Si es de color blanco transmite la idea de ligereza y paz.

4

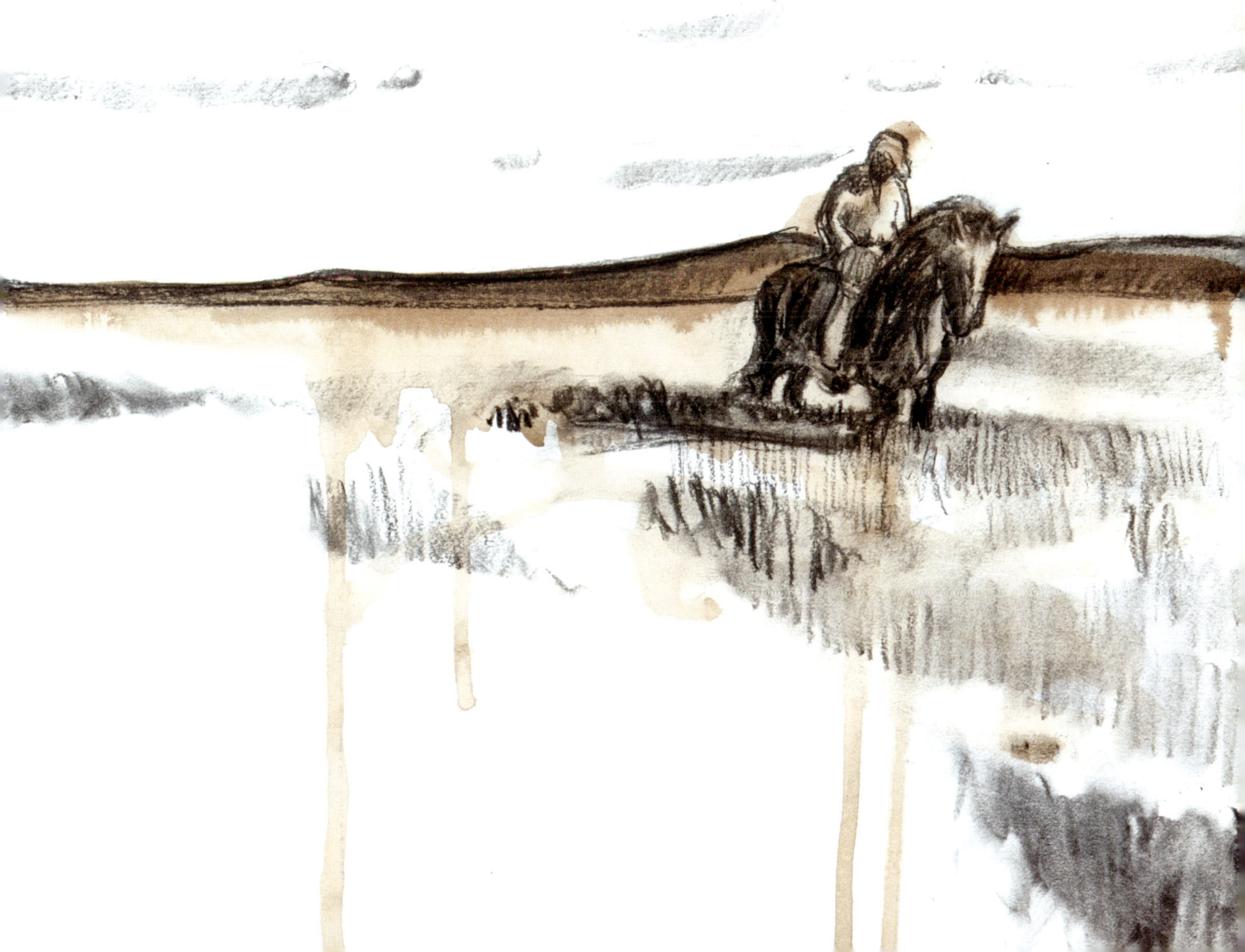

Paisaje con un primer término contrastado

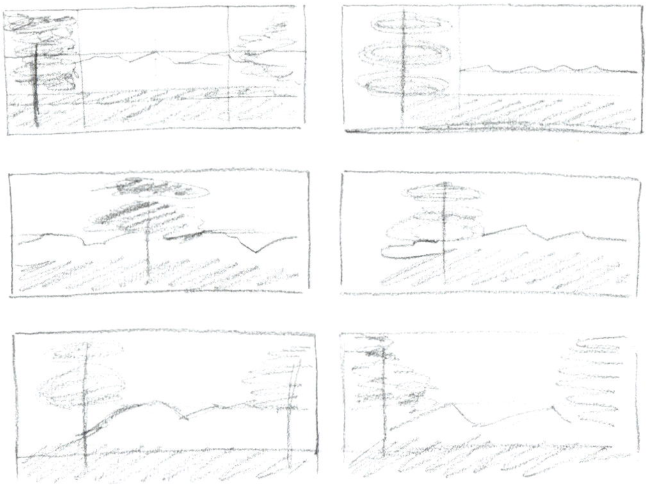

1

En todo dibujo de paisaje hay que tener en cuenta una norma básica: el primer término siempre debe ser más nítido y contrastado que los términos alejados. Desde el punto de vista compositivo, la percepción de un paisaje se transforma cuando se añade un primer término que resta protagonismo al fondo y atrae la mirada del espectador hacia los motivos más cercanos. Los elementos del primer plano suelen aparecer mucho más oscuros que los del fondo, que son, por lo general, más blanqueados y decolorados. El siguiente ejercicio, realizado con una barra de carbón, es una muestra de ello.

1- Lo primero es decidir dónde situar el árbol protagonista de la escena. En los esquemas preliminares ofrecen mejores resultados aquellos que se encuentran desplazados hacia uno de los lados. Hay que evitar el centro del papel.

2- El esquema definitivo sitúa el árbol principal a la izquierda, pero para que la composición no parezca demasiado descompensada colocamos otro árbol, inclinado y cortado por el encuadre, a la derecha de la escena.

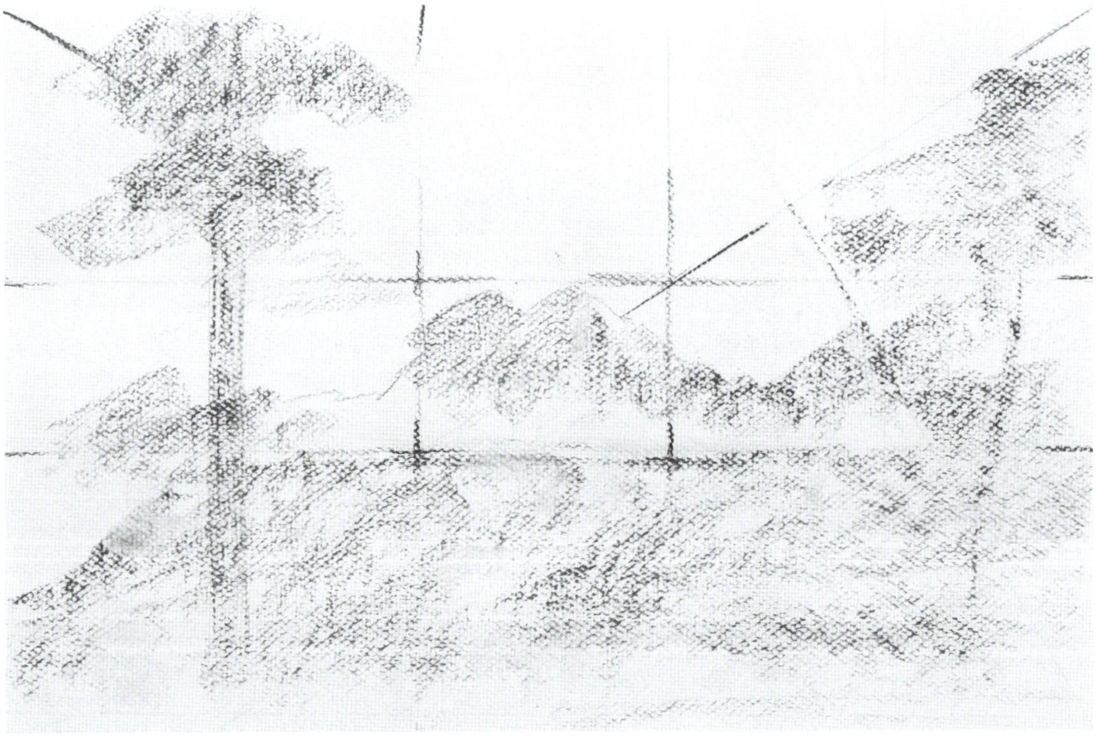

2

3

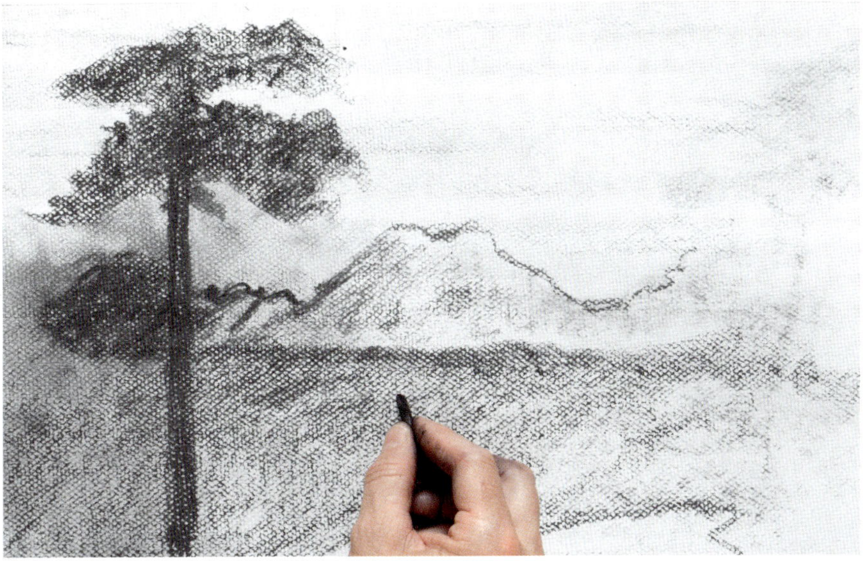

3- Con la composición ya decidida, abordamos el dibujo. Resolvemos el árbol con la punta de la barra de carbón, mientras que el paisaje del fondo lo cubrimos con sombreados más tenues.

4- Definimos las montañas y el término medio con nuevos arrastres de la barra. El sombreado es fundamental para describir el efecto de profundidad: aplicamos negros intensos en el primer término y sombreados que se aclaran a medida que se alejan.

Conviene

Representar el primer término con formas definidas, oscuras y contrastadas.

Evita

Oscurecer las montañas del fondo. La claridad que desprenden las convierte en coprotagonistas de la escena.

4

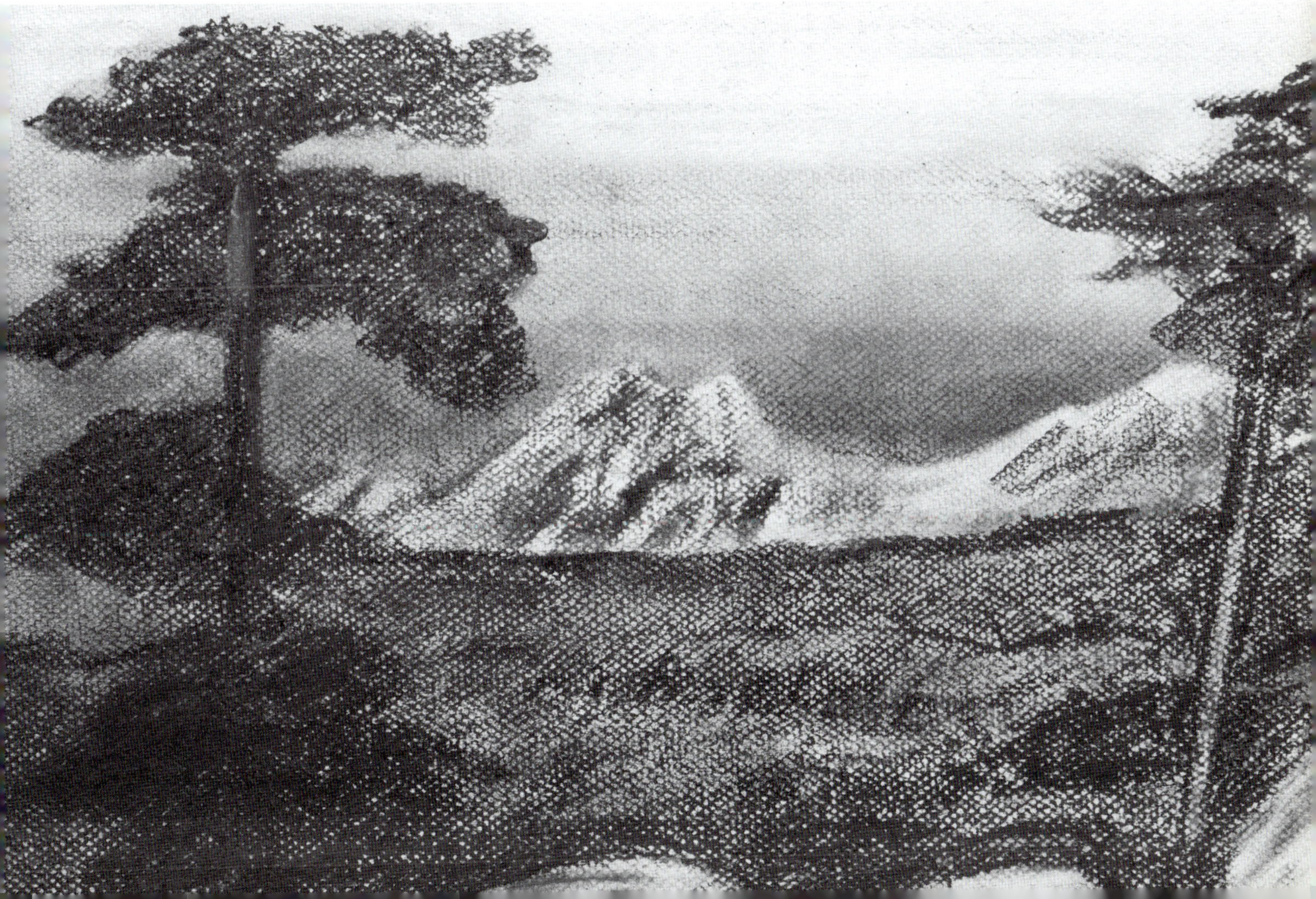

Composición de un edificio con perspectiva

La perspectiva es, sin duda, un aspecto relevante que hay que tener en cuenta antes de componer cualquier imagen. En su momento histórico, la perspectiva supo cómo revolucionar el arte pictórico con las tres dimensiones, y hoy en día sigue siendo una herramienta muy importante en el proceso de composición de un dibujo o pintura. La perspectiva proporciona un orden natural a la imagen, administrando el tamaño de las formas y de los espacios. Aplicada a la arquitectura, ofrece interesantes diagonales y originales puntos de vista que convierten los edificios en elementos dinámicos y tensionados.

1

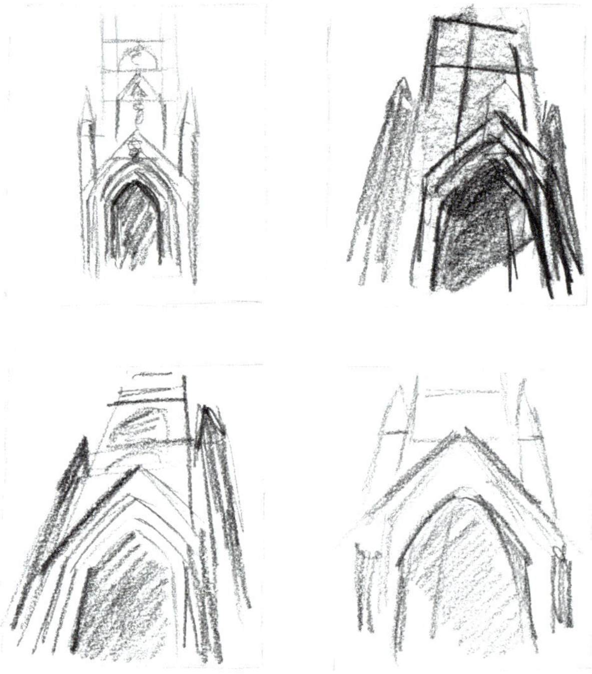

2

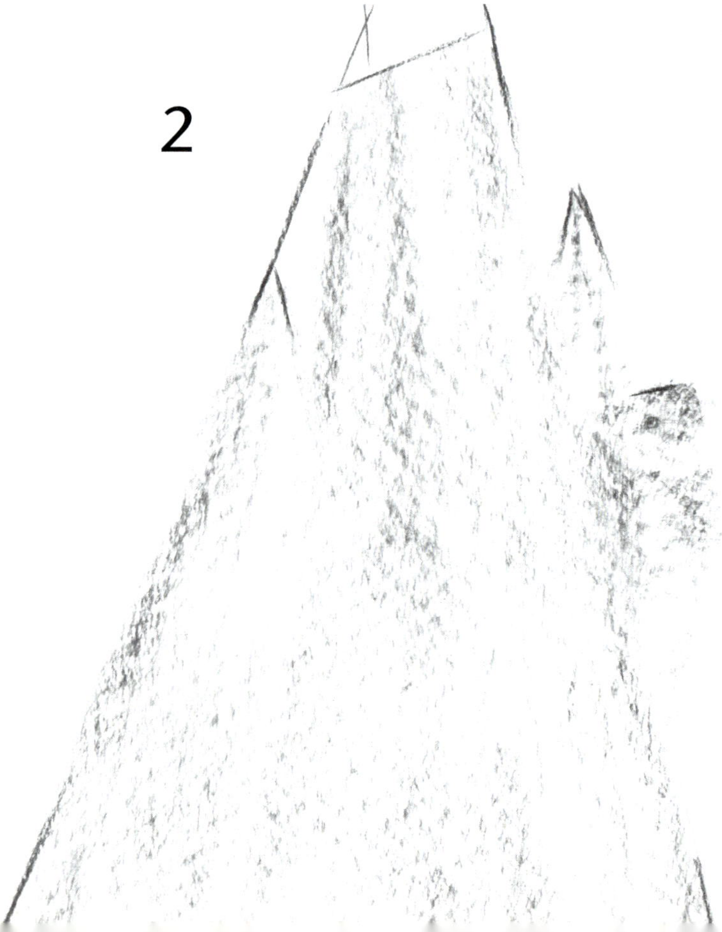

1- El objetivo es dibujar un edificio en ángulo contrapicado, es decir, situando el punto de vista justo debajo del modelo. Las mejores opciones son las que provocan líneas diagonales muy fugadas que dan sensación de grandeza al modelo.

2- Primero definimos el cuerpo del edificio con líneas perspectivas diagonales y arrastres practicados con una barra de carbón en posición longitudinal.
La composición pretende realzar la altura de la construcción.

3

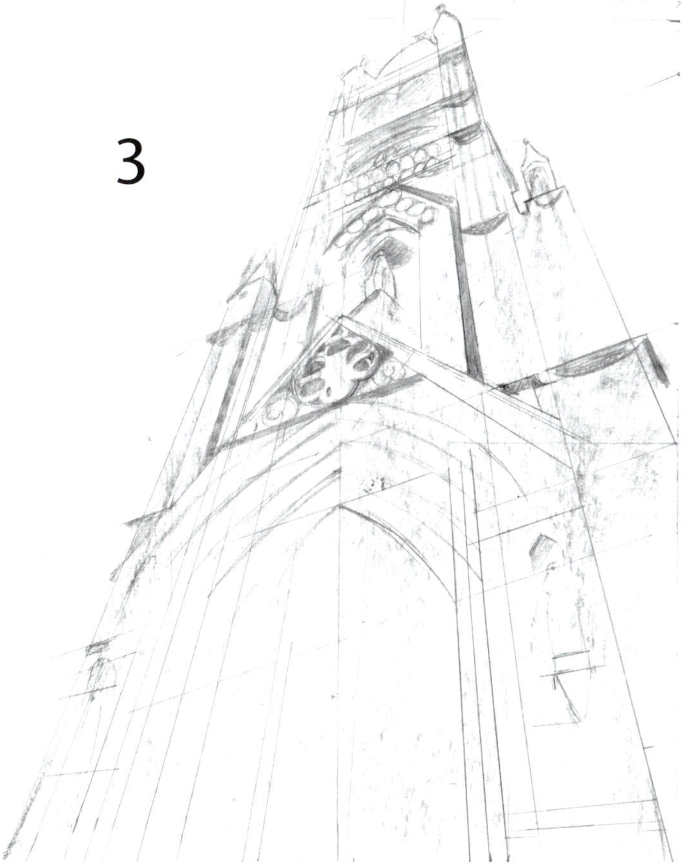

3- Sobre la base anterior diseñamos la fachada con la ayuda de una regla y un lápiz de grafito. Es importante situar todos los elementos dentro de los espacios que definen las líneas perspectivas.

4

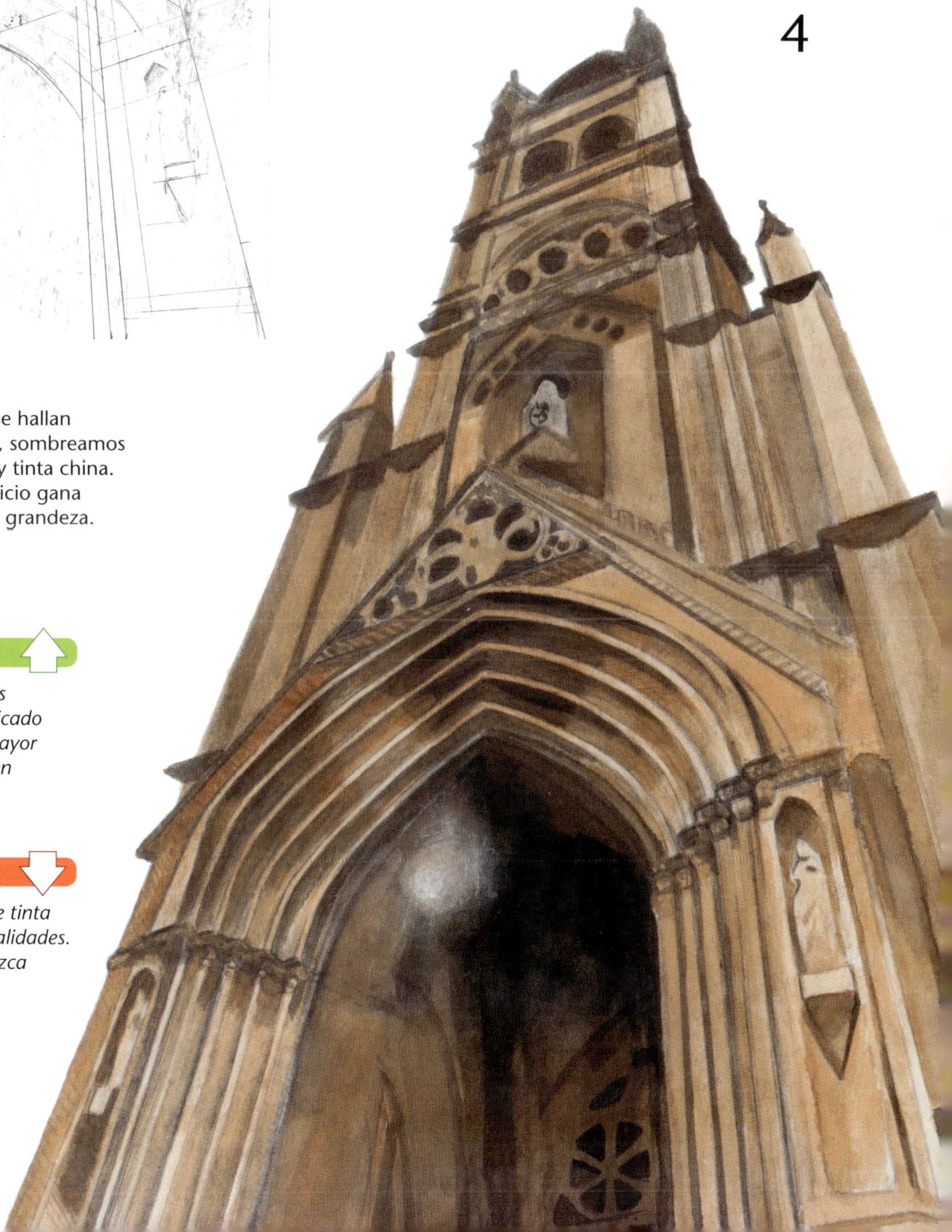

4- Una vez que todos los elementos arquitectónicos se hallan convenientemente situados, sombreamos con aguadas de tinta sepia y tinta china. Con el contrapicado, el edificio gana altura y transmite poderío y grandeza.

Conviene

Exagerar las diagonales compositivas en el contrapicado para dar al modelo una mayor importancia de la que en realidad tiene.

Evita

Acumular excesivas capas de tinta para describir las distintas tonalidades. Es preferible que se trasluzca el blanco del papel.

Composición de una figura en una ventana

El éxito de la representación de un retrato no reside en contar con un buen modelo, un entorno envidiable o unas buenas condiciones de luz. Todos estos puntos ayudan, pero la diferencia la marca el factor compositivo. En este caso, desplazamos la figura a un lado del encuadre atendiendo a la ley de la mirada, que indica que se debe dejar más espacio en el lugar del encuadre al cual se dirige la mirada del protagonista. De esta forma, la imagen respira con mayor naturalidad y la percibimos más equilibrada. Veamos cómo ponerlo en práctica en un dibujo realizado con carboncillo.

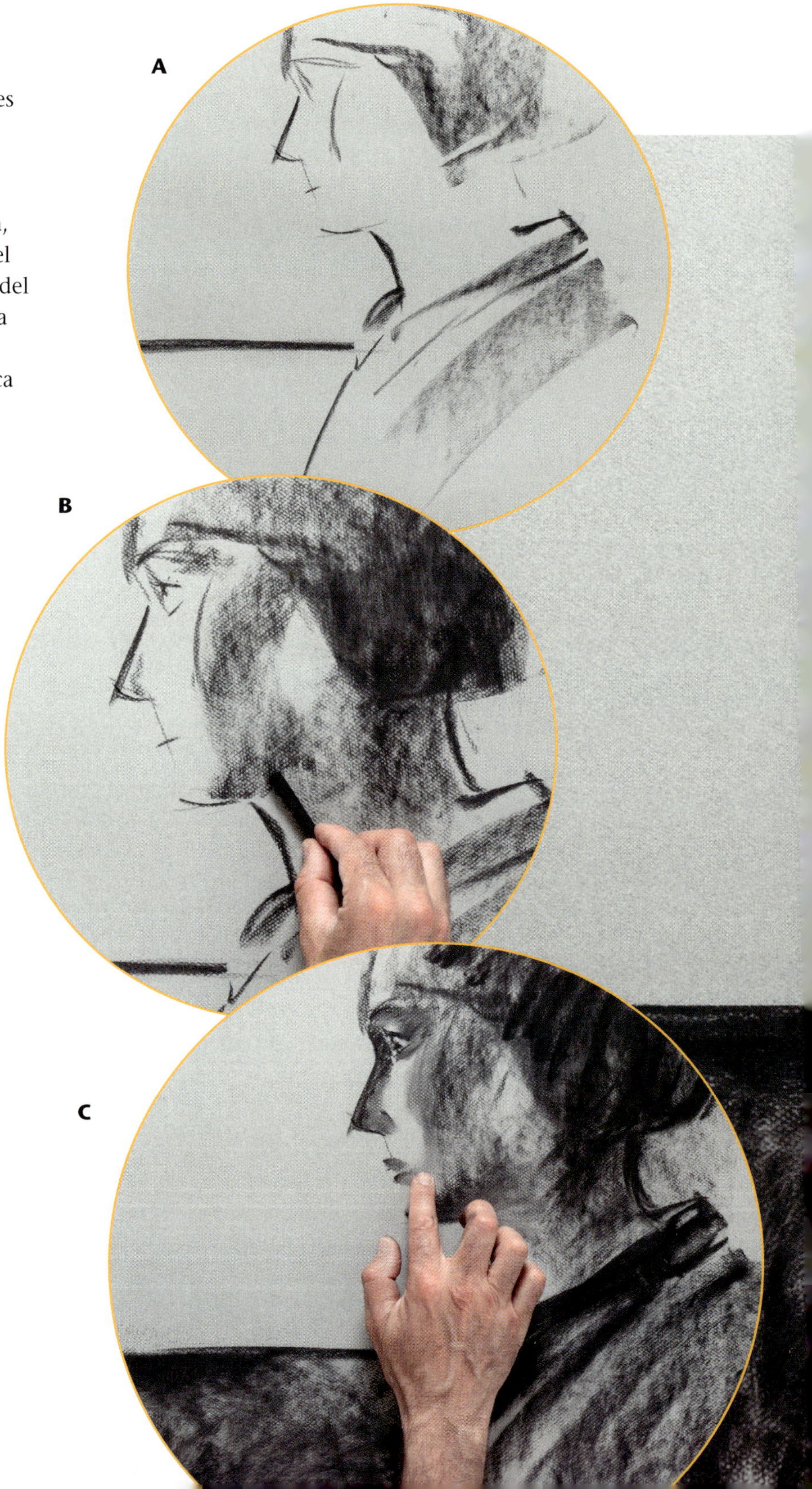

A- Iniciamos la composición con un esquema muy simple que decide la disposición del modelo. Situamos la figura en un lado del encuadre, dejando un gran espacio vacío frente a esta.

B- Se arrastra la barra de carboncillo longitudinalmente hasta construir una primera impresión del rostro. La luz se convierte en protagonista del dibujo.

C- Sombreamos el fondo y situamos la parte inferior de la ventana. Para difuminar el rostro utilizamos la yema de los dedos, arrastrando el pigmento en las zonas de luz para conseguir contornos degradados.

D- Con una goma de borrar maleable abrimos algunos claros, aplicamos realces y corregimos el contorno de la cara. La obra terminada denota un gran interés por la composición asimétrica y el tratamiento sencillo pero efectivo del sombreado.

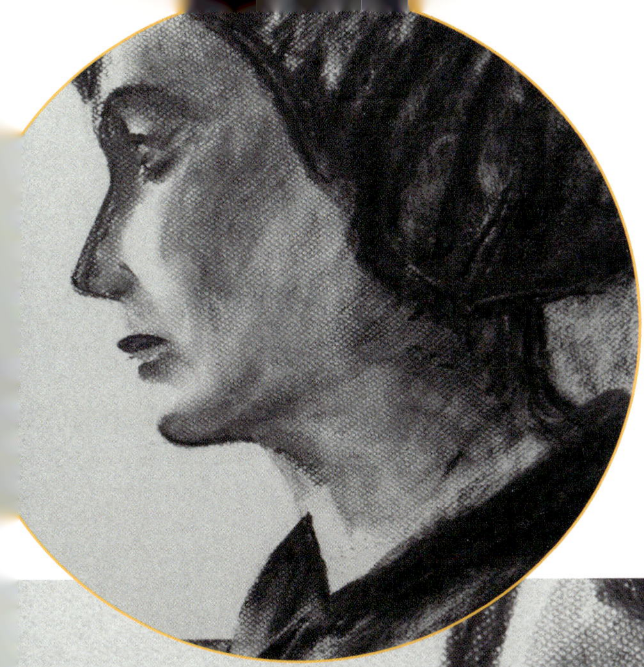

D

Te aconsejo trazar con el carboncillo de manera decidida. El difuminado con los dedos tiende a menguar el tono de gris.

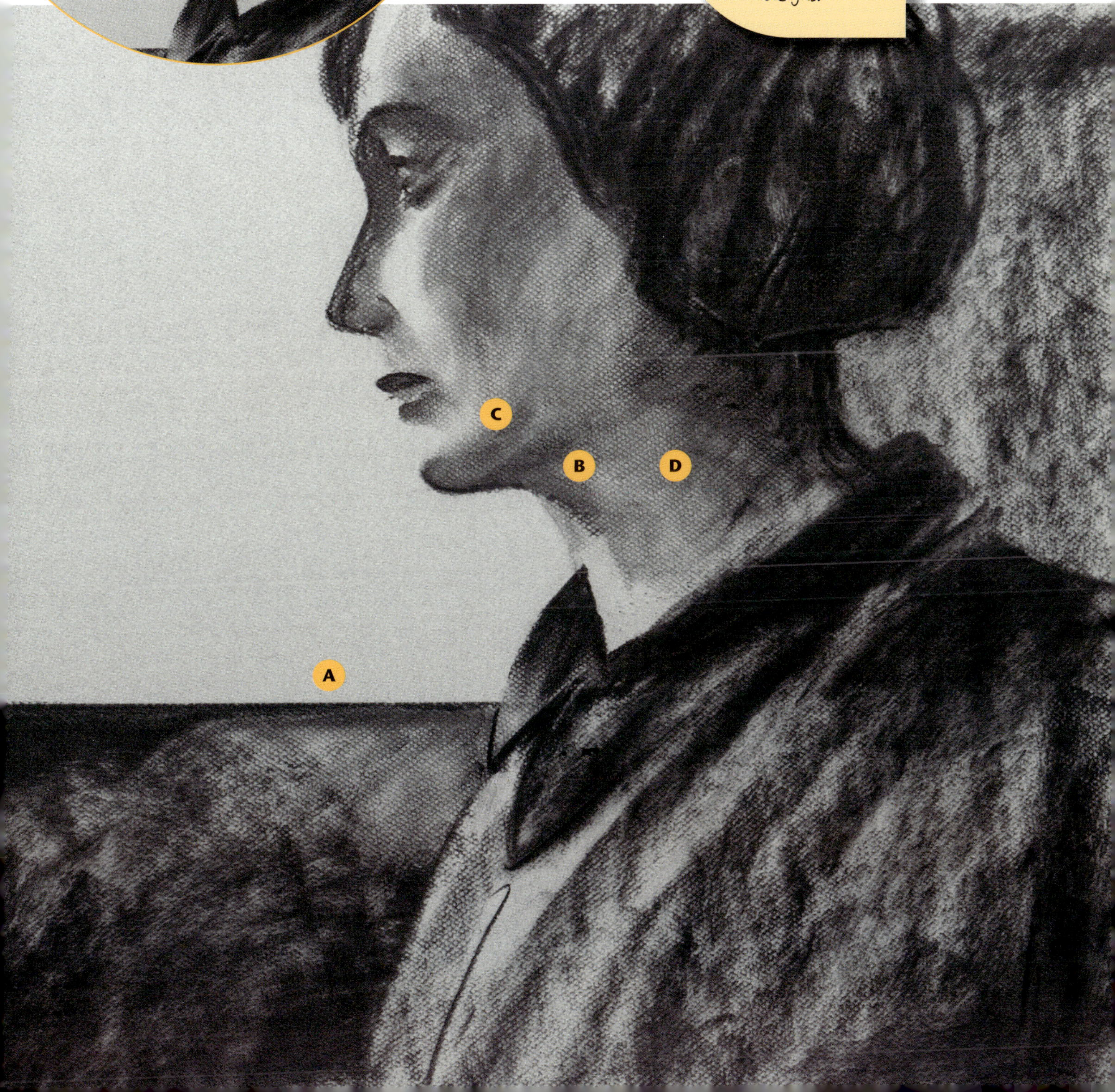

Existen elementos que ayudan a poner un marco al centro de interés del dibujo. Muchos de estos elementos se hallan presentes en los entornos urbanos, por ejemplo, las puertas, las ventanas, los arcos o los puentes. Sin embargo, también pueden actuar de marco unas ramas o unas rocas. Cualquier elemento que encierre el centro de interés del dibujo permite enmarcar la escena, dirigiendo toda la atención hacia su centro focal. En el siguiente ejemplo llevamos a cabo algo que apuntábamos en el ejercicio de la página anterior: la inclusión de un marco como elemento compositivo de la imagen. Usamos para ello tintas de colores.

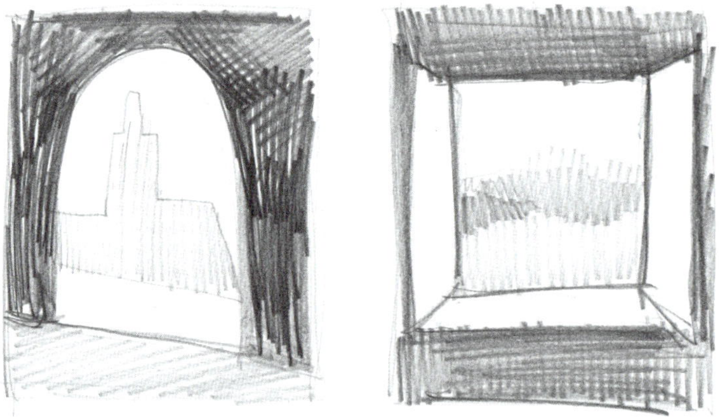

El arco de un claustro, el marco de una ventana, un puente, las ramas de un árbol y quizá incluso los brazos de una persona pueden funcionar como el marco de una imagen.

Incluir un marco natural

1- Componemos la imagen a lápiz. El marco compositivo es una puerta que se halla justo en el centro del encuadre.

2- Sobre el esquema compositivo trazamos el dibujo con líneas más intensas, utilizando un lápiz de grafito 2B. A través de la puerta se adivina una escena urbana.

1

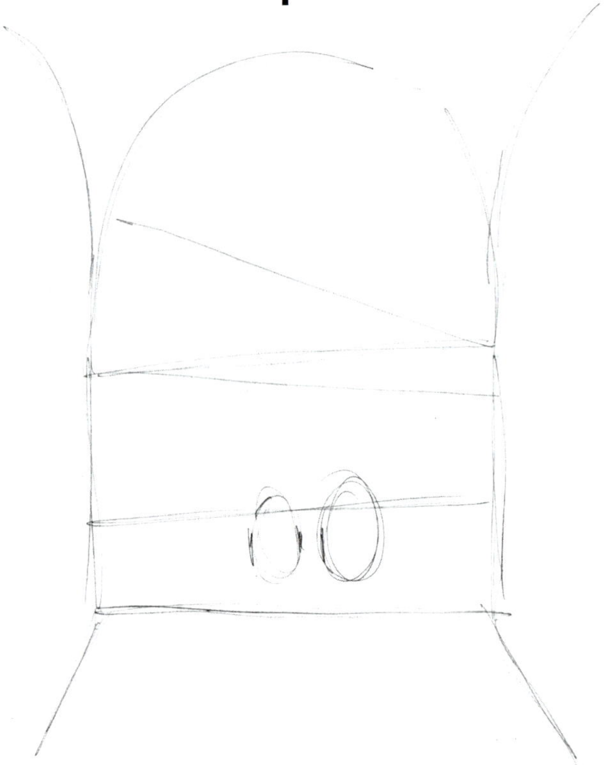

2

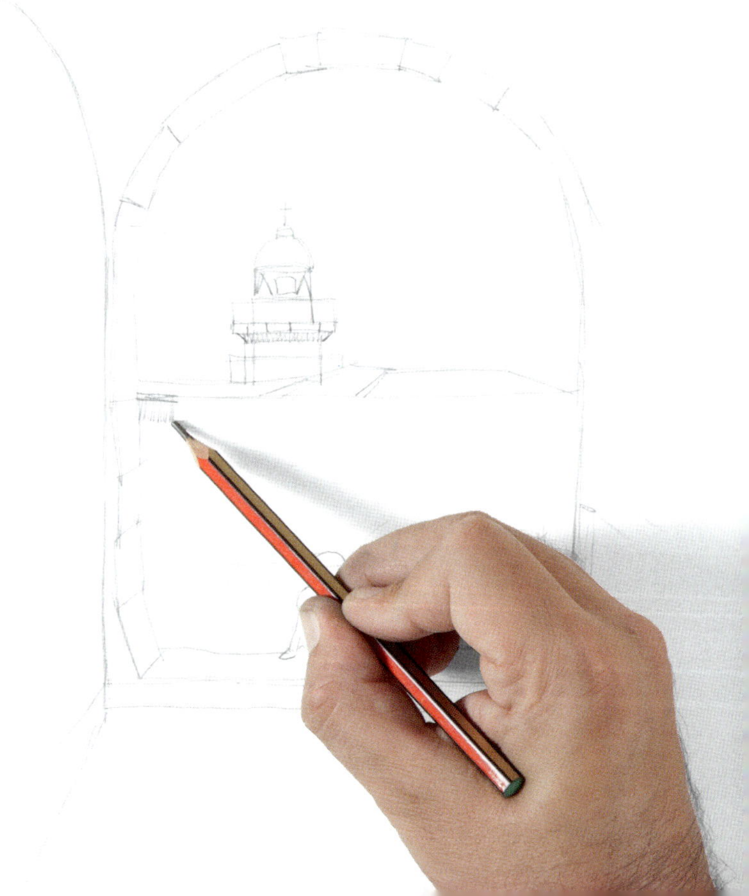

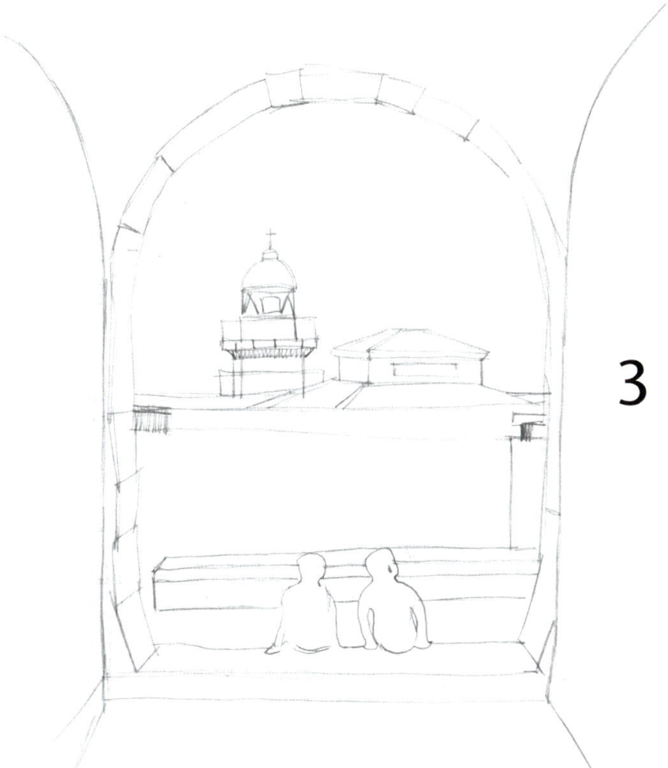

3

3- Completamos el conjunto con un trazado lineal: la representación de dos niños sentados en el borde inferior de la puerta y que parecen dirigir la mirada hacia el fondo.

4- Esta primera fase concluye con la aplicación de una aguada de tinta azul diluida justo en el marco de la puerta, en el límite entre el espacio exterior y el interior de la casa.

Te aconsejo

que la función de los marcos compositivos del interior del encuadre sea solo orientativa, es decir, que dirijan la vista, seleccionando lo fundamental de la escena.

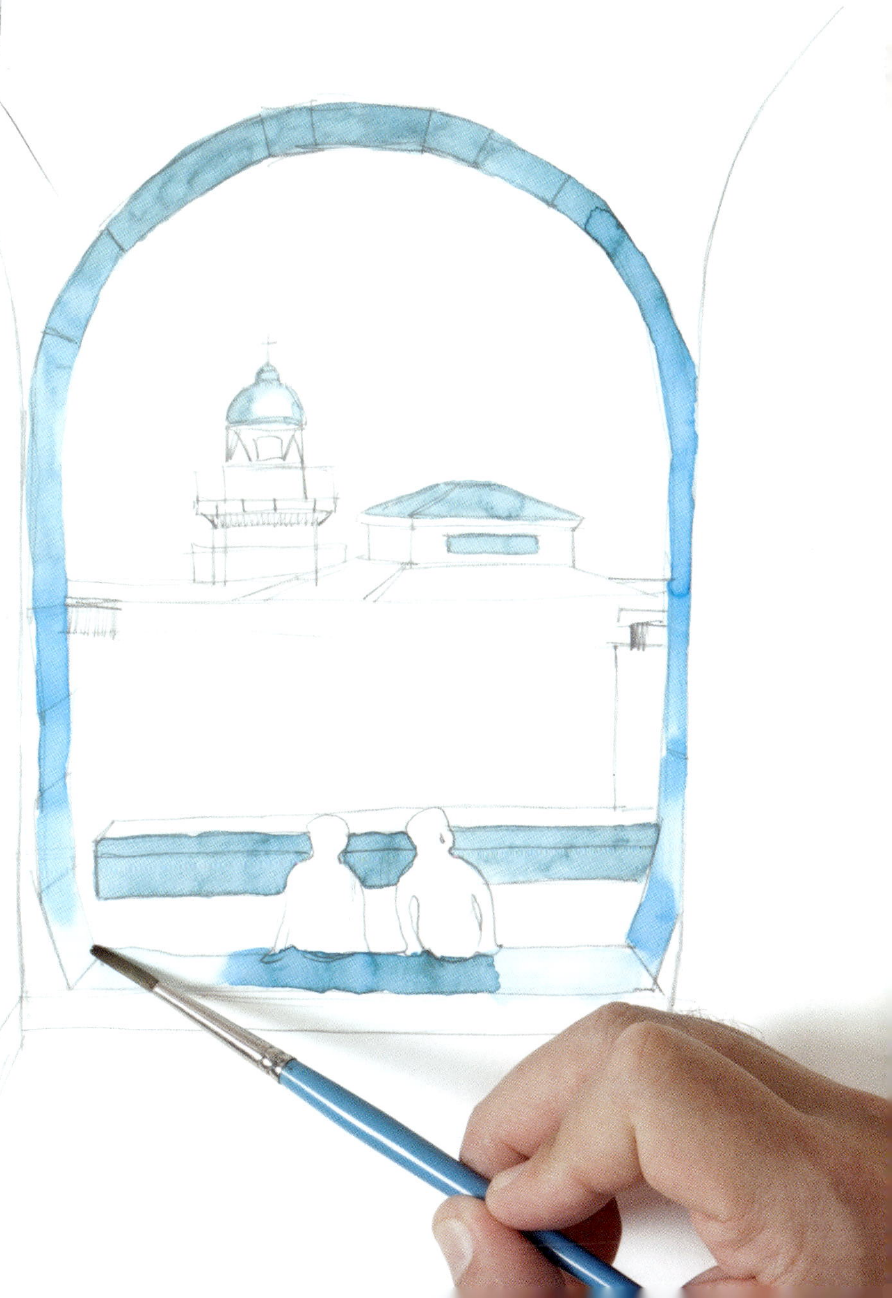

4

Un claro efecto de contraluz

El marco natural de la puerta proporciona una visión muy restringida y orientada del tema. Para acusar dicho efecto sombreamos con tinta china el contorno de la puerta, hasta casi llegar al negro absoluto, para representar un claro contraluz con las siluetas de los niños.

5

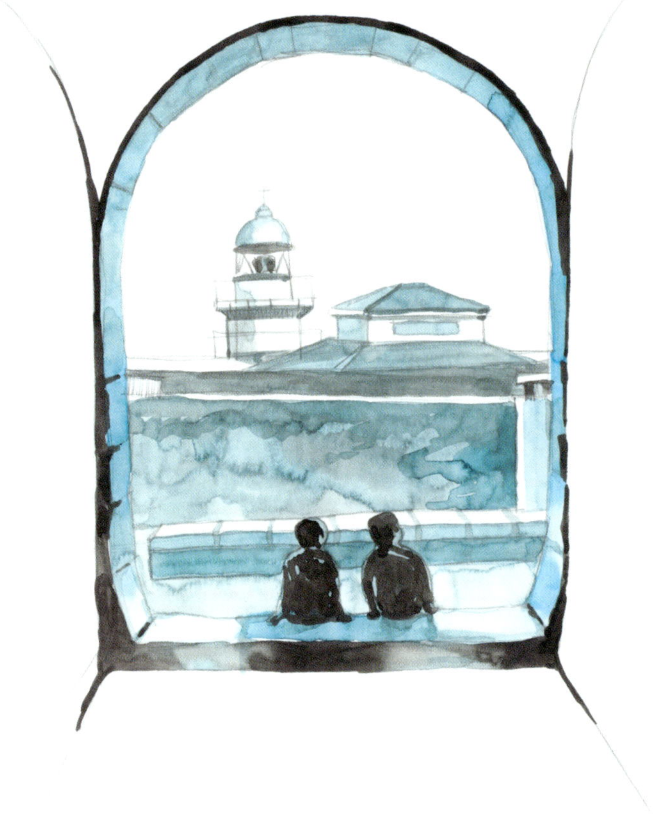

5- Aplicamos una base de aguadas azuladas en los muros y los edificios del fondo. Con un pincel redondo fino definimos los personajes y contorneamos la puerta con tinta china negra.

6- Extendemos unas aguadas intensas de tinta china, con distinto grado de dilución, para acusar el efecto de contraluz. El interior de la casa debe quedar sumido en una intensa oscuridad.

6

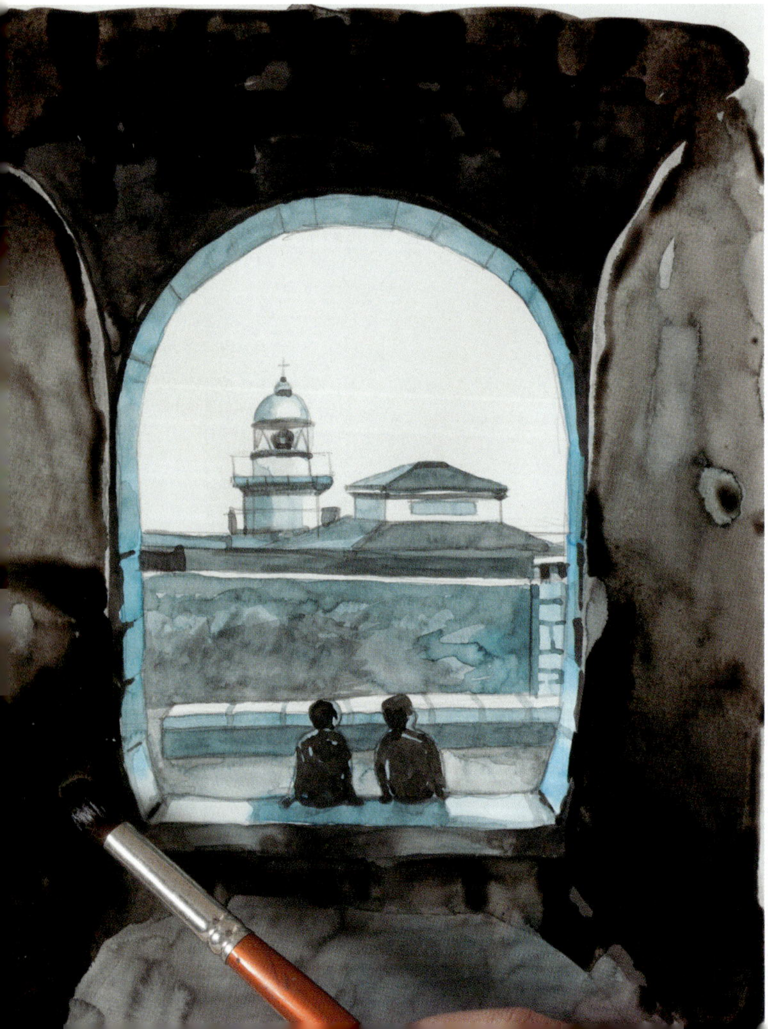

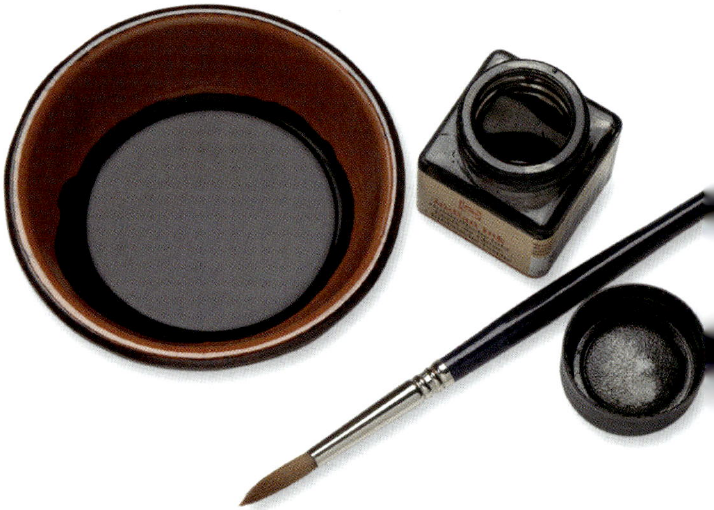

La tinta china proporciona distintas gradaciones de gris si la diluimos con agua en un pocillo.

7

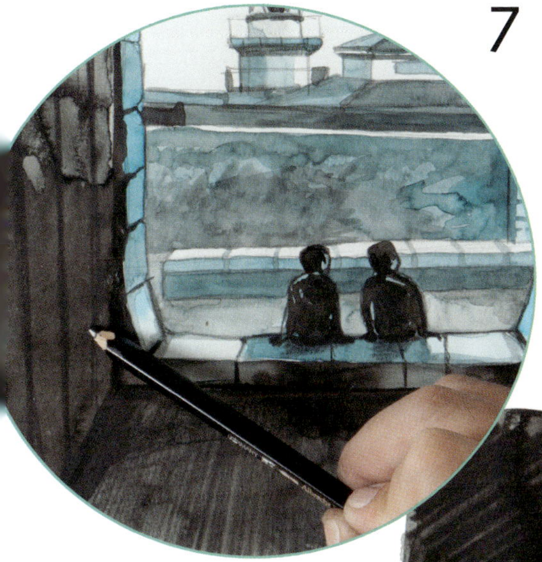

Conviene

Verter la tinta en pocillos para diluir su intensidad.

Evita

Trabajar sobre papel de grano grueso. La superficie debe ser fina para que el trazo no se muestre cortado.

7- Tras el secado, la intensidad de la tinta se reduce un poco. Es el momento de detallar el dibujo con los trazos que aporta un lápiz de color negro. Debemos presionar con fuerza para que las líneas sean visibles sobre un fondo oscuro.

8

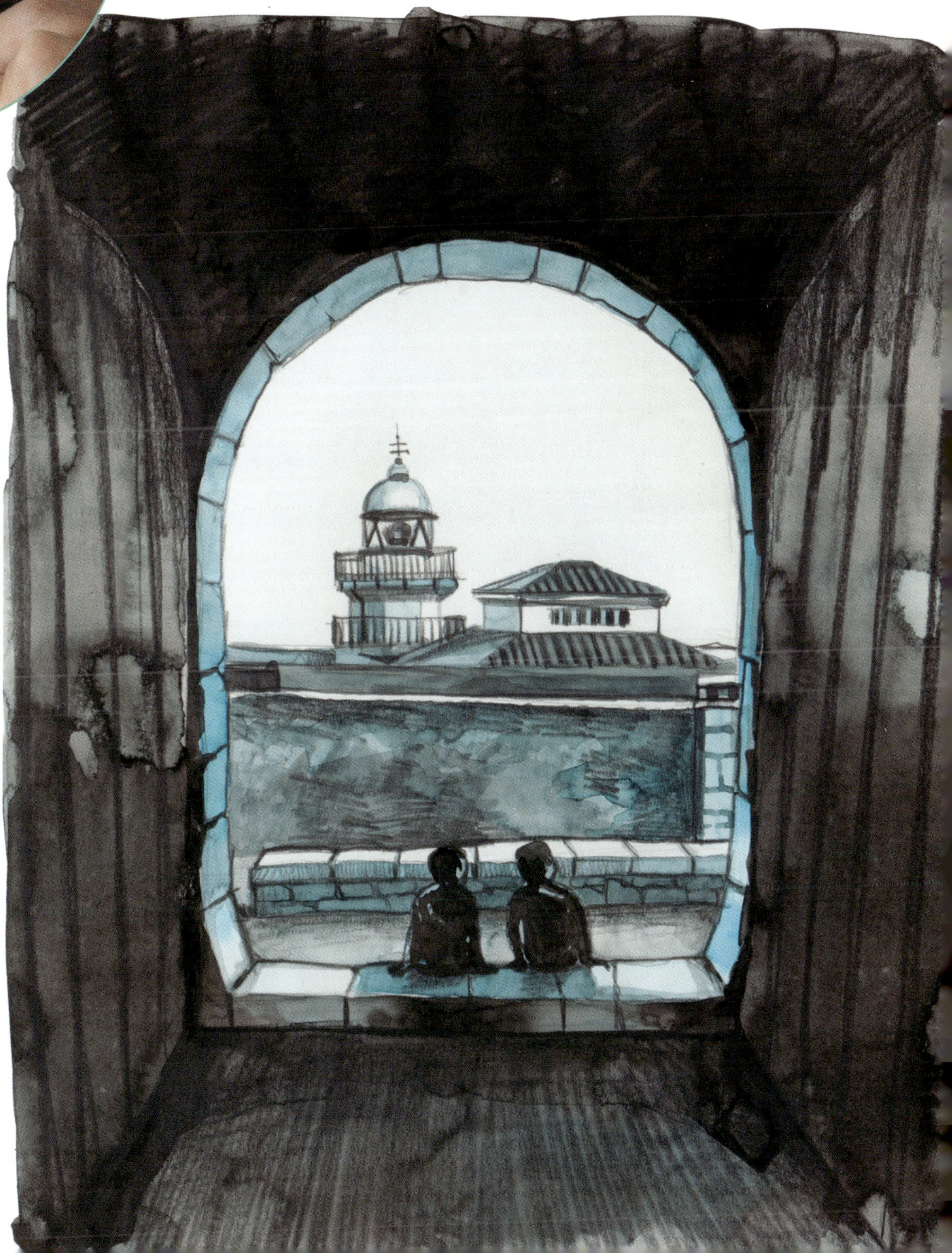

8- Para trabajar los edificios del fondo es necesario afilar la punta del lápiz. Esta técnica compositiva otorga profundidad y una estética peculiar. En definitiva, es un interesante juego de luces y sombras que podemos poner en práctica siempre que tengamos ocasión.

Componer en movimiento

1

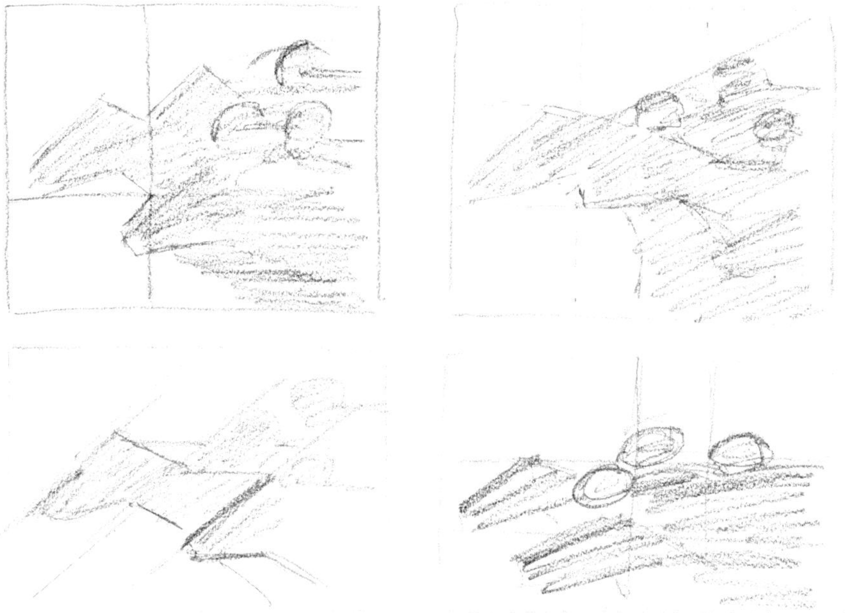

El concepto de movimiento, por el cual un elemento cambia de posición dentro de un espacio, forma parte de las cualidades del arte. En el dibujo, escoger una buena colocación vital y expresiva del modelo es fundamental para transmitir la sensación de acción. Para dibujar el desplazamiento de un cuerpo podemos proceder de varias formas, pero teniendo siempre en cuenta que la composición debe contribuir a crear una ilusión de movimiento, ya que el dibujo es, al fin y al cabo, estático.

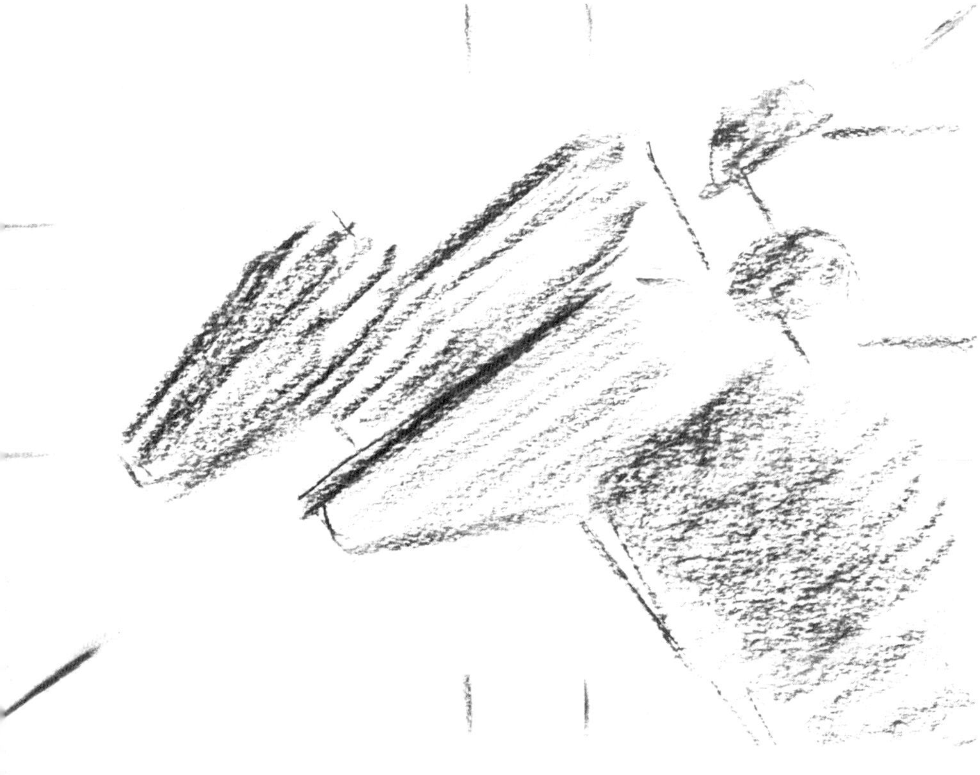

1- El objetivo de este ejercicio es componer un grupo de caballos al galope. Primero realizamos unos pocos bocetos para escoger la mejor composición. Hay muchas formas de mostrar este movimiento, pero lo fundamental es crear posturas en las que la figura posea algún tipo de dinamismo.

2

2- Componemos las cabezas a partir de tres formas triangulares que situamos en el centro del cuadro. Conviene dejar espacio delante de los equinos para reforzar la dirección hacia donde se dirigen.

3- La clave de la composición reside en dibujar las cabezas de los caballos hacia donde se dirija el movimiento, la inclinación y dirección global del cuerpo de los jinetes refuerza la acción.

4- En la obra ya terminada constatamos que, para dibujar el movimiento, lo importante es hallar las distintas direcciones hacia las que se dirigen el cuerpo, los brazos y las piernas. Estas líneas son las que guían a quien mira el dibujo y le señalan por dónde ir.

3

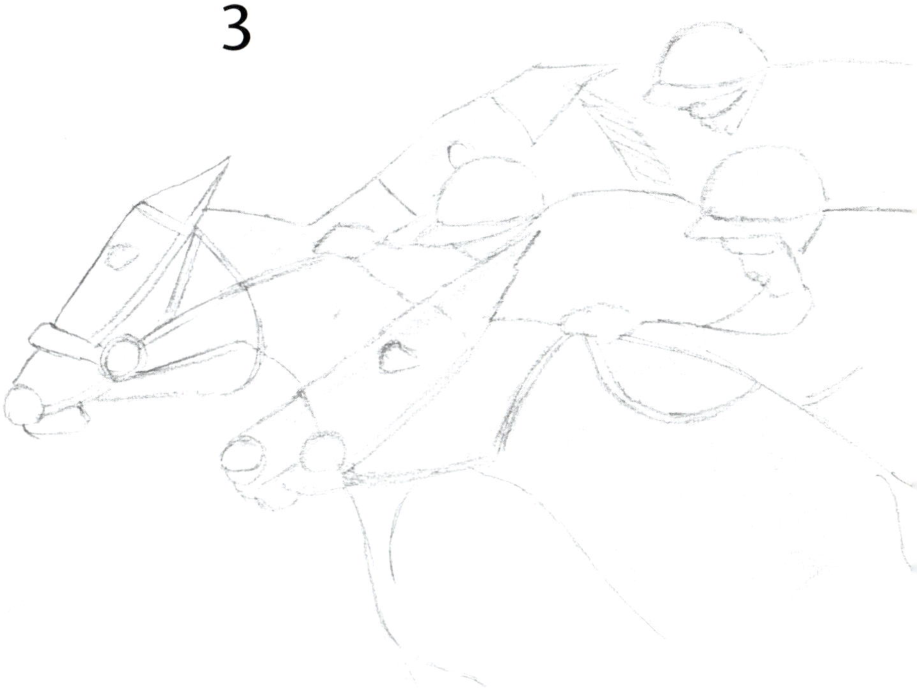

Conviene

Sombrear con mayor intensidad el caballo más cercano para reforzar la sensación de profundidad.

Evita

Dibujar líneas cinéticas, son un recurso poco artístico más propio del cómic.

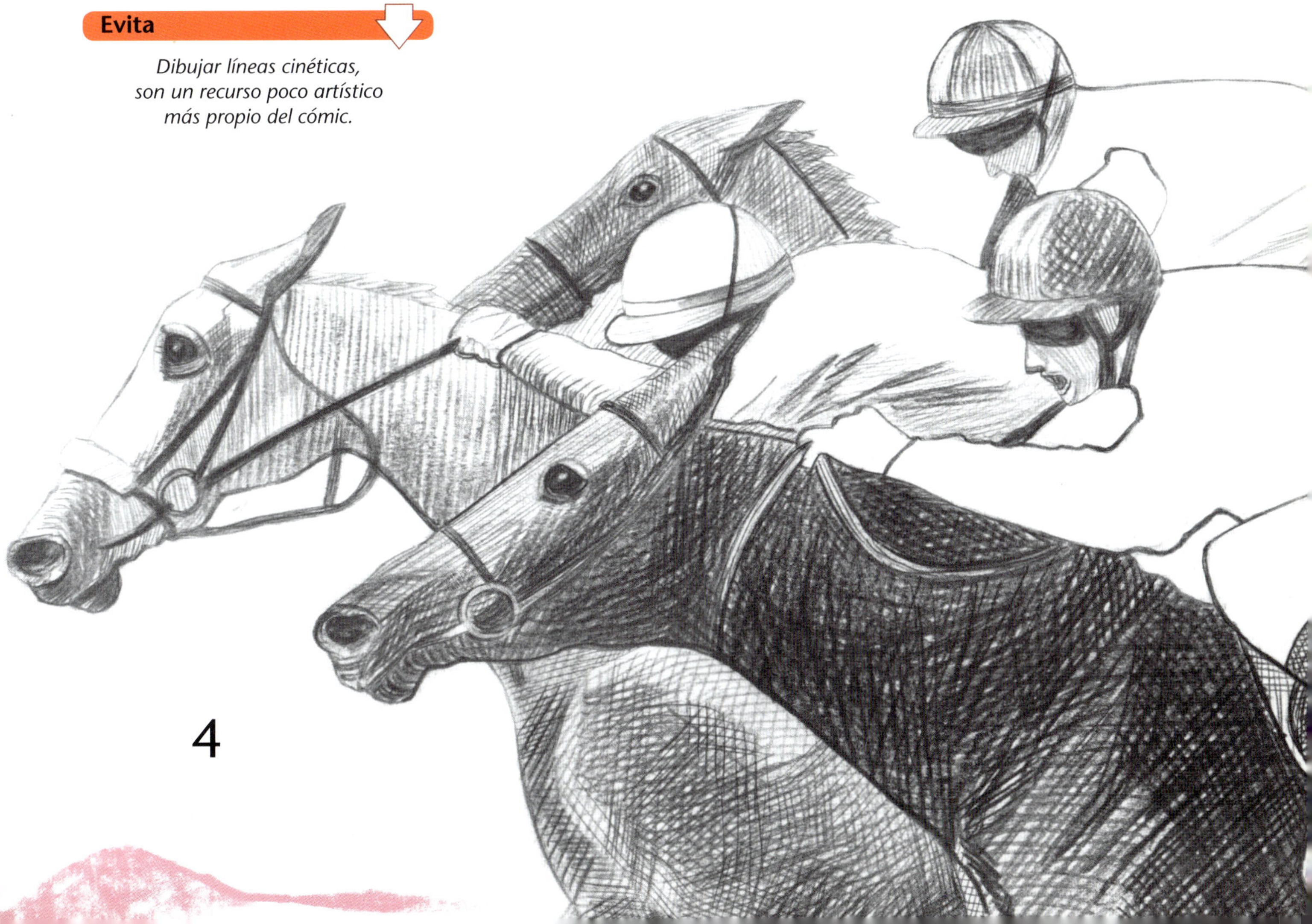

4

Sombras proyectadas como elemento compositivo

1

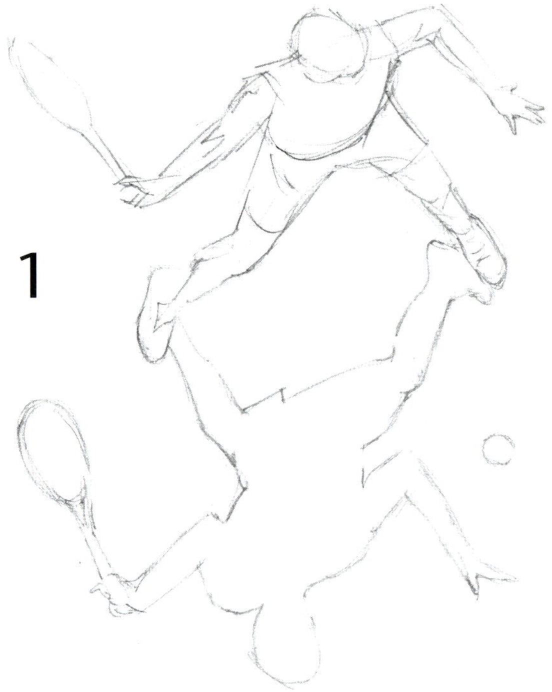

Cuando la luz incide sobre un cuerpo, este queda iluminado por el lado que está de cara a la luz, y por el opuesto proyecta su sombra sobre el suelo o sobre paredes o planos verticales próximos. Esta sombra la llamamos "sombra proyectada", y muchas veces se convierte en un doble del modelo que se abate en diagonal. Estas formas confrontadas, unidas al punto de vista cenital, constituyen un interesante estímulo para los dibujantes creativos, amantes de las composiciones arriesgadas. El ejercicio lo realizamos con aguadas de tinta china.

1- El dibujo preliminar del modelo lo solucionamos con lápiz. La sombra proyectada se convierte en una forma invertida del mismo.

2- Antes de aplicar las aguadas, dibujamos un pequeño círculo sobre un trozo de cinta adhesiva y lo recortamos con un cúter. Sirve para cubrir la pelota y preservarla del blanco del papel.

2

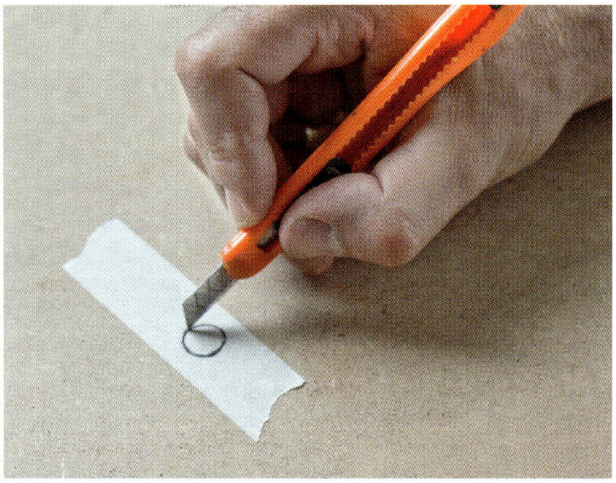

3- Con una paletina aplicamos las primeras aguadas de tinta, muy diluidas, sobre el fondo. La cinta adhesiva evita que se manche el espacio que va a ocupar la pelota.

3

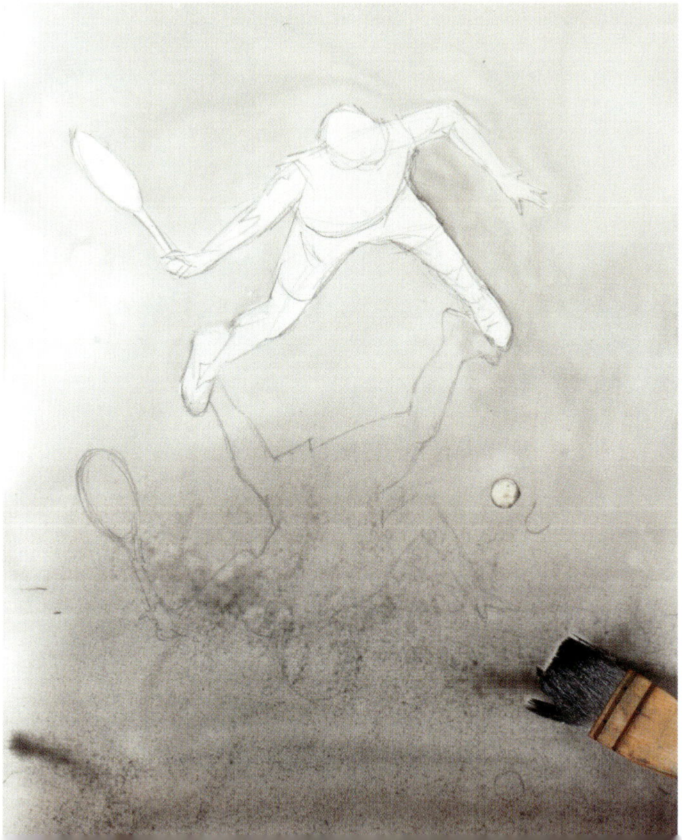

4

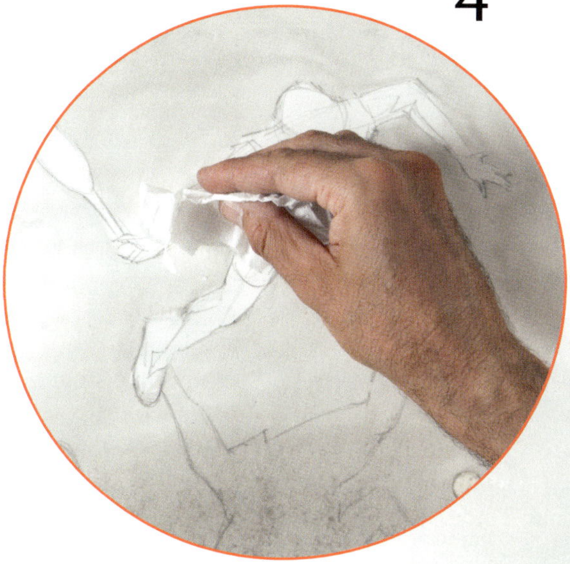

4- Para efectuar correcciones e impedir que parte de la aguada invada el espacio de la figura utilizamos un trozo de papel absorbente.

5

5- Con un pincel redondo fino trabajamos las sombras de la figura, obviando las partes iluminadas, que dejamos del blanco del papel.

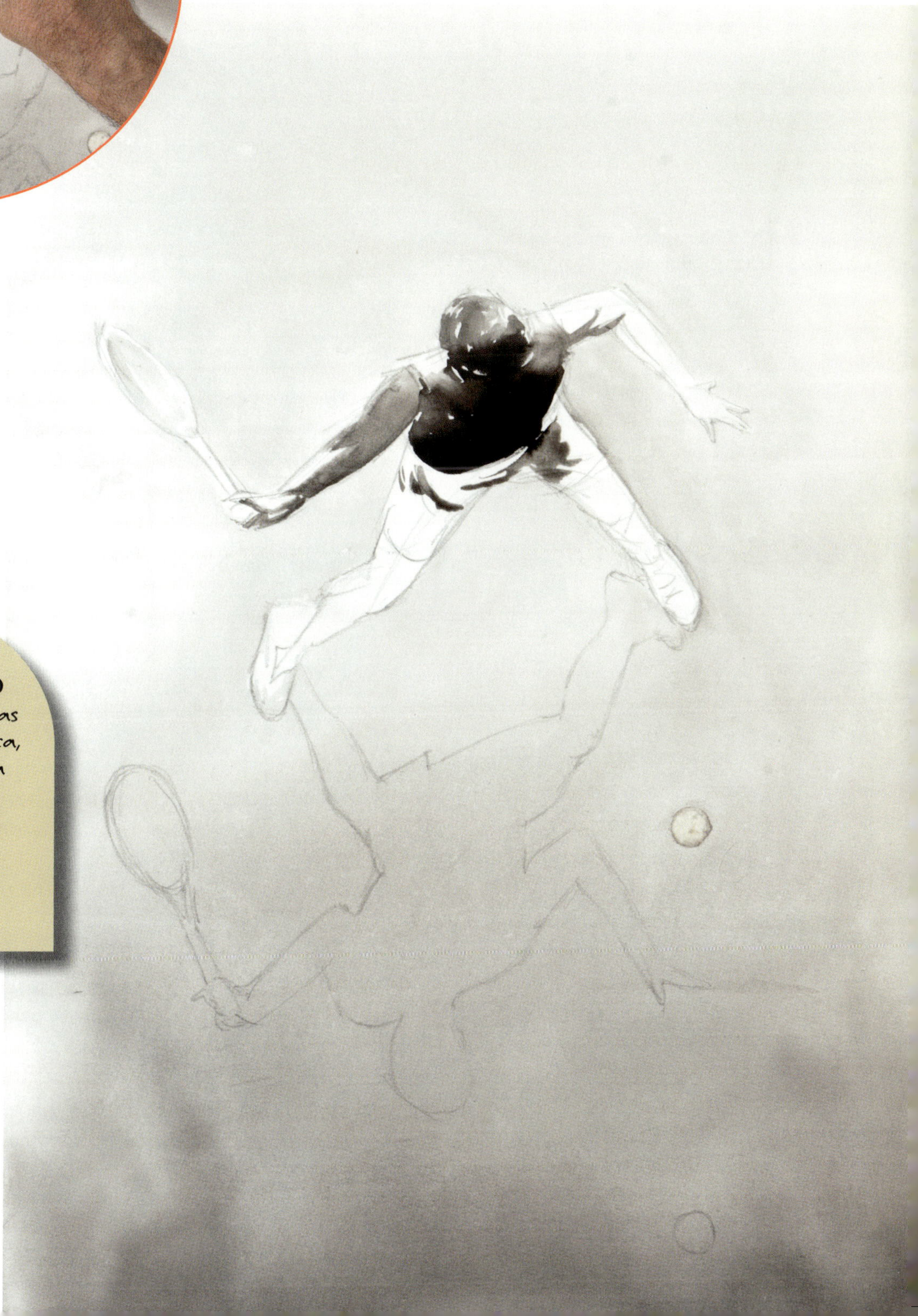

Te aconsejo

trabajar las sombras de manera sintética, con tonos de tinta oscuros sobre el cuerpo y grises medios en los brazos.

Sombra propia y sombra proyectada

El volumen de la figura podemos explicarlo con dos o tres tonalidades de sombra muy poco explícitas. Luego hay que darle protagonismo construyendo la sombra proyectada, la cual debe describir un intenso degradado que refuerce el aspecto dinámico de la escena. Retiramos la cinta adhesiva dejando al descubierto el blanco del papel en la pelota.

6

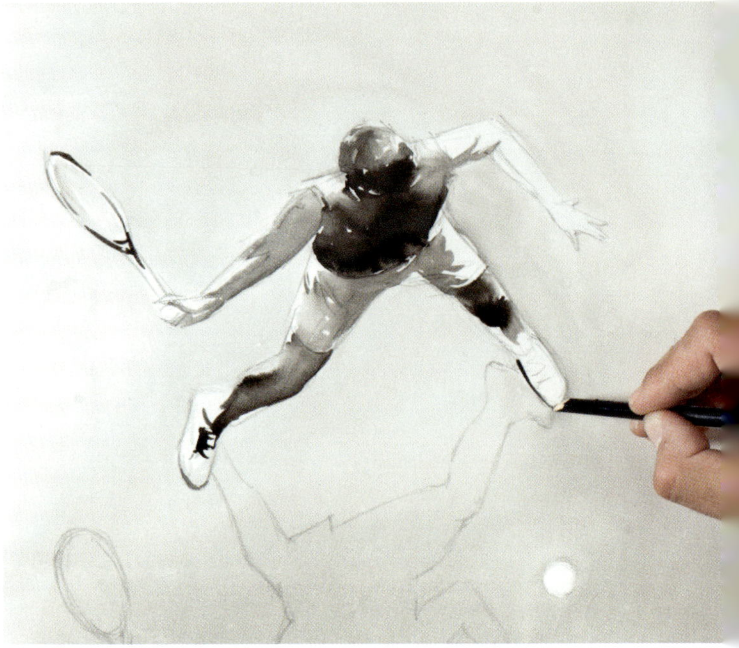

6- Construimos el cuerpo de la figura con masas de grises sobre húmedo. Resolvemos las líneas más finas que definen las zapatillas de deporte con trazos de lápiz negro.

7- Aplicamos un gris medio en las sombras de los brazos y pinceladas más intensas y muy finas en la raqueta y sobre los pantalones para definir los bolsillos. Es preciso tener mucho pulso.

7

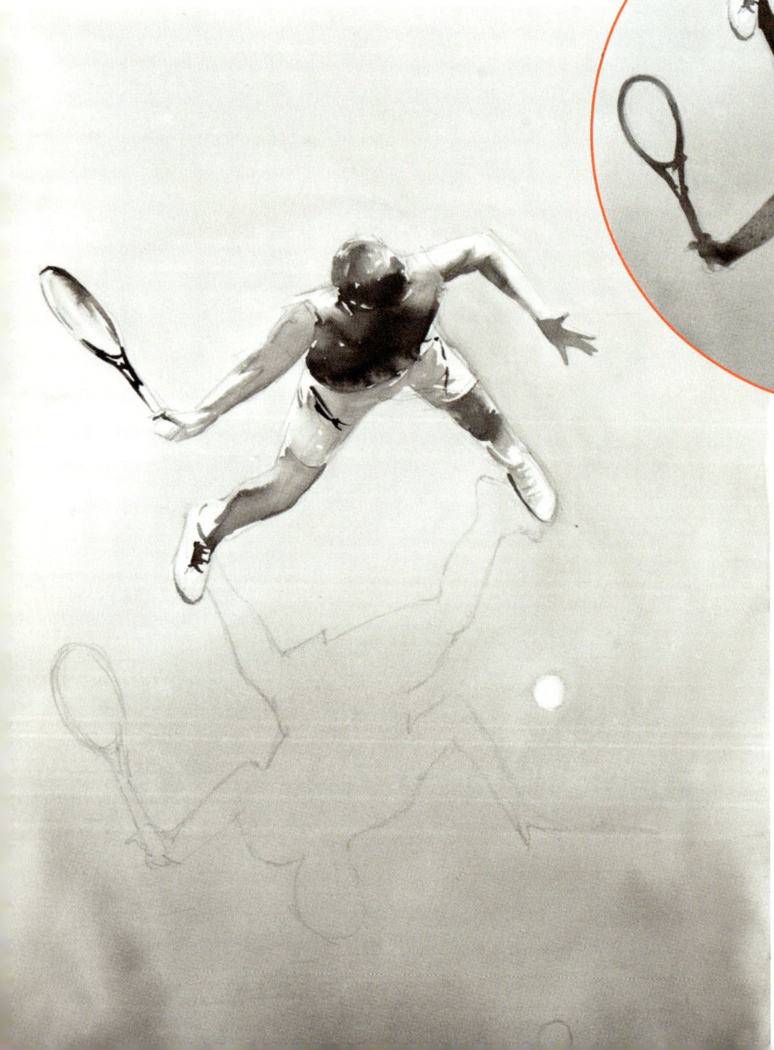

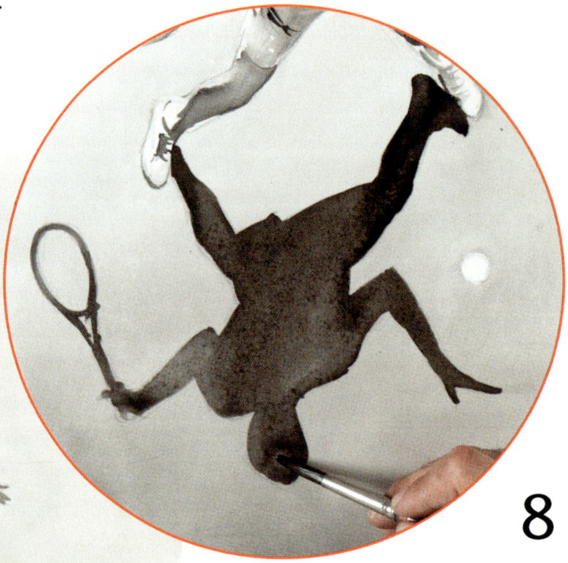

8

8- Es el momento de solucionar la sombra proyectada. Primero aplicamos una aguada más o menos uniforme para definir el contorno, el espacio que ocupa.

Conviene

Sombrear siempre de forma suave y dejar espacios blancos allí donde la luz da de lleno.

Evita

Cargar en exceso de negro las sombras, es preferible que muestren valores o un ligero degradado.

9

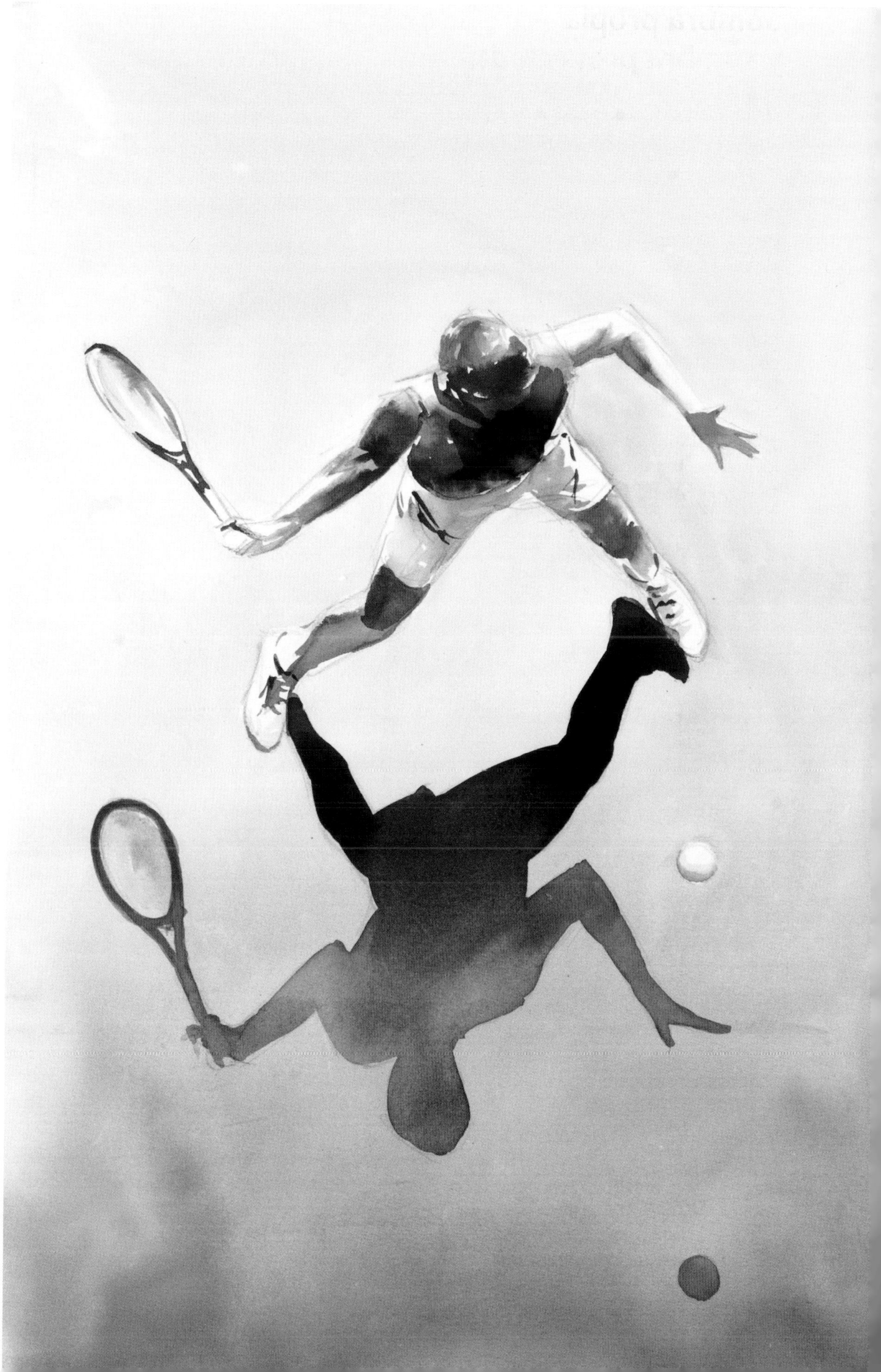

9- Para completar el dibujo añadimos la sombra de la pelota. También desarrollamos un degradado en la sombra que proyecta la figura para que gane mayor interés y riqueza tonal.

Es conocido que algunos maestros del Renacimiento utilizaban espirales áureas y proporciones en la elaboración de los retratos. Lo realmente interesante surge cuando esta composición aritmética, muy propia de antiguas formas compositivas, se traslada a la producción artística actual. Todavía hoy es adoptada por artistas y fotógrafos como una señal de concordancia entre los diferentes elementos que intervienen en la imagen. Las espirales áureas son un motivo muy agradable a la vista y por eso muchos de los dibujos basados en este principio nos llaman la atención poderosamente. A continuación, las aplicamos en un retrato realizado con una mina de grafito.

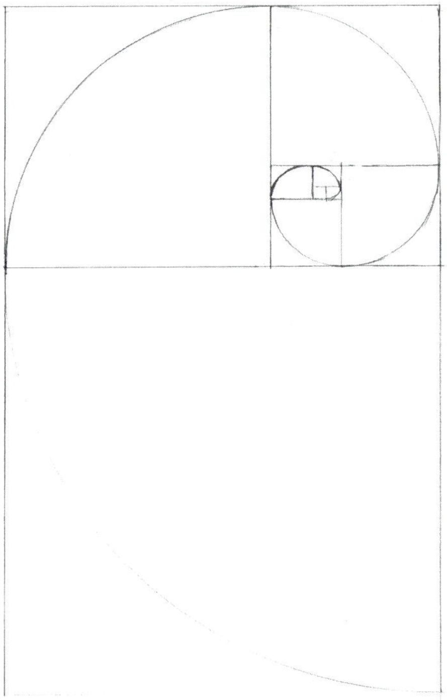

1

1- El esquema más simple de división áurea lo dan cuatro líneas divisorias: dos verticales y dos horizontales, cada una divide el ancho o el alto empezando por un extremo o por el otro. La espiral resultante marca las zonas donde se centra la atención de la imagen.

Retrato con proporción áurea

2

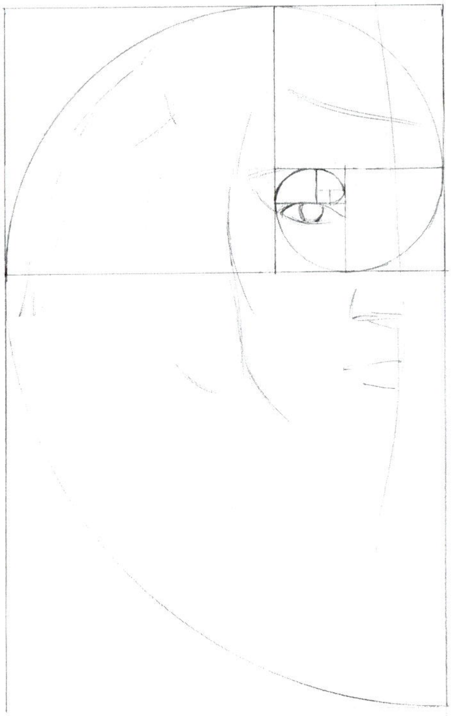

2- El siguiente paso es dibujar un rostro cuyos rasgos coincidan con las divisiones del esquema compositivo.

3

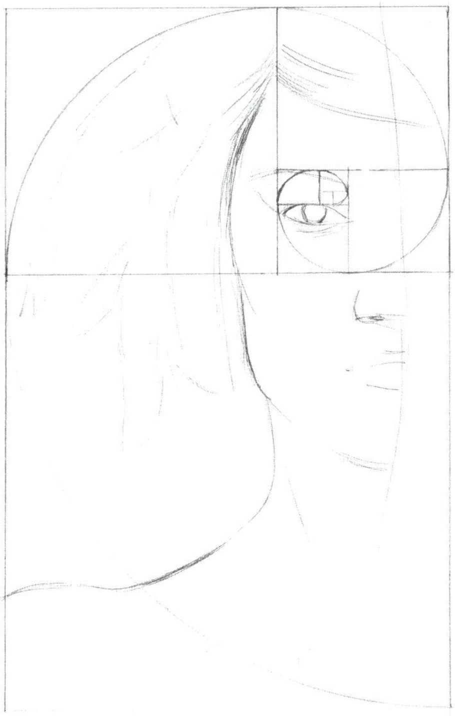

3- La estructura acertada de la espiral áurea ayuda eficazmente a transmitir la sensación de equilibrio y proporción que se pretende. Con ella podemos establecer una asimetría donde las partes siguen compartiendo una progresión geométrica.

4

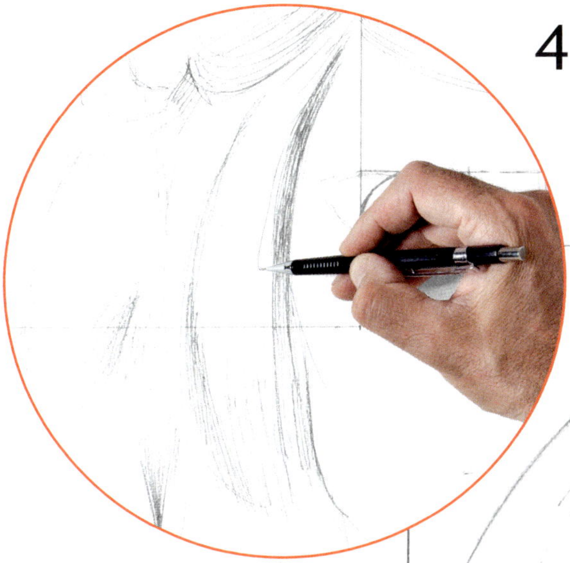

5

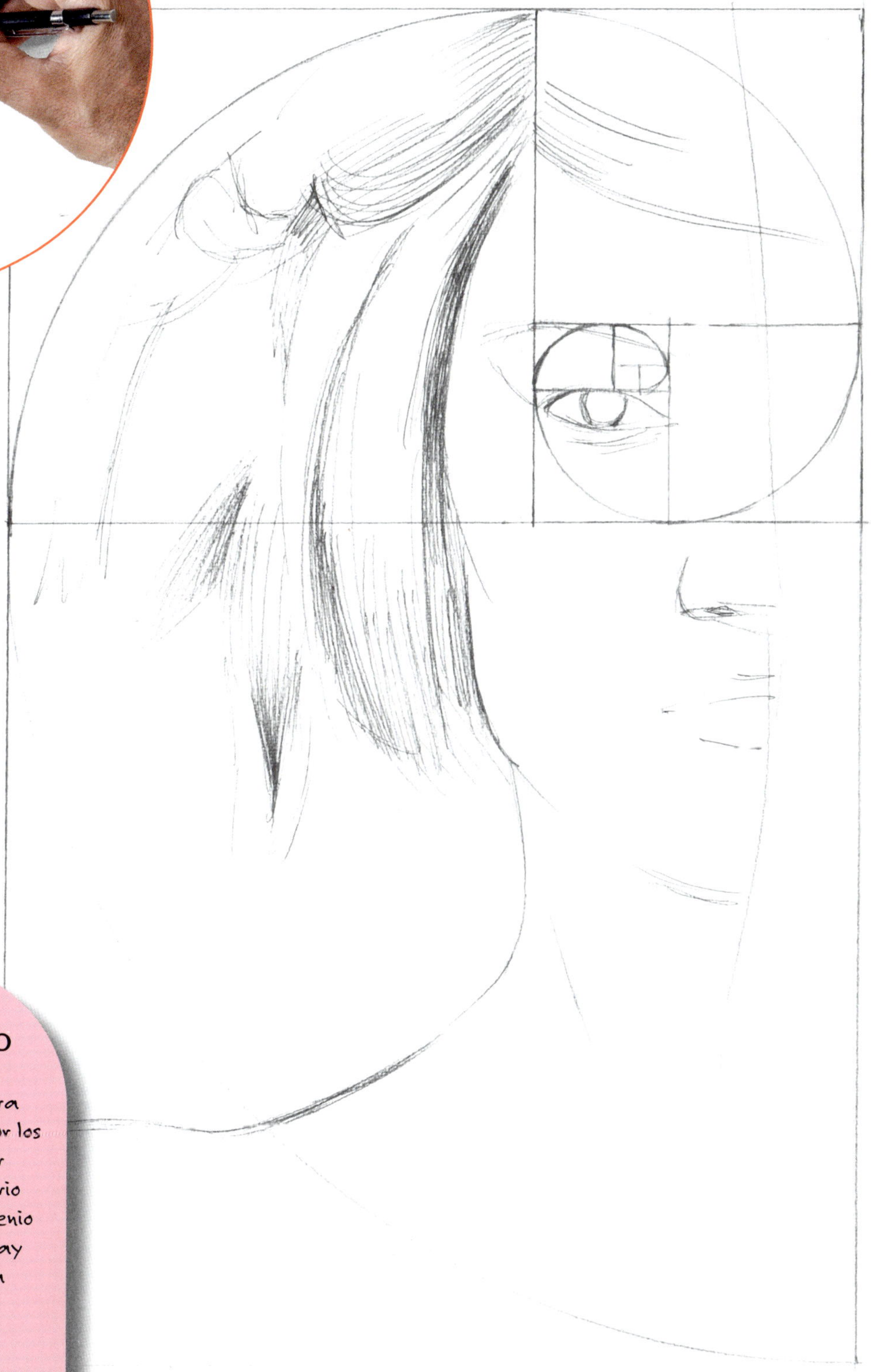

4- Los trazos sobre el mechón de pelo son lineales, muy largos y curvos. Requieren un movimiento rápido del antebrazo.

5- Para concluir, extendemos algunas tramas lineales sobre el pelo y definimos mejor el contorno del cuello y el hombro. En este punto la figura ya aparece completamente encajada, en consonancia con el esquema preliminar.

Te aconsejo

incrementar tu cultura visual para poder apreciar mejor los dibujos, y definir así un mejor criterio para valorar el ingenio del artista que hay detrás de cada composición.

6

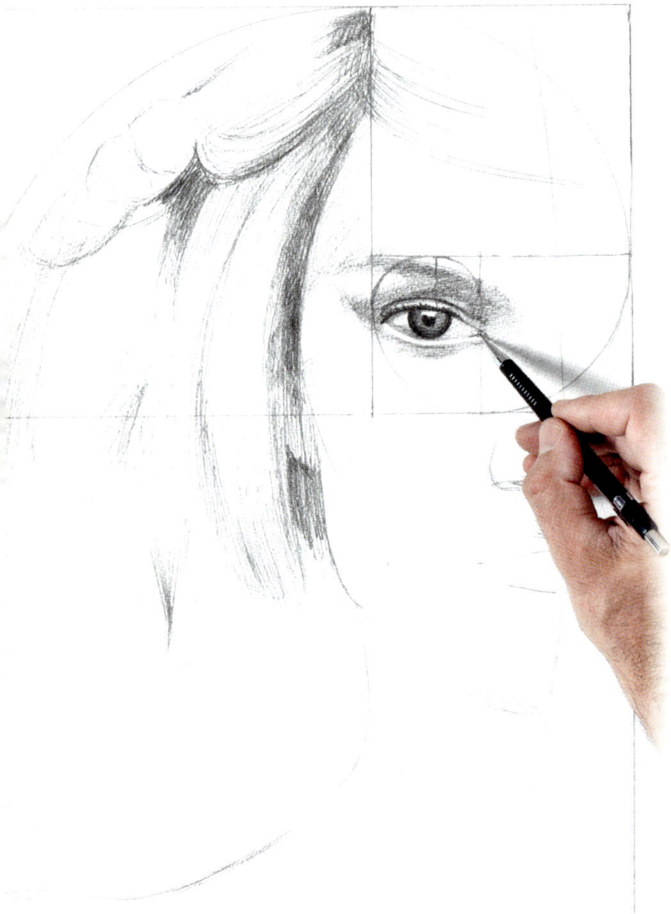

Interpretación del sombreado

Además de la proporción existen otros factores importantes y necesarios para interpretar la imagen. La luz, el color y el contraste son aspectos tonales, y los aspectos narrativos se consiguen con el desarrollo del sombreado.

6- Los ojos son elementos fundamentales en cualquier retrato. Requieren una buena definición para lograr la expresión y el parecido con el modelo real.

7

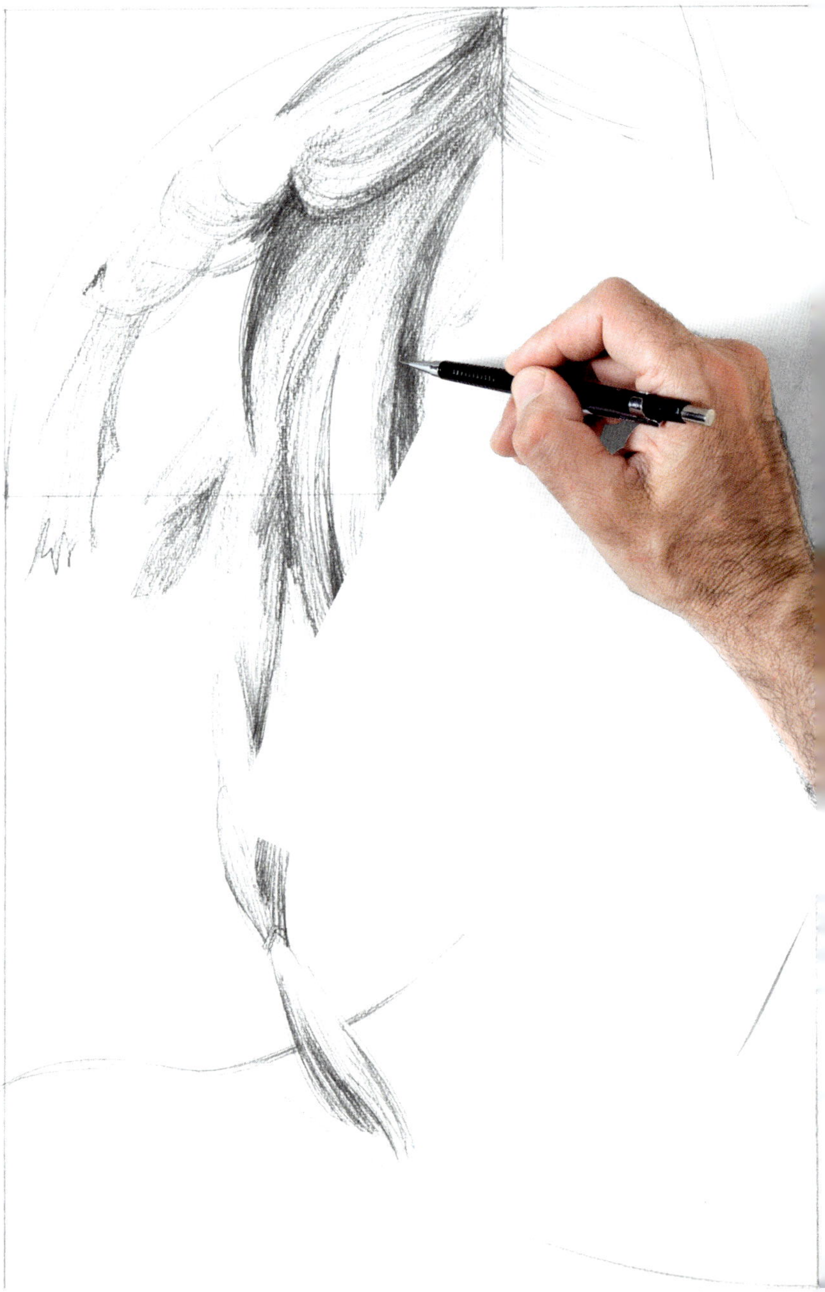

7- La mina de grafito es muy adecuada para trabajar la textura del pelo y las sombras de tono medio, ya que proporciona suaves agrisados y degradados. Al trazar, apoyamos la mano sobre un papel blanco para no manchar el dibujo.

Conviene

Saber que la división áurea del formato puede definir las zonas de la imagen, pero también crear puntos fuertes, adecuados para ubicar los centros de interés.

Evita

Caer en la obsesión de controlar que todos los elementos "coincidan o encajen" a lo largo de esta proporción.

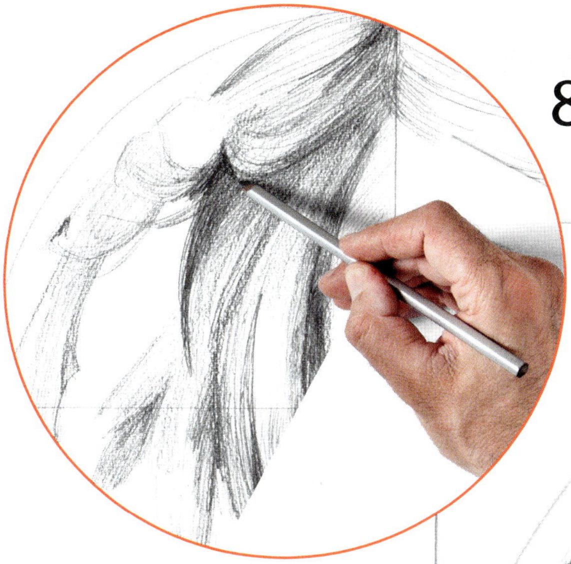

8

8- Para las sombras más contrastadas utilizamos un lápiz de grafito de gradación 6B, el cual proporciona trazos más gruesos y oscuros.

9

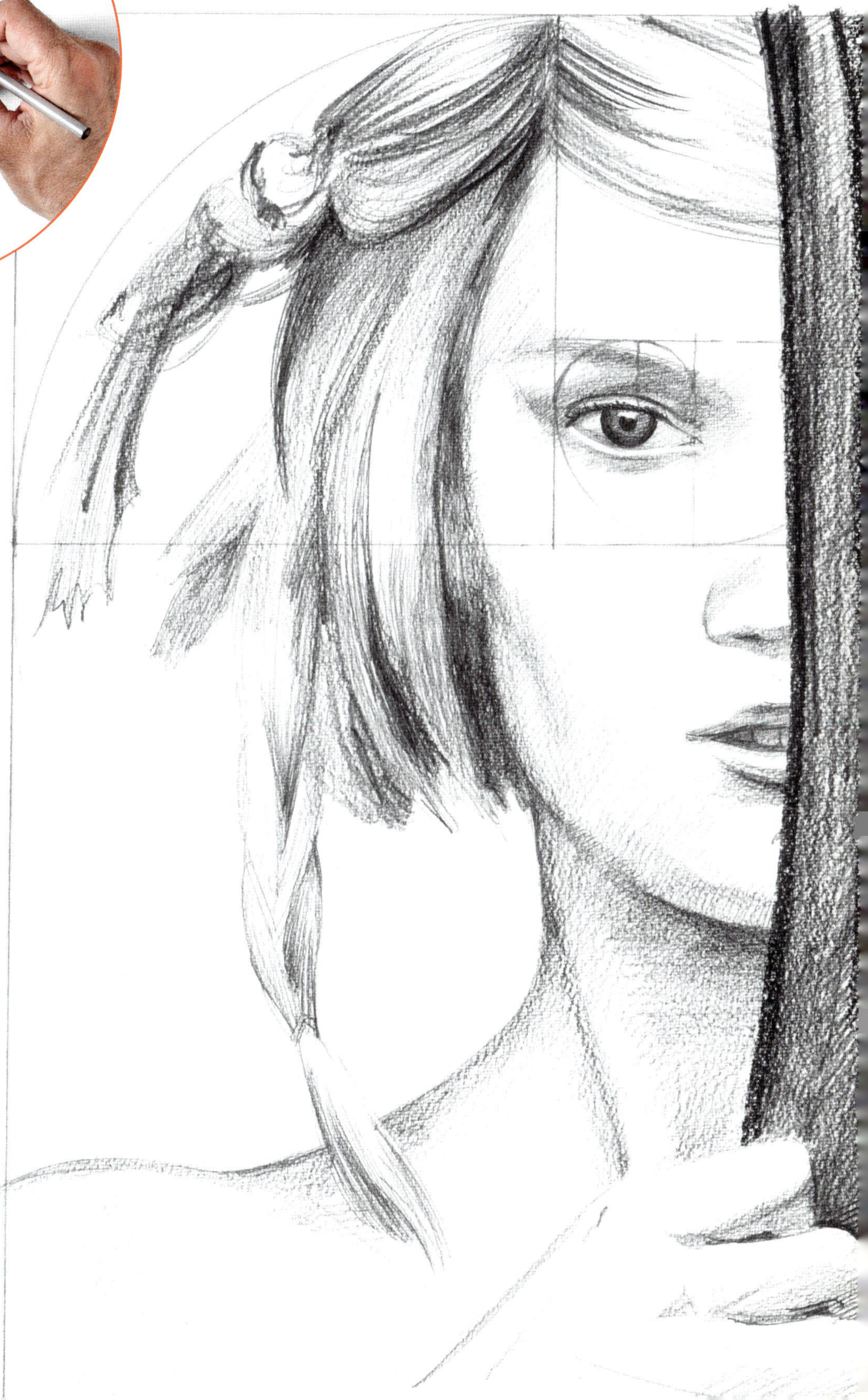

9- La combinación de sombreados da como resultado este interesante retrato de encuadre muy original, en el que hemos aplicado los principios de la división áurea. Las líneas compositivas las hemos mantenido hasta el final del dibujo para comprobar la correspondencia del esquema con la imagen.

Iniciación a la Composición

Proyecto y realización:
Parramón Paidotribo

Dirección editorial:
María Fernanda Canal

Edición:
Mª Carmen Ramos

Textos:
Gabriel Martín

Realización de los dibujos:
Gabriel Martín
Óscar Sanchís
Isabel Pons Tello

Corrección:
Roser Pérez

Diseño de la colección:
Josep Guasch

Maquetación y compaginación:
Estudi Guasch, S.L.

Fotografías:
Nos & soto

Producción:
Sagrafic, S.L.

Preimpresión:
iScriptat

Primera edición
© 2019 Parramón Paidotribo
http:// www.parramon.com
E-mail: parramon@paidotribo.com

ISBN: 978-84-342-1444-6
IBIC: WFA, AFF
Depósito legal: Z 392-2019
Impreso en España
Derechos exclusivos de edición
para todo el mundo

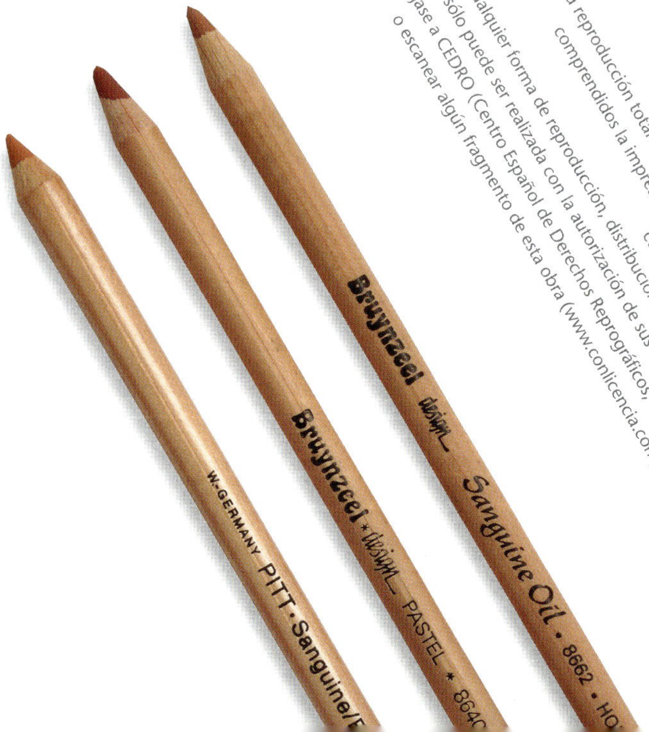